व्यावसायिक हिंदी

व्यावसायिक हिन्दी

राजेंद्र कुमार पांडेय

वाणी प्रकाशन

वाणी प्रकाशन

4695, 21-ए, दरियागंज, नयी दिल्ली 110 002

शाखा

अशोक राजपथ, पटना 800 004

फ़ोन: +91 11 23273167 फ़ैक्स: +91 11 23275710

www.vaniprakashan.in
vaniprakashan@gmail.com
sales@vaniprakashan.in

VYAVSAYIK HINDI
by Rajendra Kumar Pandey

ISBN : 978-93-5000-460-9
Linguistic

संस्करण 2010, 2013
आवृत्ति 2016

मूल्य : ₹ 300

रजौरिया प्रिंटर्स, दिल्ली-110 093 में मुद्रित

वाणी प्रकाशन का लोगो मक़बूल फ़िदा हुसेन की कूची से

प्राक्कथन

हिंदी भारत की संपर्क भाषा के साथ-साथ राजभाषा भी है। इस कारण यह देश के प्रमुख सरकारी-कार्यालयों में बहुधा प्रयोग में आती रहती है। इस पुस्तक में सरकारी भाषा के पत्रों के नमूनों के साथ-साथ उनकी कई कार्य-प्रणालियों को भी दर्शाया गया है, जिससे इसके अध्येता उन प्रक्रियाओं से भी अवगत हो सकें, जिसकी आवश्यकता सरकारी कर्मचारियों को पड़ती रहती है। हिंदी देश-विदेश में होने वाले व्यवसाय की भी भाषा है, इसीलिए व्यावसायिक पत्र लेखन को भी इस पुस्तक में स्थान दिया गया है। हिंदी भाषा में नौकरी प्राप्त करने के लिए आवेदन करने पड़ते हैं, इसके लिए आवेदन-पत्र कैसे करें? इसकी भी जानकारी दी गई है। नौकरी पाने के लिए अच्छा बायोडाटा बनाना भी जरूरी होता है। अतः स्ववृत्त (बायोडाटा) बनाने की विधि भी बतलाई गई है। बाजार में सामान (वस्तु) बेचने के लिए विज्ञापन का होना भी जरूरी है। अतः विज्ञापन लेखन भी बताया गया है। सरकारी काम-काजों में प्रतिवेदन तैयार करना, प्रतिष्ठित व्यक्तियों से इंटरव्यू लेना भी सिखाया गया है। सरकारी टिप्पण तथा संक्षेपण भी दिए गए हैं। पारिभाषिक शब्दावली का ज्ञान, अनुवाद की विधि तथा सम-सामयिक-निबंध इस पुस्तक की उपयोगिता को सार्थक बनाएँगे। ऐसा हमारा विश्वास है। इस पुस्तक को तैयार करने के लिए लेखक अपने अग्रज भाई अरुण माहेश्वरी का सदा ऋणी रहेगा, जिनकी प्रेरणा और उत्साह के बिना यह कार्य शायद ही संपन्न हो पाता।

राजेंद्र कुमार पांडेय

अनुक्रम

अध्याय-1

कार्यालयी पत्र-लेखन

कार्यालयी पत्र-लेखन

कार्यालयी-पत्र वे पत्र होते हैं जो **'कार्यालय-संबंधी'** काम-काज को निपटाने के लिए प्रयोग किए जाते हैं। सरकारी कार्यालयों में प्रयुक्त होने की वजह से इन पत्रों को **'सरकारी-पत्र'** भी कहा जाता है। ये पत्र अंग्रेजी 'ऑफिशियल लेटर' के पर्याय माने जाते हैं। इनका प्रयोग अधिकांशतः प्रशासनिक कार्यों में होता है। इस दृष्टि से **कार्यालयी-पत्र** वे पत्र हैं जो प्रशासनिक, सरकारी या राजकीय काम-काज को सुचारु रूप से चलाने के लिए प्रयुक्त होते हैं। यहाँ यह भी ध्यातव्य है कि 'कार्यालय' सिर्फ सरकारी ही नहीं व्यापारिक, व्यावसायिक आदि भी होते हैं। किंतु यहाँ सरकारी पत्रों के नमूनों के बारे में ही बताया जा रहा है।

कार्यालयी या सरकारी-पत्र के अंतर्गत निम्न प्रकार के पत्रों को लिया जा सकता है :

1. सरकारी-पत्र
2. अर्ध-सरकारी-पत्र
3. कार्यालय ज्ञापन
4. ज्ञापन
5. अशासनिक ज्ञापन
6. परिपत्र
7. कार्यालय-आदेश
8. आदेश
9. पृष्ठांकन
10. अधिसूचना
11. संकल्प
12. प्रेस-विज्ञप्ति तथा प्रेस-टिप्पणी
13. तार

14. मितव्यय-पत्र
15. तुरंत-पत्र (द्रुत-पत्र)
16. अनुस्मारक
17. सूचना
18. घोषणा
19. निविदा-सूचना
20. विज्ञापन

उपर्युक्त के अतिरिक्त कुछ महत्त्वपूर्ण, जैसे उद्घोषणा, कुछ साधारण, जैसे पावती जैसे प्रारूप भी हो सकते हैं।

जब कोई पत्र किसी कार्यालय में पहुँचता है तो उसे कार्यालयी भाषा में आवती कहते हैं। पत्र के मंत्रालय अथवा कार्यालय में पहुँचने पर उसे आवती रजिस्टर में दर्ज कर लिया जाता है। इसके बाद उसे संबद्ध अनुभाग के डायरी-कर्त्ता के पास भेज दिया जाता है। डायरी-कर्त्ता प्रत्येक आवती को डायरी में दर्ज करता है। दर्ज करते समय उसका प्राप्त होने का समय भी लिखा जाता है। यह प्रक्रिया डायरी करना कहलाती है। इसके बाद पत्र को संबंधित अधिकारी के पास अवलोकन के लिए भेज दिया जाता है। संबंधित अधिकारी पत्र पर जो भी टिप्पणी करता है, उसके अनुसार आगे की कार्रवाई की जाती है।

सामान्यतः 'सरकारी-पत्र' के निम्नलिखित अंग होते हैं :

1. पत्र संख्या — यह पत्र के ऊपर दिया जाता है।
2. प्रेषक — पत्र संख्या तथा शासकीय कार्यालय, मंत्रालय के नाम के नीचे हाशिए से सटाकर प्रेषक का नाम व पद।
3. प्रेषिती (पाने वाले) — पत्र पाने वाले का नाम व पदनाम दिया जाता है।
4. प्रेषक का स्थान व दिनांक — नीचे दाईं ओर स्थान व तारीख, अब बाईं ओर भी लिखा जाने लगा है।
5. पत्र का विषय — मध्य में पत्र का विषय मोटे अक्षरों में रेखांकित कर देते हैं। यदि पूर्व संदर्भ हो तो वह भी इसके नीचे दिया जाता है।
6. संबोधन — संबोधन की कई विधियाँ हैं। व्यक्ति/अधिकारी विशेष के अनुसार संबोधन बदलते रहते हैं। किसी अधिकारी को महादेय/महोदया, गैर-सरकारी व्यक्ति को—प्रिय

		महोदय/महोदया, किसी संस्था/संस्थान को–प्रिय महानुभाव।
7. पत्र का मुख्य भाग	–	यदि संदर्भ ऊपर नहीं दिया है तो संदर्भ देते हुए विषय का प्रतिवादन। विषय यदि काफी बड़ा है तो संख्या अथवा क, ख, ग, से अनुविभाजन तथा अंत में निष्कर्ष।
8. अंत	–	अधोलेख के साथ हस्ताक्षर। हस्ताक्षर के नीचे प्रेषक का पूरा नाम।

नोट : पत्र के साथ संलग्नक भी हो सकते हैं और प्रतिलिपियाँ पृष्ठांकित की जा सकती हैं।

रूपरेखा

अ.सं. क्रमांक............
भारत सरकार
गृह मंत्रालय

नई दिल्ली-110001
दिनांक : ....

प्रेषक ....
....
....
सेवा में ....
....
....
विषय ....
संदर्भ ....

प्रिय महोदय,

मुझे निदेश हुआ है कि मैं आप से निवेदन करूँ कि–

1.
2.
3.
4.

भवदीय
हस्ताक्षर
(नाम................)

संलग्नक :

1.
2.
3.
4.

नोट : उचित कार्रवाई के लिए प्रतिलिपियाँ भी भेजी जा सकती हैं।

1.
कार्यालयी पत्राचार

उदाहरण-1

सरकारी-पत्र

भारत सरकार

स्वास्थ्य एवं परिवार कल्याण मंत्रालय

पत्र संख्या ....
प्रेषक–
उपसचिव,
स्वास्थ्य मंत्रालय,
भारत सरकार,
नई दिल्ली

सेवा में,
प्रबंधक
जन सेवा समिति
.... (आंध्र प्रदेश)

नई दिल्ली, दिनांक 27 मई, 2001

विषय : तूफान पीड़ितों के लिए सहायता

महोदय,

आपके पत्र संख्या 87/13क/38 दिनांक 15.2.2001 के उत्तर में मुझे आपको

सूचित करने का निर्देश हुआ है कि स्वास्थ्य मंत्रालय को सहायता-रूप में विदेशों से प्राप्त दवाइयाँ आंध्र प्रदेश सरकार के पास तूफान-पीड़ितों की सहायता के लिए भेजी जा चुकी हैं। आंध्र प्रदेश सरकार ही उन्हें स्वयंसेवी संस्थाओं को यथानियम वितरित करेगी।

इसीलिए निवेदन है कि आप इस संबंध में स्वास्थ्य विभाग, आंध्र प्रदेश सरकार से सीधे संपर्क स्थापित करें।

भवदीय
(क, ख, ग)
उपसचिव, भारत सरकार

उदाहरण-2

उत्तर प्रदेश शासन

शिक्षा (14) अनुभाग

संख्या 2628/15-(15)/94-71 (27) 80

प्रेषक–
श्री देवीशंकर शुक्ला
संयुक्त सचिव

सेवा में,
कुल सचिव
कुमाऊँ विश्वविद्यालय
नैनीताल

लखनऊ
दिनांक : 18 अगस्त, 1984

विषय : कुमाऊँ विश्वविद्यालय, नैनीताल के हिंदी विभाग में कार्यरत डॉ. ...... का वेतन संरक्षण।

महोदय,

उपर्युक्त विषयक कुलपति, कुमाऊँ विश्वविद्यालय, नैनीताल के पत्र-संख्या वी सी/के यू/मान्यता/409 दिनांक 24 मई, 1984 की ओर आपका ध्यान आकर्षित करते हुए मुझे यह कहने का निदेश हुआ है कि राज्यपाल महोदय ने डॉ. ... को

कुमाऊँ विश्वविद्यालय, नैनीताल के हिंदी विभाग में प्रवक्ता के पद पर रु. 700-40-1100-50-1600 के वेतनमान में कार्यभार ग्रहण करने की तिथि.... से रु. 980/– के प्रक्रम पर वेतन संरक्षित किए जाने की सहर्ष स्वीकृति प्रदान कर दी है। उपर्युक्त वेतनमान में डॉ. ....की अगली वेतन वृद्धि की तिथि .... होगी।

यह आदेश वित्त विभाग की अशासकीय संख्या ई–11/2145–10-84 दिनांक 8 अगस्त, 1984 में प्राप्त सहमति से निर्गत किए जा रहे हैं।

भवदीय

(ह.)................

संयुक्त सचिव,

दिनांक : ....

सूचनार्थ प्रतिलिपि–

(1) परीक्षक स्थानीय निधि लेखा उत्तर प्रदेश, इलाहाबाद।

(2) वित्त अधिकारी कुमाऊँ विश्वविद्यालय, नैनीताल।

(3) वित्त (ई-11) अनुभाग।

आज्ञा से

(ह.)................

संयुक्त सचिव

उदाहरण-3

क्र.सं. 90/810/8/92 सूचना

भारत सरकार

सूचना एवं प्रसारण मंत्रालय

नई दिल्ली

दिनांक : 9 जून, 1992

सेवा में,

महानिदेशक

आकाशवाणी

नई दिल्ली

विषय : निदेशक के पद को स्थायी बनाना।

महोदय,

उपरोक्त विषयक आपके पत्र संख्या 10/81/6/92 दिनांक 2 मार्च, 1992 के संदर्भ में मुझे यह सूचित करने का निदेश हुआ है कि राष्ट्रपति ने सूचना एवं प्रसारण सेवाओं के महानिदेशालय में विद्यमान निदेशक के अस्थायी पद को दिनांक

9 जुलाई, 1992 से स्थायी बनाने हेतु, स्वीकृति प्रदान कर दी है।

उक्त स्वीकृति हेतु वित्त मंत्रालय ने अपनी सहमति अनौपचारिक टिप्पणी संख्या 10/100/5/92 दिनांक 16 मई, 1992 के अनुसार प्रदान की है।

भवदीय

(भारत सिंह)

अवर सचिव, भारत सरकार।

2.

अर्ध-सरकारी-पत्र (डेमी-ऑफिशियल-पत्र डी.ओ.)

अर्ध-सरकारी-पत्र का प्रयोग सरकारी अधिकारियों में आपसी पत्र-व्यवहार या सूचनाओं के आदान-प्रदान के लिए किया जाता है। पत्र अनौपचारिक शैली में लिखा जाता है और भाषा/संबोधन में व्यक्तिगत संस्पर्श होता है। व्यक्तिगत ढंग पर लिखे पत्र अधिक प्रभावी होते हैं। इनका प्रयोग तभी होता है जब पत्र पढ़ने वाले का ध्यान विशेष रूप से किसी मुद्दे/समस्या पर दिलाया जाए अथवा उनके अधीन किसी अनुभाग/विभाग से अपेक्षित सूचना तत्काल मँगवानी हो। कई अनुस्मारकों (रिमाइण्डर) के बाद जब उच्चाधिकारी को डी.ओ. लिखना होता है तो उसका तत्काल उत्तर अपेक्षित होता है।

अर्ध-सरकारी-पत्र व्यक्तिगत रूप से किसी अधिकारी को उसके नाम से लिखा जाता है। पत्र का प्रारंभ 'प्रिय/प्रियकर/प्रियश्री' से तथा अंत 'आपका' से होता है। हस्ताक्षर करने के बाद अधिकारी सामान्यतः अपना पदनाम नहीं लिखते। पत्र प्रेषक अधिकारी का नाम तथा पदनाम ऊपर बाईं ओर लिखा जाता है। पत्र प्राप्तकर्त्ता का पूरा पता सामान्यतः नीचे बाईं ओर लिखा जाता है। इन पत्रों में सामान्यतः विषय नहीं लिखा जाता।

विधिक पत्र न होने के कारण ऐसे पत्रों द्वारा कोई विधिक आदेश की सूचना नहीं दी जाती। केंद्रीय मंत्रियों अथवा राज्य मंत्रियों के मध्य भी पत्र-व्यवहार इसी रूप में किया जाता है।

अर्ध-सरकारी-पत्र के नमूने

(1)

प्रेषक का नाम .... अर्ध-शासकीय-पत्र संख्या ....

पदनाम .... विभाग ....

रोहतक, दिनांक ....

प्रिय महोदय,

हरियाणा प्रशासन के लिए कतिपय अधिकारियों आदि की भर्ती

हरियाणा प्रशासन के आयुक्त ने अपने अर्ध-शासकीय-पत्र संख्या...दिनांक... (जिसकी एक प्रति संलग्न है) में राज्य सरकार से अनुरोध किया है कि उपर्युक्त पदों के लिए राज्य सरकार के अधीन कार्य करने वाले कर्मचारियों तथा अधिकारियों में से उन व्यक्तियों के नाम भेज दिए जाएँ, जिन्हें राज्य सरकार उन पदों के लिए उपयुक्त समझती है। अतएव मुझे यह कहने का निदेश हुआ है कि आप ....के विचारार्थ तथा हरियाणा प्रशासन को प्रेषित करने के लिए अपने प्रशासकीय नियंत्रण में कार्य करने वाले ऐसे व्यक्तियों के नाम भेज दिए जाएँ, जो आपकी राय में उपर्युक्त पदों के लिए उपयुक्त हों तथा साथ ही वे इन पदों पर नियुक्ति के लिए सहमत भी हों।

जिन व्यक्तियों के नाम भेजे जाएँ, उनके पूरे विवरण भी संलग्न प्रपत्र के अनुरूप भेजने की कृपा करें।

मैं आभारी रहूँगा, यदि अभ्यर्थियों के नाम तथा विवरण विलंबतम...तारीख तक भेज दिए जाएँ।

सेवा में, भवदीय

.... (क, ख, ग)

....

(2)

.... (नाम) अर्ध-शासकीय-पत्र संख्या ....

.... (पदनाम) .... विभाग

प्रिय श्री .... जी, शिमला, दिनांक ....

विशेषज्ञों का मनोनयन

उपर्युक्त विषय पर इस विभाग के कार्यालय ज्ञापन संख्या...............दि... .... में उल्लिखित विशेषज्ञ के संबंध में आपसे कल टेलीफोन पर वार्ता हुई थी। इस संदर्भ में मुझे अब यह सूचित करना है कि भारत सरकार की समिति के लिए सरकारी तथा गैर-सरकारी दोनों प्रकार के व्यक्तियों को विशेषज्ञ के रूप में मनोनीत किया जा सकता है।

सेवा में,

श्री ....

....

आपका

(क, ख, ग)

3.

कार्यालय ज्ञापन (Office Memorandum)

भारत सरकार तथा राज्य सरकार के मंत्रालयों तथा कार्यालयों में आपसी पत्राचार तथा सूचना के लिए कार्यालय ज्ञापन का प्रयोग किया जाता है। कार्यालय ज्ञापन सामान्यतः अन्य पुरुष में लिखा जाता है। इसमें पत्र संख्या सबसे ऊपर रहती है। संबोधन (महोदय आदि) तथा अधोलेख (भवदीय आदि) का इनमें प्रयोग नहीं होता। भेजनेवाले के केवल हस्ताक्षर होते हैं तथा पदनाम लिखा जाता है। कार्यालय ज्ञापन जिस मंत्रालय/कार्यालय को भेजा जाता है उसका नाम ज्ञापन में सबसे नीचे बाईं ओर लिखा जाता है। सामान्यतः मंत्रालय से संबद्ध और अधीन कार्यालय को कार्यालय ज्ञापन नहीं भेजे जाते। कार्यालय ज्ञापन में एक से अधिक परिच्छेद/अनुच्छेद होने पर पहले परिच्छेद/अनुच्छेद पर क्रमांक न लिखकर शेष के आगे 2, 3 आदि लिखा जाता है। कार्यालय ज्ञापन की वाक्य-संरचना सामान्यतः कर्मवाच्य की रहती है। इसकी शुरुआत 'मुझे यह निर्देश प्राप्त हुआ है ....' से होती है, और कभी-कभी यह लिखा भी नहीं जाता।

कार्यालय ज्ञापन के नमूने

(1)

क्रम संख्या 24/74/90 आवास

भारत सरकार

रेल मंत्रालय

नई दिल्ली

दिनांक : 8 अक्टूबर, 2003

विषय : आवास-आवंटन

मुझे यह सूचना प्राप्त हुई है कि राजपत्रित अधिकारी श्रेणी-1 के पाँच तथा श्रेणी-2 के सात आवास निजामुद्दीन, दिल्ली क्षेत्र में खाली हो गए हैं तथा आवंटन के लिए उपलब्ध हैं, अतः जो अधिकारी इन आवासों को प्राप्त करना चाहें, वे अपनी वरीयता के क्रमानुसार अपने प्रार्थना-पत्र निर्धारित फार्म में दिनांक 31 अक्टूबर, 2002 तक इस कार्यालय को अवश्य प्रस्तुत कर दें, ताकि उन पर विचार करके उपलब्ध आवासों का उचित आवंटन किया जा सके।

(हस्ताक्षर) ....

(नाम) ....

संयुक्त सचिव

रेल मंत्रालय, भारत सरकार

प्रति–

सभी विभागीय कार्यालय

(2)

संख्या ......

भारत सरकार

मानव संसाधन विकास मंत्रालय

नई दिल्ली

कार्यालय-ज्ञापन

दिनांक : .....

31 वैशाख, 1924

2 मई, 2002

विषय : अंतर्राष्ट्रीय सम्मेलनों तथा समारोहों में राजभाषा प्रयोग

1. भारत सरकार के विभिन्न मंत्रालयों/विभागों द्वारा समय-समय पर महत्त्वपूर्ण अंतर्राष्ट्रीय सम्मेलनों तथा समारोहों का आयोजन किया जाता है। यह आवश्यक है कि ऐसे सम्मेलनों तथा समारोहों में देश की राजभाषा को उचित स्थान दिया जाए। इस संबंध में छपने वाले साहित्य, परिपत्र, बैनर, बैज, भाषण आदि में हिंदी के प्रयोग के संबंध में आयोजन के आरंभ से पूर्व ही आवश्यक विचार किया जाए।

2. वित्त, कृषि तथा उद्योग मंत्रालय आदि से अनुरोध है कि ऐसे सम्मेलनों तथा समारोहों आदि के आयोजन के संबंध में जब भी कोई संयोजन समिति बनाई जाए, तो उसमें राजभाषा विभाग के प्रतिनिधि को भी सहयोजित किया जाए, जिससे उपर्युक्त विषय के कार्यान्वयन में उपयुक्त सहयोग मिल सके।

हस्ताक्षर

क ख ग

अवर सचिव

सेवा में,

भारत सरकार के सभी मंत्रालय/विभाग

प्रतिलिपि (जानकारी के लिए) मंत्री, केंद्रीय सचिवालय हिंदी परिषद, नई दिल्ली को प्रेषित।

4.

ज्ञापन (Memorandum)

ज्ञापन का प्रयोग अधीनस्थ कार्यालयों तथा अधिकारियों के पास ऐसी सूचना भेजने के लिए किया जाता है जो सरकारी आदेश के समान नहीं होता जैसे—छुट्टी की

स्वीकृति-अस्वीकृति; किसी कर्मचारी के प्रायः विलंब से आने का कारण; अधिकारी/कर्मचारी की नियुक्ति, तैनाती, स्थानांतरण, वेतन वृद्धि आदि। इसके अतिरिक्त कार्यालयी प्रार्थना-पत्रों, आवदेन-पत्रों आदि की पावती भेजने के लिए भी ज्ञापन का प्रयोग किया जाता है। ज्ञापन एक कर्मचारी किसी दूसरे कर्मचारी को नहीं, वरन् एक पदाधिकारी उससे कनिष्ठ किसी पदाधिकारी/कर्मचारी को लिखता है। ज्ञापन सीधे विषय से संबंधित रहने के कारण ज्ञापन-दाता अधिकारी को सरकारी नीतियाँ तथा सेवा शर्तों आदि की पर्याप्त जानकारी होना आवश्यक है।

ज्ञापन हमेशा अन्य पुरुष में लिखा जाता है। इसमें संबोधन तथा अधोलेख नहीं होता। केवल अधिकारी के हस्ताक्षर तथा पदनाम होता है। पानेवाले का नाम तथा पदनाम सबसे नीचे बाईं ओर लिखा जाता है। ज्ञापन संक्षिप्त तथा विषयानुरूप लिखा जाता है, लंबा-चौड़ा तथा वर्णनात्मक नहीं। ज्ञापन के वाक्य छोटे तथा भाषा सरल शब्दों वाली होनी चाहिए। 'राजभाषा नियम 1976' के अनुसार केंद्रीय सरकार के प्रत्येक अधिकारी/कर्मचारी का अधिकार है कि वह अपना ज्ञापन केवल हिंदी में माँग सकता है तथा अपना स्पष्टीकरण आदि भी केवल हिंदी में प्रस्तुत कर सकता है।

ज्ञापन के नमूने

(1)

भारतीय जीवन बीमा निमग

क्षेत्रीय कार्यालय
पटना
दिनांक 06 जून, 2003

संदर्भ सं./क्षे. का./का/114/2003

ज्ञापन

श्री .... को एतद् द्वारा सूचित किया जाता है कि इस कार्यालय में अधीनस्थ पद पर नियुक्ति के लिए उन्होंने जो आवेदन-पत्र दि. 28 मार्च, 2003 को भेजा था, उस पर निगम ने कार्रवाई की थी। श्री .... को सूचित किया जाता है कि सरकारी नियमानुसार अधीनस्थ कर्मचारियों की भर्ती 'सेवा नियोजन कार्यालय' द्वारा सूचित किए गए उम्मीदवारों के पैनल से की जाती है और चूँकि श्री .... स्वीकृत पैनल से नहीं हैं, अतः अधीनस्थ पद पर उनकी नियुक्ति करने में निगम असमर्थ है।

हस्ताक्षर
क्षेत्रीय प्रबंधक

प्रति—
श्री ....
....

(2)

केंद्रीय हिंदी संस्थान आगरा
(मानव संसाधन विकास मंत्रालय)

संदर्भ सं. स्थापना/का/150/2003

आगरा

दिनांक 08 अगस्त, 2004

यह देखा गया है कि केंद्रीय हिंदी संस्थान के मुख्यालय आगरा में कार्यरत कई अधीनस्थ कर्मचारी अपनी ड्यूटी पर निर्धारित वर्दी पहनकर नहीं आते। संस्थान ने सभी अधीनस्थ कर्मचारियों को नियमानुसार वर्दी की आपूर्ति की हुई है और सभी कर्मचारियों को संस्थान की ओर से धुलाई-भत्ता भी दिया जाता है, किंतु संस्थान सेवा-विनियमन का उल्लंघन करते हुए कई अधीनस्थ कर्मचारी गत तीन-चार माह से बिना वर्दी पहने ही संस्थान में आ रहे हैं।

अतः एतद् द्वारा सभी अधीनस्थ कर्मचारियों को आदेश दिया जाता है कि वे संस्थान के नियमानुसार साफ-सुथरी वर्दी पहनकर ही अपनी ड्यूटी पर आएँ, अन्यथा उनके विरुद्ध अनुशासनात्मक कार्रवाई की जाएगी।

हस्तक्षार
कुल सचिव

प्रति–

1. सूचना-पट पर चस्पा करने के लिए।
2. सभी विभागों में अधीनस्थ कर्मचारियों के हस्ताक्षर कराने के लिए।

हस्ताक्षर
कुल सचिव

5.

कार्यालय-आदेश (Office-Order)

सरकारी काम-काज के एक प्रमुख संपर्क माध्यम के रूप में कार्यालय-आदेश का प्रयोग किया जाता है। कार्यालय-आदेश का प्रयोग किसी मंत्रालय, संबद्ध विभाग, प्रभाग, अनुभाग अथवा कार्यालय के कर्मचारियों के लिए सरकारी प्राधिकारी द्वारा संबंधित कार्य हेतु किया जाता है। कर्मचारियों के स्थानांतरण; किसी कर्मचारी की पदोन्नति रोकने या करने; वेतन-वृद्धि या पेंशन जारी करना, विभिन्न प्रकार के अवकाश मंजूर करने या न करने और अधिकारी तथा अनुभागों के मध्य कार्य के वितरण आदि के लिए कार्यालय-आदेश का उपयोग किया जाता है।

कार्यालय-आदेश का स्वरूप आदेशात्मक होने के कारण इस आदेश का अनुपालन करना संबंधित कर्मचारी/कर्मचारियों का परम कर्त्तव्य हो जाता है। कार्यालय-आदेश सदैव उत्तम पुरुष एकवचन (मैं) में जारी किया जाता है। इस आदेश में संबोधन अथवा स्वनिर्देश की औपचारिकता को स्थान नहीं मिलता। इसकी भाषा सीधी, सरल तथा स्पष्ट होती है। आदेश के अंत में दाईं ओर अधिकारी के हस्ताक्षर तथा पदनाम होता है। सबसे नीचे बाईं ओर उन कार्यालयों, अनुभागों, प्रभागों या व्यक्तियों आदि के नाम अंकित किए जाते हैं, जिन्हें कार्यालय-आदेश की प्रतियाँ भेजी जानी हैं।

कार्यालय-आदेश के नमूने

(1)

क्र.सं. रा.वि. 204/7/2003

भारत सरकार

गृह मंत्रालय

राजभाषा विभाग

लोकनायक भवन

नई दिल्ली

दिनांक 15 सितंबर, 2003

कार्यालय-आदेश

निम्नलिखित अभ्यर्थियों को राजभाषा विभाग (गृह मंत्रालय) भारत सरकार में दिनांक 15 अक्टूबर, 2003 (पूर्वाह्न) से वेतनमान .... में कनिष्ठ हिंदी अनुवादक एवं हिंदी सहायक के पदों पर नियुक्त किया जाता है। ये नियुक्तियाँ अस्थायी हैं तथा यथावधि स्थायी होंगी।

1. श्री .... हिंदी सहायक
2. सुश्री .... हिंदी सहायक
3. श्री .... कनिष्ठ हिंदी अनुवादक
4. श्रीमती .... कनिष्ठ हिंदी अनुवादक

प्रति—

हस्ताक्षर

1. सभी संबद्ध व्यक्ति

उपसचिव (भारत सरकार)

2. वेतन तथा लेखा अनुभाग

हस्ताक्षर ....

भारत सरकार

.... मंत्रालय

.... बोर्ड

नई दिल्ली

दिनांक ....

कार्यालय आदेश संख्या .... के अनुसार श्रमिक कल्याण से संबंधित सभी कार्य .... बोर्ड में संयुक्त निदेशक (श्र.क.) देख रहे थे। कार्य की अधिकता के कारण उपनिदेशक (श्र.क.) का एक नया पद सृजित किया गया है। इस पद पर श्री .... ने कार्यभार सँभाल लिया है। अब श्रमिक कल्याण से संबंधित कार्य उक्त दोनों अधिकारियों में निम्नलिखित रूप में आवंटित किया गया है–

संयुक्त निदेशक (श्र.क.)	उपनिदेशक (श्र.क.)
1.	1.
2.	2.
3.	3.
4.	4.

प्रति–

सभी संबद्ध व्यक्ति

हस्ताक्षर..........

उपसचिव (भारत सरकार)

6.
आदेश (Order)

केंद्र सरकार तथा राज्य सरकार के कार्यालयों, विभागों आदि में नए पदों के सृजन; कर्मचारियों से संबंधित महत्त्वपूर्ण विषयों पर सरकार द्वारा लिए गए निर्णयों की जानकारी, प्रशासनिक मामलों में की गई कार्रवाई की सूचना, शक्तियों के प्रत्यायोजन ('डेलीमेशन ऑफ पावर') आदि की जानकारी **आदेश** (Order) के माध्यम से दी जाती है।

आदेश के नमूने
(1)

संख्या ....

भारत सरकार

.... विभाग

नई दिल्ली

दि. ....

दिनांक, ... के आदेश संख्या .... की ओर सभी कर्मचारियों का ध्यान आकर्षित किया जाता है। जिसमें यह उल्लेख किया गया है कि सभी कार्य दिवसों में मध्यांतर दोपहर बाद 1.30 बजे से 2 बजे तक होगा। कुछ दिनों से यह देखा जा रहा है कि बहुत से कर्मचारी दोपहर 2.15 तथा इसके बाद भी अपने कार्यस्थल पर नहीं पहुँचते। सभी कर्मचारियों को बताया जाता है कि मध्यांतर की अवधि केवल आधा घंटा तक ही सीमित रखें और दोपहर बाद 2 बजे निश्चित रूप से अपना कार्य आरंभ कर दें।

हस्ताक्षर—
क ख ग
अवर सचिव, भारत सरकार

7.
सूचना (Notice)

सामान्यतः किसी विशेष वर्ग या सर्वसाधारण को देने योग्य सामान्य सूचना या जानकारी 'सूचना' द्वारा दी जाती है। सूचना को सूचनापट/नोटिस बोर्ड पर लगा दिया जाता है। इसे परिपत्र की भाँति सभी अनुभागों में परिचालित भी किया जाता है। कोर्ट आदि से संबंधित सूचना (नोटिस) संबंधित व्यक्तियों को पंजीकृत डाक से भेजी जाती है।

सूचना के नमूने
(1)

संख्या ....
भारत सरकार
.... विभाग

नई दिल्ली
दिनांक ....

सूचना

समय-समय पर की गई जाँच-पड़ताल से पता चला है कि कुछ चपरासी कार्यालय में नियमित रूप से बिना वर्दी पहने आते हैं। सभी चपरासियों को चेतावनी दी जाती है कि भविष्य में जो चपरासी बिना पूरी वर्दी पहने कार्यालय में पाया जाएगा, उसके विरुद्ध अनुशासनात्मक कार्रवाई की जाएगी तथा दो बार से अधिक बार ऐसा करने वालों को नौकरी से निकाला भी जा सकता है। साथ ही उन्हें अपनी वर्दी साफ भी रखने की हिदायत दी जाती है।

हस्ताक्षर—
क ख ग
अवर सचिव, भारत सरकार

8.
परिपत्र (Circular)

परिपत्र सरकारी पत्राचार का एक महत्त्वपूर्ण माध्यम है। परिपत्र के माध्यम से विभिन्न

मंत्रालयों तथा विभागों द्वारा अधीनस्थ कार्यालयों, संलग्न अनुभागों, प्रभागों आदि को सरकारी पत्र, सूचनाएँ, कार्यालय ज्ञापन, आदेश, निर्देश का अनुदेश आदि भेजे जाते हैं। राजभाषा अधिनियम 1963 की धारा 3(3) के अनुसार केंद्रीय सरकार के कार्यालयों को जारी किए जाने वाले परिपत्र द्विभाषिक (हिंदी-अंग्रेजी) होने चाहिए। मूलरूप में हिंदी में परिपत्र तैयार करते समय इन बातों का ध्यान रखना आवश्यक है—

(क) परिपत्र की विषय-वस्तु सुव्यवस्थित हो तथा संयोजन क्रमबद्ध हो।

(ख) परिपत्र अन्य पुरुष में लिखा जाए।

(ग) दाईं ओर परिपत्र संख्या दी जाए तथा शेष प्रालेखन पत्र, सूचना, ज्ञापन या आदेश के अनुरूप बना रहे।

परिपत्र के नमूने

(1)

संख्या .... परिपत्र संख्या ....

भारत सरकार

.... विभाग

नई दिल्ली

दिनांक ....

हाल ही में यह देखने में आया है कि कुछ कार्यालयों के फ़राश तथा जमादार कमरों, बरामदों, शौचालयों आदि की सफाई ठीक से नहीं कर रहे हैं। जगह-जगह मकड़ी के जालों तथा जमी धूल से ऐसा प्रतीत होता है कि जैसे काफी दिनों से ठीक से सफाई नहीं की गई है। यह बात बहुत ही आपत्तिजनक है। सभी फ़राशों तथा जमादारों को इस परिपत्र द्वारा सूचित किया जाता है कि कर्त्तव्य पालन में इस प्रकार की ढिलाई आगे भी पाई जाएगी, तो संबद्ध व्यक्ति के विरुद्ध तुरंत अनुशासनिक कार्रवाई की जाएगी।

(क, ख, ग)

अवर सचिव, भारत सरकार

9.
अनुस्मारक (Reminder)

अनुस्मारक (Reminder) को **'स्मरण-पत्र'** भी कहा जाता है। अनुस्मारक में पत्र, ज्ञापन, तार, अनौपचारिक टिप्पणी आदि का वही रूप प्रयुक्त किया जाता है, जो मूल प्रारूपण में रखा गया था। जब मूलपत्र के अनुरूप समय पर कार्रवाई न की गई हो अथवा माँगी गई जानकारी समयावधि में न भेजी गई हो, तब, संबंधित अधिकारी/अधिकारियों को कार्य संपन्न करने का स्मरण दिलाने के लिए अनुस्मारक

(स्मरण-पत्र) का प्रयोग किया जाता है। कई पत्रों तथा स्मरण-पत्रों के भेजने पर भी वांछित उत्तर न मिलने पर अर्ध-सरकारी (D.O. Letter) के रूप में भी अनुस्मारक भेजे जाते हैं। एक से अधिक अनुस्मारक भेजे जाने पर सबसे ऊपर (दाईं ओर) 'दूसरा/तीसरा आदि अनुस्मारक' ध्यानाकर्षण लिख दिया जाता है।

अनुस्मारक के नमूने

(1)

द्वितीय अनुस्मारक

संख्या ....

भारत सरकार

.... विभाग

नई दिल्ली

दिनांक ....

विषय ....

उपर्युक्त विषय पर दिनांक .... के कार्यालय-ज्ञापन संख्या .... तथा इससे संबद्ध प्रथम अनुस्मारक दिनांक .... की ओर आपका ध्यान आकर्षित करते हुए निवेदन है कि अभी तक अपेक्षित सूचना आपके यहाँ से नहीं आई है। इस सूचना के अभाव में हमें समुचित जानकारी गृह मंत्रालय को भेजने में कठिनाई आ रही है। अनुरोध है कि वांछित सूचना शीघ्रातिशीघ्र भिजवाने की कृपा करें।

भवदीय

क ख ग

अवर सचिव, भारत सरकार

10.
निविदा-सूचना (Quotation Notice)

सरकार की ओर से सामान खरीदने, निर्माण कार्य को पूरा करने अथवा किसी कार्य को पूरा करने के लिए प्रमुख समाचार-पत्रों में निविदा (Quotation) सूचना जारी की जाती है, निविदा-सूचना में खरीद किए जाने वाले माल का संक्षिप्त विवरण, निर्माण कार्य की जानकारी अथवा जो कार्य किया जाना है, उसका विवरण दिया जाता है।

निविदाओं के नमूने

(1)

निविदा-सूचना

कार्यालय नगर विकास न्यास

क्रमांक : एफ-2(3) (आ) निवि—5/06

नगर विकास न्यास द्वारा सा.नि.वि. के संशोधित नियमों के अंतर्गत सक्षम श्रेणी के पंजीकृत संवेदकों से निम्नलिखित कार्यों हेतु मुहरबंद निविदाएँ आमंत्रित की जाती हैं। निविदा संबंधित खंड से निर्धारित दिन के एक दिन पूर्व 2.00 बजे तक विक्रय की जाकर निर्धारित तिथि को सायं 3.00 बजे तक प्राप्त कर उसी दिन सायं 4.00 बजे उपस्थित संवेदकों के समक्ष खोली जाएगी। निविदा विक्रय/प्राप्ति दिनों को सार्वजनिक अवकाश होने पर आगामी कार्य दिवस को संपन्न होगी। निविदा हेतु आवेदन पत्र मुद्रित लेटर पैड पर आयकर/बिक्रीकर दिन नंबर अंकित होना अनिवार्य है। अनुबंध की निविदा सूचना की धारा 99 की शर्तें लागू होंगी।

क्र. सं.	कार्य का नाम	अनुमानित राशि (लाखों में)	धरोहर राशि	निविदा शुल्क	कार्य पूर्ण करने की अवधि	प्राप्ति तिथि
1.	गुजरात मुहल्ले में सड़क निर्माण कार्य	5.30	10600 2660	1000	3 माह	16.5.05
2.	नत्थूसर गेट से करमौसर तक सड़क का निर्माण कार्य	5.10	10200 2550	1000	3 माह	16.5.06

नोट : संबंधित खंड द्वारा निविदा विक्रय की जाएगी।

अधिशासी अभियंता-III, नगर
विकास न्यास, बीकानेर

(2)
निविदा-सूचना

भारत संचार निगम लिमिटेड
(भारत सरकार का उपक्रम)
कार्यालय मुख्य महाप्रबंधक
उच्चस्तरीय दूरसंचार प्रशिक्षण केंद्र
गाजियाबाद—201002

दिनांक 26.04.2006

मुख्य महाप्रबंधक, उच्चस्तरीय दूर संचार प्रशिक्षण केंद्र, गाजियाबाद (उत्तर प्रदेश), भारत संचार निगम लिमिटेड की ओर से उच्चस्तरीय दूरसंचार प्रशिक्षण केंद्र, गाजियाबाद में निम्नलिखित कार्यों के लिए दो अलग-अलग निविदाएँ आमंत्रित की जाती हैं।

1. एल सी डी प्रोजेक्टरों की आपूर्ति, स्थापन, परीक्षण तथा चालू करने संबंधी निविदा संख्या—3-26/2006/ए एल टी पी/एल सी डी/बी एस-ई।

2. डी एल पी प्रोजेक्टरों की आपूर्ति, स्थापन, परीक्षण तथा चालू करने संबंधी निविदा संख्या–3-33/2006/ए एल टी पी/डी एल पी/बी एस-ई।

मुख्य महाप्रबंधक, उच्चस्तरीय
दूरसंचार प्रशिक्षण केंद्र, गाजियाबाद (उ.प्र.)

11.
अधिसूचना (Notification)

शासन की ओर से जन-साधारण के सूचनार्थ या सरकारी कार्यालयों तत्संबंधी अधिकारियों और कर्मचारियों को जानकारी के लिए केंद्रीय या प्रादेशिक सरकारों द्वारा जो घोषणाएँ उनके राजपत्रों में प्रकाशित होती हैं, उन्हें **अधिसूचना** (Notification) कहा जाता है।

अधिसूचनाएँ सरकारी अधिकारियों/कर्मचारियों की नियुक्ति, पदोन्नति, स्थानांतरण, वेतन-वृद्धि, अवकाश, त्यागपत्र, सेवा-निवृत्ति, अधिनियमों, आदेशों तथा अधिकारियों के कार्यकारी अधिकारों आदि की सूचना देने के लिए निकाली जाती हैं। सांविधिक नियमों तथा आदेशों की घोषणा और शक्तियों के सौंपे जाने आदि को राजपत्र (गजट) में प्रकाशित करने के लिए अधिसूचना भेजी जाती है।

अधिसूचना के नमूने

(1)

(भारत सरकार के राजपत्र के भाग-1, खंड-2 में प्रकाशन के लिए)

भारत सरकार

सूचना तथा प्रसारण मंत्रालय

नई दिल्ली, दिनांक ....

अधिसूचना

संख्या .... प्रशासन (1) केंद्रीय सचिवालय सेवा के प्रथम ग्रेड के अधिकारी श्री गोपाल गुप्ता ने अर्जित छुट्टी से लौटने पर सूचना तथा प्रसारण मंत्रालय में दिनांक 15 नवंबर, 2002 पूर्वाह्न से अवर सचिव का कार्य सँभाल लिया है।

मदनमोहन शर्मा
अवर सचिव, भारत सरकार

सेवा में,
प्रबंधक
भारत सरकार प्रेस,
फरीदाबाद।

12.
संकल्प (Resolution)

केवल सरकार की ओर से जारी किए जाने के कारण, संकल्प को **सरकारी संकल्प** भी कहते हैं। संकल्प का प्रयोग इन उद्देश्यों की पूर्ति हेतु किया जाता है–(क) नीति संबंधी महत्त्वपूर्ण सरकारी निर्णयों की घोषणा हेतु, (ख) सरकारी नीतियों की सार्वजनिक उद्घोषणा हेतु, (ग) केंद्रीय सरकार की जाँच-समिति या जाँच-आयोगों के विशिष्ट प्रतिवेदन या निर्णय आदि की आवश्यकता हेतु, (घ) केंद्रीय सरकार की विशिष्ट जाँच-समितियों या जाँच-आयोगों की नियुक्ति की आवश्यकतानुसार सार्वजनिक उद्घोषणा हेतु, (ङ) विभिन्न विभागों, प्रशासनिक प्रतिवेदनों तथा सामान्य प्रशासन प्रतिवेदनों के प्रकाशन हेतु।

संकल्प के नमूने

(1)

(भारत सरकार के राजपत्र भाग-1, खंड-4 में प्रकाशनार्थ)

क्र.सं. 109/9/2002

भारत सरकार

गृह मंत्रालय

संकल्प

विगत कुछ महीनों से देश के विभिन्न राज्यों में खासकर उत्तर प्रदेश, मध्य प्रदेश तथा बिहार आदि में अनुसूचित जाति एवं जनजाति के परिवारों पर समाज-विरोधी तत्त्वों के नृशंस हमलों से सरकार चिंतित है। इन हमलों में अनेक दलितों के मकान जला दिए गए हैं तथा कई लोग गोली से उड़ा दिए गए हैं। इन घटनाओं से सरकार व्यथित है और ऐसी घटनाओं की रोकथाम के लिए तथा अपराधियों को उचित दंड के साथ हमलाग्रस्त परिवारों के पुनर्वास हेतु सरकार दृढ़ संकल्प है। इस संकल्प के कार्यान्वयन हेतु एक उच्चाधिकार प्राप्त समिति का गठन करने का सरकार संकल्प करती है। इस समिति में सरकारी प्रतिनिधियों के अतिरिक्त अनुसूचित जाति-जनजाति एवं विशिष्ट जनसेवी व्यक्तियों को भी प्रतिनिधि के रूप में नियुक्त किया जाना है। यह समिति नियुक्ति के तीन माह के भीतर अपनी रिपोर्ट सरकार को प्रस्तुत करेगी।

13.
प्रेस-विज्ञप्ति तथा प्रेस-टिप्पणी

किसी सरकारी सूचना, निर्णय अथवा नीति को जन-साधारण तक पहुँचाने की दृष्टि

से **प्रेस-विज्ञप्ति** (Press Communique) अथवा **प्रेस-टिप्पणी** (Press-note) का उपयोग किया जाता है। प्रेस-टिप्पणी या प्रेस-नोट की अपेक्षा प्रेस-विज्ञप्ति अधिक औपचारिक तथा संवेदनशील होती है, अर्थात् इसमें जरा से शब्द परिवर्तन से अर्थ में परिवर्तन की गुंजाइश रहती है। अतः प्रेस-विज्ञप्ति को संपादक बिना कोई काट-छाँट या संशोधन-परिवर्तन के यथावत् प्रकाशित करने के लिए बाध्य होता है। प्रेस-विज्ञप्ति की अपेक्षा प्रेस-टिप्पणी में कम औपचारिकता रहने के कारण संपादक को यह अधिकार होता है कि वह प्राप्त सामग्री में अपने ढंग से सुविधानुसार संशोधन/परिवर्तन कर सकता है।

प्रेस-विज्ञप्ति तथा प्रेस-टिप्पणी सीधे 'प्रधान सूचना अधिकारी' प्रेस सूचना ब्यूरो, नई दिल्ली, को इस निर्देश के साथ प्रेषित की जाती है कि प्रेस-विज्ञप्ति या प्रेस-टिप्पणी निर्धारित तिथि एवं समय पर प्रकाशित की जाए, उससे पूर्व नहीं। प्रकाशन में प्रेषक, प्रेषिती संबोधन तथा अधोलेख नहीं होते। जिस मंत्रालय से इसे जारी किया जाता है, उसका नाम हस्ताक्षर के बाईं ओर लिखा जाता है। मंत्रालय के नाम के नीचे स्थान तथा दिनांक लिखे जाते हैं।

प्रेस-विज्ञप्ति के नमूने

(1)

(दिनांक .... को .... बजे से पूर्व प्रकाशित या प्रसारित न किया जाए)

प्रेस-विज्ञप्ति

विषय : भारत तथा चीन के मध्य राजनयिक संबंध

भारत सरकार और चीन सरकार ने राजदूतावास के स्तर पर परस्पर राजनयिक संबंध स्थापित करने का निश्चय किया है। इसके परिणामस्वरूप दोनों देशों की राजधानियों में राजदूतावास खोले जाएँगे।

यह प्रेस-विज्ञप्ति प्रधान अधिकारी, पत्र-सूचना कार्यालय, नई दिल्ली को जारी करने तथा व्यापक प्रचार-प्रसार के लिए भेजी जाती है।

क ख ग
उपसचिव, विदेश मंत्रालय

प्रेस-टिप्पणी के नमूने

(1)

प्रेस-टिप्पणी

भारत सरकार ने जुलाई, 2002 से केंद्रीय सरकार के कर्मचारियों को महँगाई भत्ते की एक और किश्त देने का निर्णय किया है। यह महँगाई भत्ता केंद्रीय सरकार के

'क' वर्ग के कर्मचारियों को छोड़कर अन्य के मूल वेतन का अधिकतम 1.5% तथा 'क' वर्ग के कर्मचारियों को उनके मूल वेतन का अधिकतम 1% होगा। महँगाई भत्ते का आधा अंश कर्मचारियों की भविष्यनिधि में जमा किया जाएगा। इस महँगाई भत्ते की वृद्धि का लाभ पेंशन भोगियों को भी मिलेगा।

वित्त मंत्रालय — हरिहर नाथ शुक्ल
दिनांक 20 सितंबर, 2002 — सचिव, वित्त मंत्रालय

14.
तुरंत-पत्र (Express Letter)

तुरंत-पत्र को द्रुत-पत्र/त्वरित-पत्र/द्रुतगामी-पत्र भी कहा जाता है। द्रुत/त्वरित/तुरंत-पत्र शब्द का अर्थ है—शीघ्र पहुँचने वाला पत्र। सरकारी कार्यों से संबंधित संदेश, सूचनाएँ, रिपोर्ट, समाचार आदि शीघ्र भेजने के लिए त्वरित-पत्र का उपयोग किया जाता है। त्वरित-पत्र की भाषा तार की भाषा जैसी होती है। त्वरित-पत्र पाने वाले को भी ऐसे पत्र को उतनी ही प्राथमिकता या वरीयता देनी चाहिए। द्रुत-पत्रों के पते के ऊपर 'तुरंत विवरण' (Express Delivery) लिखा जाना आवश्यक है। अत्यधिक शीघ्रता के मामलों को छोड़कर अन्य सभी मामलों में जहाँ तक संभव हो, तार के बदले द्रुत-पत्र भेजना सही रहता है। त्वरित-पत्र का रूप लगभग तार के समान रहता है।

त्वरित-पत्र के नमूने
(1)

क्रम संख्या 152/8/2002
उत्तर प्रदेश सरकार
वित्त मंत्रालय

प्रेषक—
महेंद्र सिंह — तत्काल
संयुक्त सचिव — लखनऊ
उत्तर प्रदेश शासन — दिनांक 25 अगस्त, 2003

सेवा में,
सचिव,
राजस्व विभाग, वित्त मंत्रालय
नई दिल्ली
विषय : वित्तीय सलाहकार के पद पर श्रीमती उषा यादव की नियुक्ति।

संदर्भ : सरकारी तार संख्या उ.प्र./वित्त/101/2002 दि. 25 जुलाई, 2002

उक्त पद की पूर्ति भारत सरकार की प्रशासनिक सेवा-शर्तों के आधार पर निर्धारित वेतनमान में होगी। संबंधित पदाधिकारी को इसके अतिरिक्त रु. 700 का मूल विशेष वेतन भी प्रदान किया जाएगा तथा वाहन-व्यवस्था भी सरकारी खर्च पर की जाएगी।

उपर्युक्त पद स्थायी किया गया है।

(महेंद्र सिंह)
संयुक्त सचिव

(2)

तत्काल

प्रेषक : रेलवेज, नई दिल्ली
सेवा में : सी.सी.जी., पटना

नई दिल्ली
दिनांक ....

संख्या ....

विगत मास हुई रेल दुर्घटना का विस्तृत विवरण अभी भी आपसे अपेक्षित है। मामला अत्यंत आवश्यक है। यदि कोई विशेष ब्योरा नहीं मिल पाया हो तो उसकी सूचना भी तुरंत भेजिए।

(क ख ग)
उपनिदेशक, रेलवे बोर्ड

15.
पृष्ठांकन (Endorsement)

कभी-कभी किसी पत्र की प्रतिलिपियाँ सूचनार्थ या किसी प्रकार की कार्रवाई हेतु एक से अधिक व्यक्तियों को भेजनी पड़ती हैं। ऐसी स्थिति में पृष्ठांकन/परांकन (Endorsement) किया जाता है। पृष्ठांकन का अर्थ है—पीछे (से) अंकित करना; पृष्ठलेख करना; पुष्टि करना। किसी तार, बिल या लेख के पीछे लिखने की प्रक्रिया को पृष्ठांकन कहा जाता है।

पृष्ठांकन का प्रयोग इन परिस्थितियों में किया जाता है—

(1) प्रेषिती के अतिरिक्त जब किसी अन्य विभाग को पत्रादि की प्रतिलिपि भेजनी हो।

(2) जब मूल प्रति ही प्रेषक को वापस करनी होती है।

(३) जब सूचना, टीका-टिप्पणी अथवा निस्तारण हेतु किसी मंत्रालय या संबद्ध अथवा अधीनस्थ कार्यालय को (मूलरूप में या उसकी प्रति) भेजी जाती है।

(4) प्रशासनिक मंत्रालयों द्वारा दी गई वित्तीय मंजूरी की प्रतिलिपियाँ भी लेखा परीक्षा अधिकारियों के पास पृष्ठांकित रूप में प्रेषित की जाती हैं।

पृष्ठांकन के नमूने

(1)

संख्या ....

भारत सरकार — नई दिल्ली

औद्योगिक विकास मंत्रालय — दिनांक ......

स्वास्थ्य मंत्रालय को निम्नलिखित पत्रों की एक-एक प्रतिलिपि सूचना तथा आवश्यक कार्रवाई हेतु प्रेषित है।

ह./ क ख ग

अवर सचिव, भारत सरकार

प्रेषित पत्रों की सूची

(1) वित्त मंत्रालय पत्र सं. .... दिनांक ....

(2) गृह मंत्रालय पत्र सं. .... दिनांक ....

(2)

संख्या ....

भारत सरकार — नई दिल्ली

मानव संसाधन विकास मंत्रालय — दिनांक ....

निम्नलिखित पत्रों की एक-एक प्रति सूचना तथा आवश्यक कार्रवाई हेतु अधोलिखित कार्यालयों को प्रेषित की जा रही है–

(1) मुख्य प्रशासनिक अधिकारी ....

(2) निदेशक ....

(३) उपसचिव ....

प्रेषित पत्रों की सूची–

(1) गृह मंत्रालय का कार्यालय ज्ञापन संख्या ....

(2) ....

क. ख. ग.

कृते अवर सचिव

भारत सरकार

दिनांक 2002

संख्या ....

आवश्यक कार्रवाई/सूचना के लिए निम्नलिखित को प्रतिलिपियाँ प्रेषित–

(1) ....

(2) ....

क. ख. ग.
कृते अवर सचिव
भारत सरकार

16.

तार (Telegram)

सरकारी पत्राचार में तार की विशेष भूमिका तथा महत्त्व है। तार केवल तभी भेजे जाते हैं, जब बहुत जल्दी हो। तार का मूल छोटा होना चाहिए, किंतु इतना छोटा भी नहीं कि उसका साफ मतलब ही न निकल पाए, अतः तार संक्षिप्त, स्पष्ट, तथा बोधगम्य होना चाहिए।

तार के नमूने

तार **सरकारी** **तत्काल**

प्रेषक–
उपसचिव
रक्षा मंत्रालय (भारत सरकार)
नई दिल्ली

सेवा में,
सचिव
गृह मंत्रालय
मुंबई (महाराष्ट्र सरकार)

मितव्यय-पत्र संख्या 115/2002 दिनांक 15 सितंबर 2002 के संदर्भानुसार मुंबई पोर्टट्रस्ट की रक्षा का व्यय विवरण शीघ्र भेजें।

उपसचिव

17.
मितव्यय-पत्र

मितव्यय-पत्र को बचत-पत्र/सेविंग ग्राम (Saving letter gram) भी कहा जाता है। इसका स्वरूप द्रुत-पत्र तथा तार जैसा ही होता है। सरकारी कार्य-निष्पादन हेतु देश-विदेश से गोपनीय स्वरूप का पत्र-व्यवहार प्रमुखतः मितव्यय-पत्र के माध्यम से ही किया जाता है। मितव्यय-पत्र की भाषा सामान्य सरकारी पत्रों की भाषा की अपेक्षा भिन्न कूट/गोपनीय तार की भाषा जैसी होती है जो आसानी से सामान्य जनता की समझ में नहीं आती।

मितव्यय-पत्र के नमूने

(1)

भारत सरकार
स्वास्थ्य मंत्रालय

प्रेषक—

परराष्ट्र, नई दिल्ली

सेवा में,

भारत दूतावास

बगदाद (इराक) — नई दिल्ली

क्रम संख्या : 125/91 — 25 अक्टूबर, 1991

इस मंत्रालय के पत्र संख्या 109/91 विशेष दिनांक 15 सितंबर, 1991 इराक में युद्धग्रस्त क्षेत्रों की जनता को आर्थिक सहायता के रूप में पच्चीस करोड़ रुपए की राशि तथा दवाइयाँ भेजी जा रही हैं।

(प्रेम स्वरूप)

सचिव, भारत सरकार

18.
घोषणा

देश में सरकार को किसी अत्यंत राष्ट्रीय महत्त्व के विषय में अपना निर्णय प्रसारित करना होता है तो वह घोषणा निकालती है। जैसे अरुणाचल प्रदेश में दल बदल के कारण संवैधानिक संकट उत्पन्न हो गया तो वहाँ राज्यपाल की रिपोर्ट पर तुरंत राष्ट्रपति शासन लागू किया गया।

घोषणा के नमूने
(1)

गृह मंत्रालय
भारत सरकार
नई दिल्ली

क्रमांक 50/पी 87 दिनांक 10 अप्रैल, 2001

अरुणाचल प्रदेश के राज्यपाल से प्राप्त सूचना के आधार पर राष्ट्रपति महोदय इस निष्कर्ष पर पहुँचे हैं कि दल बदल के कारण अरुणाचल प्रदेश में संवैधानिक संकट पैदा हो गया है इसलिए वहाँ राष्ट्रपति महोदय राष्ट्रपति शासन घोषित करते हैं।

राष्ट्रपति,
पी.आर. मंत्रालय
सचिव

अध्याय-2

व्यावसायिक पत्र-लेखन

व्यावसायिक पत्र सामान को मँगाने, भेजने, बिल के भुगतान, माल खराब होने पर शिकायत, माल छुड़ाने पर शिकायत, माल न पहुँचने पर क्रय-आदेश निरस्त करने और व्यवसाय से संबंधित अन्य विषयों के संबंध में लिखे जाते हैं। व्यावसायिक पत्रों का संबंध व्यावसायिक संस्थान, संस्था एवं व्यक्ति से भी हो सकता है और उन ग्राहकों से भी जिनके यहाँ उनका माल गया है और जिनकी अच्छाई-बुराई का संबंध केवल उनसे ही जुड़ा हो।

आधुनिक काल में यातायात एवं संदेश भेजने के साधनों के विकास के साथ व्यापार का क्षेत्र भी काफी व्यापक और विस्तृत हुआ है। आज व्यापार का क्षेत्र किसी ग्राम, कस्बा, नगर, राज्य या देश की सीमा में ही बँधकर नहीं रह गया है, अपितु अंतर्राष्ट्रीय स्तर तक फैल गया है। संसार के बड़े-बड़े शहरों में 'अंतर्राष्ट्रीय व्यापार मेले' अपने माल को खपाने, बेचने तथा विश्व की व्यापारिक प्रतिस्पर्धा में अपने माल को सर्वश्रेष्ठ सिद्ध करने के साथ-साथ कम कीमत में देने के लिए ही आयोजित किए जा रहे हैं। यह प्रतियोगिता का युग है और आज के युग में केवल माल ही अच्छा नहीं होना चाहिए, कीमत भी अन्य देश के व्यापारिक संस्थानों अथवा विश्व मार्केट के मुकाबले कम और सही होनी चाहिए।

पत्र-व्यवहार से एक व्यापारी को दूसरे व्यापारी से विशेष परिस्थितियों में व्यक्तिगत भेंट की आवश्यकता भी पड़ सकती है और यदि कोई व्यापार या माल के संबंध में भ्रांति हो, तो दूर की जा सकती है।

व्यावसायिक पत्रों के गुण

एक अच्छे व्यावसायिक पत्र में निम्नलिखित गुणों के सुझाव विद्वानों द्वारा बतलाए गए हैं, जिन्हें संक्षेप में प्रस्तुत किया जा रहा है।

1. स्पष्टता–व्यावसायिक पत्र सरल व स्पष्ट भाषा में लिखे जाने चाहिए।

2. एकता–विचार प्रवाहपूर्ण और क्रमबद्ध होना चाहिए।

3. सरलता व स्वाभाविकता–शब्दों और वाक्यों में सरलता और स्वाभाविकता होने पर ही स्पष्टता आएगी।

4. यथार्थता–व्यावसायिक पत्रों में जो लिखा जाए, वह सत्य होना चाहिए।

5. संक्षिप्तता–व्यावसायिक पत्र संक्षिप्त होना चाहिए।

6. पूर्णता–पत्र जिस विषय में लिखा जाए, उस विषय की सभी आवश्यक बातों का उसमें समावेश होना चाहिए।

7. शिष्टता–व्यावसायिक पत्र शिष्ट व मृदुल भाषा में लिखे जाने चाहिए।

8. मौलिकता–घिसे-पिटे वाक्यों का प्रयोग न करें, व्यापारी को सीधे व मौलिक ढंग से अपनी भाषा में पत्र लिखना चाहिए।

9. आकर्षक होना–व्यावसायिक पत्र देखने में सुंदर तथा आकर्षक होने चाहिए, लिखते या टाइप करते समय स्वच्छता का ध्यान रखना चाहिए।

10. प्रभावशीलता–व्यावसायिक पत्र, प्रभावशाली ढंग से लिखे जाने चाहिए, जिससे अपने उद्देश्य की प्राप्ति हो सके।

व्यावसायिक पत्र के अंग

व्यावसायिक पत्रों का एक विशिष्ट स्वरूप होता है। इसके निम्नलिखित अंग होते हैं–(1) शीर्ष, (2) तिथि, (3) पत्र संख्या, (4) पत्र-प्राप्तकर्त्ता का पता, (5) संबोधन, (6) अभिवादन, (7) पत्र का कलेवर, (8) स्वनिदेश, (9) हस्ताक्षर, (10) संलग्न-पत्र, (11) पुनश्च, (12) टंकक के संक्षिप्त हस्ताक्षर/नाम।

व्यावसायिक पत्रों के कतिपय नमूने

(1)
खराब माल की शिकायत

(प्रतिष्ठान) ....

....   पता ....

....

पत्रांक ....   दिनांक ....

सर्वश्री ....

....

प्रिय महोदय,

आपके पत्र संख्या .... दिनांक .... के साथ बिल्टी संख्या .... दिनांक .... एवं बीजक संख्या .... दिनांक ....प्राप्त हुआ, पर बिल्टी खोलने के बाद पता चला कि माल अत्यंत खराब दशा

में है और कटा-फटा है। उसे किसी ग्राहक को बेचा जाना भी संभव नहीं है। अतः यह माल आप अपने व्यय पर वापस मँगा लें तथा हमारे खाते में इस भुगतान को जमा करके क्रेडिट नोट भिजवाने का कष्ट करें।

कष्ट के लिए क्षमा चाहेंगे।

भवदीय

कृते ....

प्रबंधक

(2)

कोटेशन-पत्र

वाणी प्रकाशन

(उच्चकोटि के प्रकाशक एवं पुस्तक विक्रेता)

दरियागंज

नई दिल्ली-110002

सर्वश्री मंगल प्रकाशन

चाँद पोल बाजार

जयपुर-302001

विषय : मूल्य-सूची

प्रिय महोदय,

हम इस पत्र के साथ नई प्रकाशित पुस्तकों की अपनी सूची भिजवा रहे हैं। आपको जिन पुस्तकों की आवश्यकता है, उनका विवरण निम्न प्रकार है—

1. राजभाषा हिंदी : कानून और व्यवहार	मूल्य	15.00
2. संप्रेषण एवं संचार	मूल्य	15.00
3. व्यावसायिक हिंदी	"	"
4. प्रारूपण एवं टिप्पण	"	"
5. प्रतियोगी निबंध	"	"

उपर्युक्त सभी पुस्तकें अनुभवी एवं विज्ञ अध्यापकों द्वारा निर्धारित नवीन पाठ्यक्रम के अनुरूप लिखी गई हैं।

इस संबंध में यह भी कहना चाहते हैं कि सौ रुपए से अधिक की पुस्तकें क्रय करने पर हम 25% व्यापारिक छूट प्रदान करते हैं। और संबंधित बिल का भुगतान एक माह के भीतर करने पर 1½ प्रतिशत नकद छूट की सुविधा भी प्रदान करते हैं। आदेश के साथ बीस प्रतिशत राशि अग्रिम भिजवाना आवश्यक है। पैकिंग निःशुल्क है।

हमें पूर्ण विश्वास है कि आप शीघ्र ही अपना बहुमूल्य आदेश भेजकर हमें अनुगृहीत करेंगे।

भवदीय
कृते वाणी प्रकाशन
(ह.) ....
संचालक

संलग्न : मूल्य-सूची।

(3)

भाव पूछने के लिए
प्रेम फार्मेसी

क्रमांक ....
(भारतीय औषधियों के विक्रेता) 40, पल्टन बाजार
देहरादून
दिनांक..............

सेवा में,
प्रबंधक
गुरुकुल काँगड़ी फार्मेसी
हरिद्वार।

प्रिय महोदय,

हम आपका ध्यान अपने 20 नवंबर, 1984 के पत्र संख्या .... की ओर आकर्षित करना चाहते हैं। जिसमें हमने आपको निम्नलिखित औषधियों के भाव लिखने के लिए आग्रह किया था। इन औषधियों की यहाँ काफी माँग है, अतः हम आपसे यह अपेक्षा करते हैं कि आप उनके मूल्य और थोक क्रयदारों को दी जाने वाली कमीशन की दरें शीघ्र लिखकर भेजेंगे।

1. च्यवनप्राश
2. द्राक्षासव
3. कुमार्यासव
4. शिलाजीत

भवदीय
(प्रेम कुमार)
व्यवस्थापक

पुनश्च : कृपया अपना अद्यतन सूची-पत्र भी भेज दें।

प्रेमकुमार

(4)
मासिक-पत्र का ग्राहक बनने के लिए

5, माल रोड
मसूरी
दिनांक ....

सेवा में,

व्यवस्थापक,
'कादम्बिनी' मासिक प्रकाशन,
हिंदुस्तान टाइम्स प्रेस,
25-26, कस्तूरबा मार्ग,
नई दिल्ली।

महोदय,

विगत कई मासों से मैं आपके प्रसिद्ध मासिक (कादम्बिनी) को सार्वजनिक वाचनालय में अथवा मित्रों से लेकर पढ़ता रहा हूँ। मुझे उसकी सामग्री का चयन और लेखों तथा कहानियों का स्तर बहुत पसंद आया है। हर अंक उसका संग्रहणीय है। मुझे उसकी साज-सज्जा भी बेहद पसंद है। वार्षिक ग्राहक बनने के लिए मैं .... रुपयों का ड्राफ्ट भेज रहा हूँ। कृपया राशि मिलते ही आप जनवरी, 85 से अंक भेजना प्रारंभ कर दीजिए।

सधन्यवाद,

भवदीय
(अविनाश चंद्र)

संलग्नक—

1. स्टेट बैंक ऑफ इंडिया, ड्राफ्ट संख्या ....

(5)
मूल्य-सूची भेजने के लिए पत्र
आदर्श कागज भंडार
(सभी किस्म के कागज के थोक व्यापारी)

टेलीफोन .... 425, चावड़ी बाजार
पत्र संख्या .... दिल्ली
दिनांक 11 नवंबर, 1984

सेवा में,

सर्वश्री पोपटलाल, चोपटलाल
फोर्ट, मुंबई

प्रिय महोदय,

आपकी फर्म विदेशों में बने सादा एवं रंगीन कागजों की सप्लाई करती है। हमें ज्ञात हुआ है कि उनकी किस्म बहुत अच्छी है।

हमारी फर्म दिल्ली की प्रसिद्ध थोक व्यापारी है। हमारी रुचि आपका कागज खरीदने की है। हम आपके अत्यंत आभारी होंगे यदि आप हमें विभिन्न प्रकार के सफेद कागजों तथा रंगीन कागजों के नमूने तथा उनकी मूल्य-सूची भेजने की कृपा करेंगे। कृपया थोक न्यूनतम भावों की मूल्य-सूची ही भेजें।

यदि आपके मूल्य भाव, अन्य फर्मों के मुकाबले उपयुक्त हुए तो हम इसी मास तक भारी क्रयादेश देंगे। हम अपना परिचय मुंबई के बैंकों में जहाँ हमारा खाता है, उनके नाम भी भेज देंगे।

भवदीय
कृते आदर्श कागज भंडार
स्वामीलाल, प्रबंधक

(6)

पुस्तकों के लिए

भारत सरकार

(कार्मिक और प्रशासनिक सुधार विभाग)

लाल बहादुर शास्त्री राष्ट्रीय प्रशासन अकादमी, मसूरी-248179

आदेश संख्या 1 (ला.ब.शा.) 1980-81

दिनांक ....

सेवा में,
व्यवस्थापक महोदय,
प्रभात प्रकाशन,
205, चावड़ी बाजार,
दिल्ली

विषय : पुस्तकों की आपूर्ति (सप्लाई)

महोदय,

मैं आभारी रहूँगा अगर आप कृपा करके इस पत्र के पीछे लिखी पुस्तकों को निम्नांकित शर्तों के अंतर्गत शीघ्र भिजवाने का कष्ट करें।

1. आदेश-प्राप्ति के 15 दिन के अंदर ही पुस्तकें भेजनी होंगी।
2. अगर पुस्तकें नियत-समय के भीतर भेज पाना संभव न हो सके तो

पुस्तकें किस तिथि तक निश्चित रूप से भेजी जा सकेंगी, यह सूचित करें। ऐसा न कर पाने पर आदेश निरस्त कर दिया जाएगा।

3. विदेशी एवं भारतीय प्रकाशन पर अन्य पुस्तकालयों को दिए जाने वाले सामान्य छूट देने होंगे।
4. डालर एवं पौंड विदेशी मुद्रा-मुल्यों को पुस्तकें भेजने के समय की प्रचलित दरों पर ही भारतीय मुद्रा में परिवर्तित किया जाएगा। यह प्रमाण-पत्र भी बिल पर अंकित होना चाहिए कि भारतीय रुपए में रूपांतरण वर्तमान प्रचलित दरों के अनुसार ही है।
5. कृपया पत्राचार में सर्वदा हमारी आदेश संख्या को निर्दिष्ट करें।
6. यह भी प्रमाण-पत्र बिल पर अंकित होना चाहिए कि प्रकाशक द्वारा निर्देशित मूल्य ही, पुस्तकों का मूल्य है और उसी के अनुसार बिल बनाया गया है।
7. पुस्तकों की बिल्टी रेलवे आउट एजेंसी, मसूरी के नाम ही भेजी जाए।
8. बिल भुगतान के लिए बिल की तीन प्रतिलिपियाँ पूर्ण प्राप्ति रसीद सहित भेजें।

(क) पुस्तकों की सूची (ख) पुस्तकों की संख्या मूल्य

भवदीय

(क.ख.ग.)

पुस्तकाध्यक्ष

(7)
क्रयादेश

स्वप्नलोक
माल रोड,
मसूरी (उ.प्र.)
दिनांक ....

सेवा में,
व्यवस्थापक
'अकबर प्रकाशन'
2/36 अंसारी रोड
दरियागंज, नई दिल्ली

प्रिय महोदय,

कृपया निम्नलिखित पुस्तकें उचित कमीशन काटकर वी.पी.पी. द्वारा उपर्युक्त पते पर भेज दें। आपसे यह भी अनुरोध है कि नवीनतम सूची-पत्र भी इन पुस्तकों

के साथ भेज दें जिससे आवश्यकता पड़ने पर अन्य पुस्तकें भी मँगाई जा सकें।

1. आवेदन प्रारूप—डॉ. शिव नारायण चतुर्वेदी—5 प्रतियाँ
2. राजेंद्र यादव का संपूर्ण साहित्य—सभी की एक-एक प्रति
3. सरकारी कार्यविधि—डॉ. शिवराज वर्मा—2 प्रतियाँ
4. हत्या—हृदयेश—एक प्रति
5. गाँठ—हृदयेश—एक प्रति

भवदीय

अंबरीश

(8)

यातायात में सामान टूटने के संबंध में शिकायत

चाँद स्टोर

(उषा सिलाई मशीन एवं प्रीति बुनाई मशीन के एकमात्र विक्रेता)

क्रम संख्या .... स्टेशन के पास का चौराहा

सहारनपुर

दिनांक ....

सेवा में,

लवली इंटरप्राईज,
चाँदनी चौक,
दिल्ली

प्रिय महोदय,

आपके द्वारा 30 नवंबर, 1984 के पत्रांक .... के साथ भेजी बिल्टी संख्या .... के द्वारा हमने आज माल छुड़ाया। प्रीति बुनाई मशीन की पेटी खोलने पर 25 मशीनों में से 10 बुरी हालत में टूटी पाई गईं। जाँच करने पर यह देखा गया कि बुनाई की मशीनों को गत्ते आदि लगाकर पैकिंग नहीं किया गया था। कर्मचारियों द्वारा लापरवाही से पैकिंग करने के कारण मार्ग में उठाने धरने में मशीनें टूट गईं। लगभग 20 हजार रुपयों का नुकसान हुआ है।

हानि की इस रकम का अनुमान हमने बहुत सोच-विचार कर लगाया है। आशा है आप इस बात से सहमत होंगे कि इस हानि के जिम्मेदार हम नहीं हैं। आपकी गलती के लिए दंड हम क्यों भुगतें? इस संबंध में जब हमारी ओर से भुगतान होगा तो इस तथ्य का ध्यान रखा जाएगा। हम टूटी मशीनें वापस भेज रहे हैं।

भवदीय

कृते चाँद स्टोर

रामलाल (प्रबंधक)

(9)

एजेंसी के लिए पत्र

मिलकीराय एंड संस

(रिटेल कपड़ों के प्रसिद्ध व्यापारी)

गाँधी चौक,
लाइब्रेरी बाजार
मसूरी

पत्र क्रमांक .... दिनांक ....

सेवा में,
सर्वश्री मफतलाल ग्रुप मिल्स
मुंबई

प्रिय महोदय,

हमें अपने व्यावसायिक सूत्रों से ज्ञात हुआ है कि आप मसूरी में अपने कपड़ों और साड़ियों की बिक्री के लिए किसी स्थानीय फर्म या बड़ी दुकान को अपना एजेंट नियुक्त करना चाहते हैं। इस कार्य के लिए हम अपनी सेवाएँ प्रस्तुत करने के लिए तत्पर हैं।

मसूरी में हमारी रिटेल कपड़ों की बहुत बड़ी दुकान है और पिछले 30 वर्षों से हमारी यहाँ साख है। हमारी मासिक बिक्री लगभग दो लाख के आस-पास है। हम आपको आश्वासन देते हैं कि हम लगभग 10 हजार रुपयों का आपका माल सरलता से बेच सकेंगे।

वैसे, हमारे पास अन्य कपड़ों के व्यापारियों की भी एजेंसियाँ हैं। व्यावसायिक संदर्भ के लिए आप इनसे हमारे विषय में जान सकते हैं।

(क) जयाजी राव कॉटन मिल्स, ग्वालियर,
(ख) अंबिका मिल्स, अहमदाबाद,
(ग) बिन्नी कॉटन टेक्सटाइल्स, चेन्नई।

कृपया अपनी शर्तों और कमीशन आदि के विषयों में सूचना दें। हम आपके उत्तर के लिए अत्यंत आभारी होंगे।

भवदीय
कृते मिलकीराय एंड संस
कुशल कुमार
प्रबंधक

(10)

व्यापार आरंभ करने की सूचना

रूप प्रकाशन

(हिंदी की सर्वश्रेष्ठ पुस्तकों के प्रकाशक)

चौक,
मुजफ्फरनगर

पत्र संख्या .... दिनांक ....

सेवा में,
सर्वश्री ....
....

महोदय,

पिछले कुछ वर्षों से हम जासूसी साहित्य को पॉकेट बुक सीरीज में प्रकाशित करते आए हैं। हमने यह अनुभव किया है कि हमें गंभीर साहित्य के प्रकाशन की ओर भी ध्यान देना चाहिए।

अब हम 'प्रीति प्रकाशन' के नाम से एक नया प्रकाशन संस्थान आरंभ करने जा रहे हैं, जिसमें संचालक व स्वत्वाधिकारी हमारे छोटे भाई प्रवीण कुमार होंगे। उनका प्रकाशन संस्थान व दुकान चौक में ही स्थित है। इस नए प्रकाशन संस्थान का उद्घाटन प्रदेश के मुख्यमंत्री के कर कमलों द्वारा 24 अक्तूबर, 1984 को होगा।

वर्तमान में जिन पुस्तकों के प्रकाशन की योजना 'प्रीति प्रकाशन' ने बनाई है, उनकी सूची संलग्न है। हमारी 20 पुस्तकों के पहले सेट का विमोचन भी मुख्यमंत्री ही दुकान के उद्घाटन के दिन करेंगे।

आपसे हमें सहयोग की पूर्ण आशा है। कृपया क्रयादेश हमें शीघ्र भेजने की कृपा करें।

भवदीय
कृते 'प्रीति प्रकाशन'
प्यारेलाल
व्यवस्थापक, रूप प्रकाशन

(11)

माल प्रचार-प्रसार के लिए सूचना
हिंदी साहित्य निकेतन
(शोध एवं प्रकाशन संस्थान)

बिजनौर
(उ.प्र.) 246701

महोदय,

प्रसन्नता का विषय है कि चिर-प्रतीक्षित ग्रंथ 'शोध संदर्भ' प्रकाशित हो गया है। इस महत्त्वपूर्ण ग्रंथ में भारत के समस्त विश्वविद्यालयों में हिंदी विषय में प्रारंभ से सन् 1979 तक स्वीकृत चार हजार पाँच सौ प्रबंधों का वर्गीकृत विवरण दिया गया है।

'शोध संदर्भ' में आपका विवरण निम्नवत् प्रकाशित हुआ है :

669. शिव नारायण चौबे
प्रेमचंदोत्तर हिंदी-उपन्यास साहित्य (1936-1950)
सागर 1964
नि. आचार्य नंददुलारे वाजपेयी
न्यू ग्लेन गीन कॉलेज, अपर लाइब्रेरी बाजार, मसूरी (उ.प्र.)

डिमाई आकार के इस सजिल्द ग्रंथ का मूल्य 120 रु. है। किंतु आपको यह ग्रंथ केवल आधे मूल्य में अर्थात् 60 रु. में दिया जा रहा है। डाक-व्यय भी हम देंगे।

यदि आपने अभी तक अपना आदेश नहीं भेजा है तो यथाशीघ्र प्रेषित करें ताकि यह महत्त्वपूर्ण ग्रंथ आपको वी.पी.पी. से भेजा जा सके।

भवदीय
(क. ख. ग.)
कृते हिंदी साहित्य निकेतन

(12)

ग्रंथ-प्रकाशन के लिए पत्र-व्यवहार
शोध ग्रंथ प्रकाशन संस्थान

क्रमांक ....

10/1899 राजगढ़ कॉलोनी
विस्तार 2, दिल्ली-31

मान्यवर डॉ. चतुर्वेदी,

आपका कृपा पत्र मिला। आपने शोध प्रकाशन योजना के प्रति जो रुचि दिखाई है उसके लिए धन्यवाद।

महोदय आपके समान ही देश के सभी भागों से इस योजना की सराहना की जा रही है। इस योजना की सफलता आप जैसे विद्वानों पर ही निर्भर करती है। यदि आप लोगों का सहयोग मिलता रहा तो निश्चय ही संस्थान अपने उद्देश्य में सफल होगा।

'प्रेम' हिंदी उपन्यास 'साहित्य' उपयोगी विषय है। आचार्य वाजपेयी जी के निर्देशन ने उसे और भी उपयोगी बना दिया होगा। लेकिन संस्थान इतने वृहदाकार ग्रंथ को प्रकाशित करने में असमर्थ रहेगा। इसे संक्षिप्त करने की कृपा करें या दो भागों में विभाजित कर लें।

सहयोग की आकांक्षा में,

सधन्यवाद,

भवदीय

(क ख ग)

कृते शोध ग्रंथ प्रकाशन संस्थान

अध्याय-3

आवेदन, स्ववृत्त-लेखन (बायोडाटा) तथा विज्ञापन-लेखन

आवेदन

आवेदन-पत्र कैसे लिखें

आवेदन-पत्र लिखना एक विशिष्ट कला है, जो निरंतर अभ्यास से मँजती तथा निखरती है। आवेदन-पत्र सदा अपने से उच्च अधिकारी को संबोधित किए जाते हैं, अतः उनमें औपचारिकताओं का पालन किया जाना आवश्यक है। उनके लिखने की भी एक निर्धारित क्रियाविधि है। आवेदन-पत्रों की भाषा सदा शिष्ट और संयत होनी चाहिए। उनमें शब्दों, अभिव्यक्तियों तथा विचारों में क्रमबद्धता होनी आवश्यक है। स्पष्टता के हेतु उनमें असंभव तर्कों, लंबे-लंबे वाक्यों के साथ अतिशयोक्ति तथा पुनरुक्ति दोषों से भी बचा जाना चाहिए। सरल, सुबोध और छोटे-छोटे वाक्यों से युक्त आवेदन ही अच्छा समझा जाता है और उसमें नम्र भाव तथा संयत ढंग से अपनी प्रार्थना को संक्षेप में प्रकट कर देना सदा लाभप्रद होता है।

छोटे आवेदनों को छोड़कर सामान्यतः अन्य आवेदनों के कलेवर को तीन भागों में बाँटा जा सकता है। पहले काम में प्रस्तावना अर्थात् संक्षिप्त रूप में विषय को प्रस्तुत किया जाता है। दूसरे काम में विषय से संबंधित मूल वक्तव्य होता है जिसमें अपनी बात को स्पष्ट किया जाता है और तीसरे काम में प्रार्थना निहित होती है।

आवेदन-पत्रों का ढाँचा

आवेदन-पत्रों का संपूर्ण ढाँचा तीन मुख्य भागों में बँटा होता है–

1. शीर्ष भाग–इसमें जिस अधिकारी को आवेदन प्रस्तुत करना है, उसके पद का नाम, कार्यालय का नाम तथा स्थान लिखा जाता है। प्रारंभ में बाएँ कोने में 'सेवा में' (To) लिखकर ही अधिकारी का पद लिखा जाना चाहिए। इस भाँति आवेदन-पत्र के शीर्ष भाग का ढाँचा इस प्रकार होता है–

सेवा में,

निदेशक महोदय

केंद्रीय हिंदी निदेशालय

नई दिल्ली।

उपर्युक्त पदनाम के कार्यालय के नाम को बदलकर अन्य मंत्रालय या कार्यालय के नाम रखे जा सकते हैं, यथा–

सेवा में,

उपसचिव/अवर सचिव/.............. आदि

.... मंत्रालय/कार्यालय/निदेशालय .... आदि

नई दिल्ली/मुंबई/लखनऊ .... आदि।

2. मुख्य भाग–मुख्य भाग का आरंभ आदर-सूचक शब्द के संबोधन से किया जाता है। यदि किसी सरकारी अधिकारी को आवेदन-पत्र संबोधित करना है, तो प्रारंभ में 'महोदय' (Sir) लिखा जाना चाहिए। यदि किसी गैर-सरकारी व्यक्ति को आवेदन-पत्र लिखा जा रहा है तो 'प्रिय महोदय' (Dear Sir) और किसी संस्था या फर्म को संबोधित है तो 'प्रिय महानुभाव' (Dear Sir) शब्द लिखे जाने चाहिए।

आवेदन-पत्र का आरंभ विनय सूचक शब्दों से किया जाता है। इसके लिए आरंभ में ये शब्द लिखे जाते हैं–

"सविनय/सादर/नम्र/निवेदन है ..." इसके पश्चात् आवेदन की विषय-वस्तु में प्रार्थना अथवा संबंधित विषय का ब्यौरा रहता है। आवेदन के अंत में आभारसूचक शब्द लिखना शिष्टता की दृष्टि से आवश्यक है। इसके लिए प्रायः निम्नलिखित वाक्य लिखे जाते हैं–

(क) "आशा है, आप मेरी प्रार्थना स्वीकार कर कृतार्थ/अनुगृहीत करेंगे।"

(ख) "आपकी इस कृपा के लिए मैं सदा आभारी रहूँगा।"

(ग) "मैं आपका बहुत आभारी होऊँगा यदि आप .... प्रदान करने की कृपा करेंगे।"

(घ) "आपसे प्रार्थना है कि मुझे .... की अनुमति देने की कृपा करें।"

(ङ) "निवेदन है कि .... अनुज्ञा देकर मुझे कृतार्थ करें।"

(च) "सधन्यवाद"

(3) अधोभाग–आवेदन समाप्त करने के पश्चात् 'अधोलेख' में नीचे दाईं ओर 'भवदीय' (Yours faithfully) शब्द का प्रयोग किया जाता है। इसके नीचे आवेदक (प्रार्थी) के हस्ताक्षर और कोष्ठक में पूरा नाम दिया जाता है। सरकारी अधिकारियों को लिखे जाने वाले आवेदनों अथवा प्रार्थना-पत्रों में आवेदक के नाम के नीचे उसका पदनाम भी दिया जाना चाहिए। आवेदक को अपना पूरा पता (जहाँ आवश्यक हो) तथा आवेदन-पत्र भेजने की तिथि नीचे बाईं ओर देनी चाहिए। तिथि के नीचे ही

अगर कोई कागज-पत्र या रसीद आदि संलग्न (Attached Enclosed) करना है तो उसका/उनका उल्लेख क्रमशः किया जाना चाहिए।

इस प्रकार हिंदी में आवेदन-पत्रों की रूप-रेखा मोटे तौर पर इस प्रकार होगी—

सेवा में,
निदेशक/उपसचिव/अवर सचिव
.... मंत्रालय/कार्यालय/विभाग/निदेशालय,
.... (स्थान)।

महोदय,

सादर/सविनय निवेदन है कि ....आशा है, आप मेरी प्रार्थना स्वीकार कर मुझे कृतार्थ करेंगे।

सधन्यवाद,

भवदीय

स्थान .... (नाम)

दिनांक .... पदनाम

आवेदन-पत्रों के नमूने

(क) सामान्य-आवेदन

(1)
अल्पकालीन अवधि की छुट्टी के लिए आवेदन

सेवा में,
लेखाधिकारी
.... शाखा/अनुभाग,
महालेखपाल का कार्यालय,
ग्वालियर

महोदय,

सविनय निवेदन है कि मेरी छोटी बहन का विवाह संबंध तय करने के लिए वर पक्ष की ओर से कुछ संबंधी आज़ सायंकाल 5 बजे मेरे निवास पर आ रहे हैं। उन लोगों के समुचित स्वागत की व्यवस्था करने हेतु मुझे कुछ समय पहले निवास पर पहुँचना आवश्यक होगा। आपसे प्रार्थना है कि मुझे आज एक घंटे पूर्व अर्थात् 4 बजे कार्यालय से जाने की अनुज्ञा देकर कृतार्थ करें।

सधन्यवाद,

भवदीय

ग्वालियर (विनोद पाल)

दिनांक .... उच्च श्रेणी लिपिक

(2)
आधे दिन की छुट्टी

सेवा में,

....

....

....

महोदय,

निवेदन है कि मुझे आज प्रातः आयकर एवं अनिवार्य जमा योजना की रकम जमा करने स्टेट बैंक जाना है। यह विदित ही है कि बैंक में प्रातः काफी भीड़ होती है, इसीलिए मुझे अपने कार्य को निबटाने में 2-3 घंटे लग जाएँगे। ऐसी स्थिति में पूर्वाह्न में कार्यालय में उपस्थित होना मेरे लिए संभव न होगा। कृपया मुझे आज की पूर्वाह्न की आधे दिन की छुट्टी प्रदान कर कृतार्थ करें।

सधन्यवाद,

भवदीय
(छोटेलाल)
सहायक

(3)
आकस्मिक अवकाश (छुट्टी)

सेवा में,

सहायक निदेशक (प्रशासन)
डाक-तार विभाग,
नई दिल्ली

महोदय,

सविनय निवेदन है कि कल सायंकाल कार्यालय से लौटते समय मैं वर्षा में काफी भीग गया था, उसके कारण मैं कल रात से सर्दी, जुकाम और बुखार से पीड़ित हूँ, अतः आज कार्यालय में उपस्थित होने में असमर्थ हूँ। केंद्रीय सरकार स्वास्थ्य सेवा के योजना अंतर्गत चालित अपने क्षेत्र के किदवई नगर औषधालय में जाकर मैंने औषधि ले ली है और मुझे विश्वास है कि मैं कल तक स्वस्थ हो जाऊँगा। कृपया मुझे आज का आकस्मिक अवकाश प्रदान कर कृतार्थ करें।

सधन्यवाद,

भवदीय
(कनकबाला)
निजी सचिव

(4)
छुट्टी (अवकाश) की अवधि बढ़ाने के लिए आवेदन

सेवा में,

सहायक महानिदेशक (हिंदी)
डाक-तार का महानिदेशालय,
डाक-तार भवन,
नई दिल्ली

महोदय,

निवेदन है कि मैं दाँत के दर्द के कारण कल आकस्मिक अवकाश पर था, किंतु आज दाँत के डॉक्टर से परीक्षा कराने पर उसने कीड़ा लगे दाँत को निकालने की अनिवार्यता बताई। फलस्वरूप मुझे दाँत को निकलवाना पड़ा। यद्यपि मैं औषधियाँ ले रहा हूँ। किंतु मेरा जबड़ा सूज गया है और मुझे ज्वर भी है। कृपया मेरी आकस्मिक छुट्टी को दो दिन अर्थात् आज व कल (दिनांक ....) और बढ़ाकर अनुगृहीत करें।

सधन्यवाद,

भवदीय

नई दिल्ली (विनय शंकर)
दिनांक .... हिंदी सहायक

(5)
वैकल्पिक छुट्टी के लिए आवेदन

सेवा में,

अनुभाग अधिकारी
.... अनुभाग
वित्त मंत्रालय
नई दिल्ली

महोदय,

निवेदन है कि दीपावली के अवसर पर 25 अक्टूबर, 94 को गोवर्धनपूजा एवं 26 अक्टूबर, 94 को भाई-दौज के उपलक्ष्य में दी गई वैकल्पिक छुट्टियों का उपभोग करना चाहता हूँ। मैं इस बार अपने गाँव जाकर परिवारजनों के साथ दीपावली का त्योहार मनाना चाहता हूँ। आपसे नम्र निवेदन है कि मुझे 25 व 26 अक्टूबर, 1994 की वैकल्पिक छुट्टियाँ प्रदान कर कृतार्थ करें। साथ ही मुझे 23 अक्टूबर, 1994 के सायंकाल से 27 अक्टूबर, 94 के प्रातःकाल तक मुख्यालय छोड़ने की भी अनुमति देने की कृपा करें।

सधन्यवाद,

भवदीय
(प्रेमवीर)
आशुलिपिक

नई दिल्ली
दिनांक ....

(6)
नौकरी के लिए आवेदन-पत्र

सेवा में,

कुल सचिव,
उच्च शिक्षा और शोध संस्थान
दक्षिण भारत हिंदी प्रचार सभा
चेन्नई-600017

विषय : अवर श्रेणी लिपिक के पद के लिए आवेदन-पत्र

महोदय,

5 जुलाई, 1999 के नवभारत टाइम्स में प्रकाशित आपके विज्ञापन के उत्तर में मैं कार्यालय सहायक के पद के लिए अपना आवेदन प्रस्तुत करता हूँ। आपके विचारार्थ अपनी योग्यताओं आदि का विस्तृत विवरण नीचे दे रहा हूँ।

1. नाम : पी. सुब्बाराव

2. पिता का नाम : श्री पी. तिरुमल्लैया

3. जन्म तिथि : 15 जुलाई, 1980

4. पता : 325ए, हकीकत नगर, दिल्ली-110009

5. शैक्षिक योग्यताएँ–

परीक्षा	वर्ष	श्रेणी	बोर्ड/विश्वविद्यालय
हाईस्कूल	1994	प्रथम	आंध्रप्रदेश इंटरमीडिएट बोर्ड
हायर सेकंडरी	1996	द्वितीय	,, ,, ,, ,,
बी.कॉम	1999	द्वितीय	उस्मानिया विश्वविद्यालय

6. अनुभव : निजाम कॉलेज, हैदराबाद में एक वर्ष से लिपिक के पद पर कार्यरत।

आशा है आप मुझे अपने संस्थान में सेवा करने का अवसर प्रदान कर अनुगृहीत करेंगे। सभी प्रमाण-पत्रों की साक्ष्यांकित प्रतिलिपियाँ आवेदन-पत्र के साथ संलग्न हैं।

सधन्यवाद,

भवदीय,
ह. पी. सुब्बाराव

दिनांक 30 अगस्त, 1999

(7)

बैंक में चालू खाता खोलने के लिए आवेदन-पत्र

युधिष्ठिर लाल एंड ब्रदर्स

(साइकिल मर्चेंट)

25ए रेलवे रोड
गुड़गाँव
दिनांक : 20 जुलाई, 1999

सेवा में,
प्रबंधक
पंजाब नेशनल बैंक
गुड़गाँव (हरियाणा)

प्रिय महोदय,

आपके बैंक में हम अपनी फर्म का चालू खाता खोलना चाहते हैं। इस कार्य के लिए हम प्रथम जमा के रूप में रु. 5000/- (पाँच हजार रुपए) और चालू खाता खोलने का छपा हुआ आवेदन-पत्र भरकर अपने सहयोगी श्री अशोक कुमार द्वारा भेज रहे हैं। नमूने के हस्ताक्षर की दो प्रतियाँ संलग्न हैं।

आशा है कि आप अपने बैंक में हमारी फर्म का चालू खाता खोलकर हमें अनुगृहीत करेंगे और पास बुक, चेक बुक और पे-इन-स्लिप शीघ्रातिशीघ्र भेजेंगे।

भवदीय
प्रेमसागर
कृते युधिष्ठिर लाल एंड संस

संलग्नक : 3

(8)

उच्च शिक्षा प्राप्त करने के लिए अनुमति माँगना

सेवा में,
अवर सचिव (प्रशासन),
रेल मंत्रालय रेल भवन,
नई दिल्ली

महोदय,

निवेदन है कि मैं दयाल सिंह कॉलेज, दिल्ली विश्वविद्यालय की सांध्यकालीन कक्षाओं में बी. कॉम में प्रवेश लेना चाहता हूँ और 2001 एवं 2002 की परीक्षाओं में बैठना चाहता हूँ। ये कक्षाएँ सायं 5.45 बजे लगती हैं। अतः इससे मेरे कार्यालय के कर्त्तव्यों में बाधा नहीं पड़ेगी। आपसे अनुरोध है कि मुझे इस कक्षा में प्रवेश लेने की अनुमति प्रदान करें।

सधन्यवाद,

भवदीय
(तिलकराज खत्री)
अवर श्रेणी लिपिक
लेखा अनुभाग

दिनांक : 22 जुलाई, 1999

(9)
वेतन नियमित करने के लिए आवेदन-पत्र

सेवा में,
सचिव,
कृषि मंत्रालय
भारत सरकार, नई दिल्ली

विषय : अधीक्षक के रूप में वेतन नियत करने के संबंध में निवेदन।

महोदय,

सादर निवेदन है कि छह मास पूर्व दिनांक 1 सितंबर, 1983 के कार्यालय आदेश संख्या .... द्वारा मेरी पदोन्नति तकनीकी सहायक के पद से इसी विभाग में अधीक्षक के रूप में हुई है और आदेश की तिथि अर्थात् 1 सितंबर, 1983 से मैंने अपने नए पद का कार्यभार भी सँभाल लिया है। मैं पिछले छह मासों से अपने पुराने पद का ही वेतन पा रहा हूँ, क्योंकि नए पद के वेतनमान में मेरा वेतन अभी तक नियत नहीं हुआ है। पिछले छह मासों से बढ़े हुए वेतन के न मिलने से मुझे आर्थिक हानि हो रही है। आपसे विनम्र प्रार्थना है कि अधीक्षक के पद पर मेरे वेतन को नियत करने में शीघ्र कार्रवाई की जाए और साथ ही बकाया राशि के भुगतान के भी आदेश जारी किए जाएँ।

सधन्यवाद,

भवदीय
गोपाल कृष्ण
अधीक्षक

भोपाल
दिनांक ....

(10)
वाहन खरीदने हेतु आवेदन

सेवा में,
सचिव,
खान मंत्रालय

शास्त्री भवन,
नई दिल्ली

विषय : स्कूटर खरीदने के लिए निर्धारित अग्रिम धन निमित्त प्रार्थना।

महोदय,

निवेदन है कि मैं जनकपुरी में रहता हूँ और मेरा कार्यालय डॉ. राजेंद्र प्रसाद मार्ग पर स्थित है। अपने निवास से कार्यालय आने में मुझे 15 किलोमीटर का मार्ग तय करना पड़ता है। 'बस' से कार्यालय आने में काफी समय लग जाता है और सामान्यतः 'बसें' भी समय से नहीं मिलतीं। कभी-कभी कार्यालय में मुझे कार्यवश विलंब भी हो जाता है और मुझे 'बसों' के लिए एक-एक घंटे की प्रतीक्षा करनी पड़ती है। कई बार मुझे थ्री-व्हीलर स्कूटर पर आने के लिए बाध्य होना पड़ता है और इस तरह काफी धन व्यय करना होता है।

उपर्युक्त परिस्थितियों में आपसे प्रार्थना है कि स्कूटर खरीदने के लिए दी जाने वाली 6,000 रुपयों की राशि की मंजूरी दी जाए, जिससे मैं नया स्कूटर खरीद सकूँ। स्कूटर खरीदने के पश्चात् उसकी रसीद यथासमय कार्यालय में जमा करा दी जाएगी। निर्धारित प्रपत्र भी भरकर इस आवेदन के साथ संलग्न है।

सधन्यवाद,

भवदीय
(सूर्य प्रकाश)
निजी सहायक, उपसचिव (का)

स्ववृत्त-लेखन (बायोडाटा)

स्ववृत्त-लेखन, परिचय-पत्र या बायोडाटा से तात्पर्य है किसी की जानकारी, ब्यौरा।

सावधानी से जानकारी का विश्लेषण करके उस जानकारी को आकर्षक ढंग से पेश करना एक कला है। बिना सोचे-समझे यों ही बायोडाटा बनाना ठीक नहीं। बायोडाटा से ही तय हो जाता है कि आपको कोई जॉब मिलने वाला है या नहीं।

अनभिज्ञ लोगों से संपर्क व संबंध स्थापित करने का प्रथम साधन होता है आपका बायोडाटा। बायोडाटा के गुणवत्ता पर आपकी कार्यक्षमता निश्चित हो जाती है। आपकी उपलब्धियों की प्रस्तुतीकरण का अहम दस्तावेज होता है—बायोडाटा। आपकी महत्वाकांक्षाओं का प्रतिबिंब बायोडाटा में दिखाई देना जरूरी है। बायोडाटा में जानकारी देनी तो जरूरी है ही, साथ ही वह संक्षिप्त, स्पष्ट, वस्तुनिष्ठ व वास्तविक हो, इस पर ध्यान देना जरूरी है। बायोडाटा से आपके भविष्य की झलक मिलनी चाहिए व आपकी सही क्षमताओं का पता भी बायोडाटा से मिलना चाहिए। इससे साक्षात्कार (Interview) के समय अपनी क्षमताओं को आप आसानी से सिद्ध कर

सकते हैं। नौकरी देने वाले आपसे जिन प्रमुख गुणों की अपेक्षा करते हैं वे निम्नानुसार हैं :

1. संवाद प्रस्थापन क्षमताएँ (Communication Skill) संगणक का ज्ञान और प्रयोग-क्षमता, लेखन-क्षमता, संभाषण-क्षमता।
2. कार्यानुभव।
3. ध्येय प्रवणता और काम की लगन।
4. मिल-जुलकर काम करने का कौशल।
5. नेतृत्व-गुण क्षमताएँ।
6. शैक्षिक पात्रता।
7. तांत्रिक कौशल।
8. परस्पर संबंध रखने का कौशल।
9. विश्लेषण क्षमता।
10. ईमानदारी और नैतिकता।

बायोडाटा में आपकी शैक्षणिक योग्यता, कार्य का अनुभव, तथा कौशल का संक्षिप्त विवरण होना चाहिए। जरूरत के अनुसार ही जानकारी सुयोग्य शब्दों में उजागर कीजिए ताकि आपकी विशेषताएँ तुरंत सामने आ सकें। सारांशात्मक तथ्य लिखते समय आपकी शैक्षिक योग्यता का संपूर्ण ब्यौरा, काम-काज का पूर्व अनुभव (सवेतन, काम इत्यादि), प्राप्त पारितोषिक या गौरव चिह्न अपने पूर्ण किए हुए प्रकल्प (Project) अन्य क्षेत्रों में किया हुआ कार्य व समस्त कौशल और क्षमताओं को ठीक से याद कर लेना चाहिए, उनका क्रम निश्चित कर और बाद में उसे लिखना चाहिए।

दिनांक, शीर्षक, नाम, जिम्मेदारियाँ व अन्य उपलब्धियों का ब्यौरा देना जरूरी है।

सारांशात्मक तथ्यों का ब्यौरा

बायोडाटा में निम्नानुसार जानकारी अपेक्षित होती है। जानकारी का क्रम व्यक्ति की अपनी पसंद का हो सकता है। संस्थाओं को अपेक्षित प्रचलित पद्धति का बायोडाटा बनाने से आवेदक का पलड़ा भारी हो जाता है। जानकारी तर्कसंगत प्रस्तुत करना महत्त्वपूर्ण है।

1. संपर्क जानकारी–संपूर्ण नाम, सुव्यवस्थित पता, दूरभाष क्रमांक, ई-मेल पता, प्रार्थी का छायाचित्र (फोटो)। ये सब बातें अद्यावत होनी चाहिए। पता लिखते समय पहले नाम, अनंतर मकान/फ्लैट का क्रमांक, सोसायटी का नाम, रास्ते का नाम, विशेष प्रसिद्ध स्थल का उल्लेख, तालुका, जिला, देश व पिनकोड आदि बातों की ओर ध्यान देना चाहिए।

भविष्य के संबंध में नजरिया–इनके स्पष्टीकरण से प्रार्थी किस प्रकार का काम चाहता है यह बात एक दृष्टिक्षेप में सामने आती है।

2. कैरिअर–उद्दिष्ट बायोडाटा में लिखना या न लिखना आपकी इच्छा पर है।

किंतु इस प्रकार के उद्दिष्टों का निवेदन काम देने वाले व्यक्ति को प्रार्थी के कैरिअर उद्दिष्टों का स्पष्ट संकेत देता है। इसके अलावा आपकी अन्य क्षमताओं का संकेत भी बायोडाटा में देना महत्त्वपूर्ण है। जिस प्रकार के जॉब के लिए आप प्रार्थना-पत्र भेजने वाले हैं उसी के अनुसार आपके बायोडाटा की पुनर्ररचना समय-समय पर करना जरूरी है। विवाह संबंध विषयक बायोडाटा, किसी पुरस्कार के लिए प्रार्थना-पत्र के साथ भेजने के बायोडाटा अलग प्रकार के ही होने चाहिए।

3. शैक्षणिक-पात्रता–शैक्षणिक-पात्रता के उल्लेख अद्यावत शैक्षणिक-पात्रता से शुरू करके पहले की ओर जाते हुए करें। मतलब हाल ही में प्राप्त डिग्री का उल्लेख प्रथम हो और फिर क्रमानुसार अनुवर्ती डिग्रियों का उल्लेख करें। डिग्रियों का उल्लेख करते समय डिग्री-प्राप्ति का साल, विद्यापीठ, विषय, विशेष विषय, विशेष प्रकल्प या आपके डिग्री से संबंधित समर्थक तथ्यों को लिखना जरूरी है।

4. सम्मान/गौरव पुरस्कार–इनका उल्लेख करते समय शैक्षणिक सम्मान जैसे विशेष गुणवत्ता प्राप्ति, गुणों की प्रतिशतवारी प्राप्त छात्रवृत्तियाँ, बोर्ड या विद्यापीठ में प्राप्त गुणानुक्रम आदि बातों का उल्लेख जरूरी है।

5. शिक्षा-व्यतिरिक्त अन्य उपलब्धियाँ–इनके उल्लेख से आपकी अन्य क्षमताएँ और गुणवत्ता सामने आ जाती हैं। आपके नेतृत्व गुण, आपकी लगन, सामूहिक कार्य भावना, विशेष कौशल जैसे क्रिकेट खिलाड़ी होना या किसी चर्चा सत्र में, शिविर में सहभाग, किसी कमेटी का सदस्य होना आदि बातों का पता चलता है, अतः इसका सही उल्लेख बायोडाटा में होना जरूरी है।

6. अनुभव–अनुभव का ब्यौरा भी अद्यावत से क्रम में होना चाहिए। इससे आपके कैरिअर उद्दिष्ट का स्पष्ट चित्र सामने आएगा। कहाँ क्या किया? कितने समय किया? इसके साथ-साथ कार्यक्षेत्र, पदभार आदि का विवरण देना महत्त्वपूर्ण है। अनुभव का कार्याधिष्ठित विवरण देना अधिक फायदेमंद साबित होता है। इससे अनुभव क्षेत्रों का चयन और संकलन करना आसान बन जाता है और आवश्यक क्षेत्रों को स्पष्ट करना संभव बनता है। कार्यकाल तथा कार्यस्थल की अपेक्षा अपने कार्यक्षेत्र तथा क्षमता पर जोर देने वाले अनुभवी व्यक्तियों के लिए इस प्रकार के कार्य को महत्त्व देने वाला विवरण देना अच्छा रहेगा।

7. अन्य जानकारी–इसके तहत संक्षेप में आपकी पारिवारिक स्थिति, आर्थिक स्थिति, या अन्य सामाजिक, कलाविषयक, साहित्यिक पार्श्वभूमिका का उल्लेख करें।

निम्न प्रकार की त्रुटियाँ बायोडाटा को कमजोर बनाती हैं :

1. पारदर्शिता का अभाव–विद्यमान तथा पूर्व कंपनी या मालिकों के नाम का उल्लेख न होना, प्राप्त पदवी तथा श्रेणी का उल्लेख न होना। निजी जानकारी में त्रुटि होना, इससे शंका पैदा होती है।

2. सारांशात्मक संकलन का अभाव–शैक्षणिक पात्रता तथा अनुभव का संकलनात्मक

ब्यौरा सही गुणानुक्रम में न होना। पहले महत्त्वपूर्ण पात्रता तथा अनुभव, बाद में कम महत्त्वपूर्ण पात्रता तथा अनुभव का होना ठीक होता है।

बायोडाटा के पहले ही पन्ने पर महत्त्वपूर्ण बातों का उल्लेख हो अन्यथा वे नजरअंदाज हो जाती हैं।

3. जानकारी में सुसूत्रता का अभाव–शैक्षणिक पात्रता, अनुभव आदि बातों का उल्लेख सुसूत्रता से होना जरूरी है। सुसूत्रता के अभाव में जानकारी ग्रहण करने में बाधा पड़ती है।

4. जानकारी के सरल प्रकटन का अभाव–जानकारी में अनावश्यक बातों का उल्लेख होने से सरल प्रकटन में बाधा आती है।

5. पूर्वानुभव के उल्लेख में सुस्पष्टता का अभाव–कार्यक्षेत्र, कार्यकाल, पदभार, सहकारियों की संख्या, प्रकल्प में आपका निश्चित योगदान, उपलब्धियों आदि बातों का सुस्पष्ट किंतु संक्षिप्त उल्लेख न होने से बायोडाटा कमजोर हो जाता है।

क्षमता सूची

- क्षमताओं का 1-10 क्रम लगाओ, जिसे आप स्वयं ठीक से मूल्यांकन कर पाएँगे।
- शैक्षणिक पात्रता जैसे बी.कॉम, बी.एस-सी. इत्यादि अंत में लिखो।
- सूचना तंत्रज्ञान (I.T) का पूर्वानुभव या अनुभव न होना संक्षेप में लिखिए।
- प्रकल्पों में काम करने का उल्लेख अद्यावत से पहले की ओर क्रम में लिखें।
- आपका बायोडाटा ई-मेल द्वारा तथा डाक द्वारा भेजते वक्त पहले पृष्ठ पर ही महत्त्व की क्षमता इत्यादि संक्षेप में लिखें क्योंकि कभी-कभी बाद में जुड़े पन्ने पढ़े नहीं जाते।
- अनभिज्ञ लोगों से संपर्क व संबंध प्रस्थापित करने का उत्कृष्ट तरीका है आपका आकृष्ट करने वाला बायोडाटा। अतः उसके प्रभावपूर्ण होने की ओर ध्यान दो।

प्रमुख स्ववृत्त-लेखन के नमूने

1. राजनीति शास्त्र में प्राध्यापक पद के लिए आवेदन-पत्र

1.	**नाम**	:	राकेश रंजन शर्मा
2.	**पिता का नाम**	:	श्री अमिय रंजन शर्मा
3.	**जन्मतिथि**	:	17 फरवरी, 1974
4.	**जन्म स्थान**	:	पटना (बिहार)
5.	**शैक्षिक योग्यता**	:	

परीक्षा	वि.वि./बोर्ड	उत्तीर्ण वर्ष	प्राप्त ग्रेड	विषय
10वीं	केंद्रीय माध्यमिक शिक्षा बोर्ड, दिल्ली	1990	47%	हिंदी, गणित, अंग्रेजी, विज्ञान, सा.विज्ञान
12वीं	केंद्रीय माध्यमिक शिक्षा बोर्ड, दिल्ली	1992	53%	हिंदी, अंग्रेजी, इतिहास, संस्कृत
बी.ए. (कला-स्नातक)	रामजस कॉलेज, दिल्ली वि.वि.	1995	63%	राजनीति विज्ञान (आनर्स)
एम.ए.	रामजस कॉलेज, दिल्ली वि. वि.	1998	66%	राजनीति विज्ञान

6. पद हेतु पात्रता

परीक्षा का नाम	विश्वविद्यालय/संस्था	उत्तीर्ण वर्ष	विषय
नेट	विश्वविद्यालय अनुदान आयोग	2000	राजनीति विज्ञान

7. अनुभव

कॉलेज/संस्थान	कब से	कब तक	पद/वेतन
विश्वविद्यालय	7 अगस्त, 2000	14 अप्रैल, 2001	अतिथि प्रवक्ता, 300/- प्रत्येक कक्षा (सप्ताह में पाँच कक्षाएँ)

8. जाति : अनुसूचित जाति
9. राष्ट्रीयता : भारतीय
10. वैवाहिक स्थिति : अविवाहित
11. अन्य उपलब्धियाँ एवं गतिविधियाँ :

एम.ए. विशेष अध्ययन

1. राजनीति दर्शन (प्लेटो और अरस्तू)
2. अफ्रीकी राजनीति और साम्राज्यवाद

विशेष–समय-समय पर विश्वविद्यालय में आयोजित वाद-विवाद प्रतियोगिताओं में भाग लेना और गोष्ठियों में अनुसंधान पत्रों का विमोचन।

मानवाधिकारों पर एक अनुसंधान लेख का प्रकाशन।

अध्यापन में विशेष रुचि और प्रतिभा रखने का विश्वास।

3. चयन की स्थिति में सेवा करने के लिए एक माह का समय।

4. हिंदी व अंग्रेजी माध्यम से बी.ए. व एम.ए. के विद्यार्थियों को पढ़ाने की क्षमता।

स्थान : दिल्ली — हस्क्षातर

दिनांक : 14 अक्टूबर, 2001 — राकेश रंजन शर्मा

2. एक लेखक का प्रकाशक को अपनी कृति प्रकाशन के लिए पत्र

नाम : दुर्गा प्रसाद गुप्त

पिता का नाम : श्री राम माधव गुप्त

शिक्षा : एम.ए. हिंदी साहित्य, पी-एच.डी. (जेएनयू)

कृति का नाम : हिंदी साहित्य और मार्क्सवादी विचारधारा तथा आलोचना

पांडुलिपि : हस्तलिखित 550 पृष्ठ

कृति लिखने का समय : 1998 से 2001

यह प्रमाणित किया जाता है यह मेरी मूल कृति है और अप्रकाशित है।

स्थान : दिल्ली — हस्ताक्षर

दिनांक : 14 अक्टूबर, 2001 — दुर्गा प्रसाद गुप्त

3. एक अनुवादक का प्रेस ट्रस्ट ऑफ इंडिया को आवेदन अनुवादक हिंदी-अंग्रेजी भाषा के लिए

नाम : अनुराधा शर्मा

पिता का नाम : बिहारी लाल शर्मा

जन्मतिथि : 11 मार्च, 1980

शिक्षा : एम.ए. हिंदी, अंक 65 प्रतिशत, दिल्ली विश्वविद्यालय, इंद्रप्रस्थ कॉलेज, दिल्ली।

अनुभव : अनुवाद 1 वर्ष U.N.I अनुवादक पद के लिए प्रतिभा, स्वतंत्र रूप से अनुवाद करने की योग्यता, अनुवाद व्यावहारिक व सुरुचिपूर्ण ढंग से करने की योग्यता।

दिनांक : 14.10.2001 — हस्ताक्षर

स्थान : दिल्ली — अनुराधा शर्मा

4. लिपिक पद के लिए दिए जाने वाला स्ववृत्त

नाम : रमेश कुमार

पिता का नाम : गणेश शंकर

जन्मतिथि : 1 मार्च, 1974
निवास स्थान : 7, सादिक नगर, नई दिल्ली
शैक्षिक योग्यता–

परीक्षा	वि.वि./बोर्ड	उत्तीर्ण वर्ष	प्राप्त ग्रेड	विषय
हाईस्कूल	माध्यमिक शिक्षा परिषद इलाहाबाद /बोर्ड	1998	59	हिंदी, अंग्रेजी, विज्ञान, गणित, सामाजिक विज्ञान
इंटरमीडिएट	माध्यमिक शिक्षा परिषद इलाहाबाद	2000	61	हिंदी, अंग्रेजी, भूगोल, राजनीति-विज्ञान, संस्कृत

अनुभव

कार्यालय	कब से	कब तक	पद/वेतन
डीएवी इंटर कॉलेज	7 अगस्त, 2000	1 नवंबर, 2001	दैनिक वेतन भोगी

जाति : अनुसूचित जाति
राष्ट्रीयता : भारतीय
वैवाहिक स्थिति : अविवाहित

16 अक्टूबर, 2001 (रमेश कुमार)

5. साहित्यिक स्ववृत्त

नाम : अशोक तिवारी
पिता का नाम : प्रो. शिवकुमार तिवारी
निवास/संपर्क : 768, नानकपुरा कॉलोनी, नई दिल्ली
दूरभाष : 2556061
शैक्षणिक योग्यता : एम.ए. (हिंदी) दिल्ली विश्वविद्यालय
प्रकाशित : अवध के साहित्य सेवी, उत्तर प्रदेश हिंदी संस्थान, लखनऊ
अप्रकाशित : तुलसीदास (आलोचनात्मक ग्रंथ)
अनुभव : प्रगतिशील हिंदी के कवि
: अनेक पत्र-पत्रिकाओं में लेख प्रकाशित
: आकाशवाणी एवं दूरदर्शन पर भेंटवार्ता प्रसारित

:　　हिंदी अकादमी, दिल्ली द्वारा साहित्य सम्मान प्राप्त
:　　साहित्य अकादमी, दिल्ली द्वारा पुरस्कृत लेखक
:　　बाबा नागार्जुन पर आलोचनात्मक ग्रंथ प्रकाशित
:　　निराला के साहित्य में विशेष अभिरुचि

अशोक तिवारी

विज्ञापन-लेखन

विज्ञापन-लेखन आज के व्यावसायिक जगत् की महत्त्वपूर्ण विधा है। प्रत्येक व्यवसायी अपने उत्पाद को लोकप्रिय बनाने के लिए विज्ञापन का सहारा लेता है। जब तक वह अपने निर्मित उत्पाद को जन-साधारण तक पहुँचाने में समर्थ नहीं होता, तब तक वह उससे अर्थार्जन नहीं कर सकता। व्यवसायी अच्छा उत्पादक तो हो सकता है, पर वह अच्छा विज्ञापन लेखक नहीं हो सकता । परिणामतः वह इसके लिए विज्ञापन एजेंसियों की मदद लेता है। और प्रत्येक विज्ञापन एजेंसी के पास नियमित या अंशकालीन विज्ञापन-लेखक होते हैं। उन विज्ञापन लेखकों से कथित विज्ञापन एजेंसी विज्ञापन तैयार करवाती है जिनसे विज्ञापन लिखवाया जाता है, उन्हें कॉपी राइटर कहा जाता है। यों विज्ञापन करना व विज्ञापन-लेखन दोनों महत्त्वपूर्ण विधाएँ हैं। पर ये दोनों एक-दूसरे पर निर्भर हैं। कुछ विद्वान इसे एक ही मानते हैं। और विज्ञापन-लेखक को विज्ञापन एजेंसी का ही महत्त्वपूर्ण हिस्सा मानते हैं। बात भी ठीक है, विज्ञापन-लेखक विज्ञापन का ही हिस्सा है, पर यह महत्त्वपूर्ण है। यह जितना कल्पनाशील एवं प्रतिभाशाली होगा, विज्ञापन उतना ही प्रभावशाली एवं महत्त्वपूर्ण होगा।

अर्थ और परिभाषा

हिंदी में 'विज्ञापन' शब्द की उत्पत्ति दो शब्दों के योग से हुई है। जैसे, मूलधातु 'ज्ञापन' के साथ 'वि' उपसर्ग के जुड़ने के (वि+ज्ञापन=विज्ञापन)। सामान्य रूप से इस शब्द का अर्थ है 'ज्ञापन कराना' या 'सूचना देना'। विज्ञापन अंग्रेजी शब्द 'एडवरटाइजिंग' का हिंदी पर्याय है, जिसकी उत्पत्ति लैटिन भाषा के शब्द 'एडवर्टर' से हुई। अंग्रेजी में इसका अर्थ है 'टू टर्न टू' अर्थात् किसी ओर मुड़ना है। जब किसी वस्तु या सेवा के लिए इसका प्रयोग होता है, तो इसका मंतव्य लोगों को उस ओर आकृष्ट करना होता है। एक प्रकार से उसे सार्वजनिक सूचना की घोषणा भी कह सकते हैं। ब्रिटेन के विश्वकोश के अनुसार—''विज्ञापन द्वारा वांछित भुगतान प्रदत्त वह घोषणा है, जो किसी वस्तु या सेवा के बिक्री प्रोत्साहन, किसी विचार के विकास अथवा कोई अन्य प्रभाव उत्पन्न करने के उद्देश्य से की गई हो।'' बेवस्टर्स न्यू वर्ल्ड डिक्शनरी में इसे

इस प्रकार परिभाषित किया गया है कि "विज्ञापन का अर्थ, किसी वस्तु या तथ्य के संबंध में मुद्रित माध्यम समाचार-पत्र, आकाशवाणी अथवा ऐसे ही किसी साधन के माध्यम से जानकारी देना, विक्रय बढ़ाना तथा जनता का ध्यान आकर्षित करना है।" इस प्रकार विज्ञापन का अर्थ किसी विषय या वस्तु की जानकारी या सूचना देना है। विज्ञापन उन समस्त गतिविधियों का नाम है, जिनका उद्देश्य अपने खर्च पर निर्वैयक्तिक रूप से किसी विचार, वस्तु या सेवा के विषय में जानकारी प्रसारित करता है और इससे उसका विज्ञापनकर्त्ता ग्राहक को अपनी इच्छा के अनुकूल बनाता है। विज्ञापन व्यक्तिगत नहीं होता। इसका संबंध वस्तु से होता है और वस्तु का संबंध किसी औद्योगिक संस्था से होता है।

वास्तव में व्यवसाय के क्षेत्र में उत्पादन को उपभोक्ता तक पहुँचाने की प्रक्रिया को वितरण प्रणाली कहते हैं। इस वितरण प्रणाली ने आधुनिक युग में जन-संचार के माध्यमों को अपनाया है। औद्योगिक विकास तथा मुद्रण के प्रचार से विज्ञापन की प्रगति भी बहुत तीव्र हो गई है। आज पत्र-पत्रिकाएँ तथा श्रव्य-दृश्य उपकरणों जैसे—पोस्टर, होर्डिंग, सिनेमा, दूरदर्शन, आकाशवाणी आदि के माध्यम से विज्ञापन ने विश्व स्तर पर लोकप्रियता अर्जित कर ली है। व्यवसाय जगत में आज विज्ञापन एक अनिवार्य अंग बन चुका है, क्योंकि इस जगत में उत्पादन वितरण से संबंधित जो प्रतियोगिता, प्रतिस्पर्धा और प्रतिबिंबिता है, उस पर प्रचार द्वारा ही विजय प्राप्त की जा सकती है।

इस प्रकार विज्ञापन आधुनिक युग का विशेषकर औद्योगिक संस्कृति का अभिन्न तत्त्व हो गया है। विक्रय-व्यवस्था में विज्ञापित वस्तु का परिचय कराने, उसकी विशेषताएँ तथा उसके लाभ बताने का काम करके ग्राहक को आकृष्ट करने की उपयोगी भूमिका निभाता है। इसके साथ ही वस्तु के ब्रांड नाम को भी लोकप्रिय करने तथा उसे बनाने वाली कंपनी का नाम मानस में जमा कर उसकी प्रतिष्ठा बढ़ाने का काम भी करता है। वस्तुतः विज्ञापन व्यावसायिक विधा है किंतु इसने प्रशासन, शिक्षा, कृषि, प्रौद्योगिकी, समाज कल्याण आदि विभिन्न क्षेत्रों में अपना महत्त्वपूर्ण स्थान बना लिया है।

विज्ञापन का शीर्षक

विज्ञापन में शीर्षक सबसे प्रमुख होता है। अतः विज्ञापन सामग्री अथवा प्रारूप तैयार करते समय आलेखक (कॉपी राइटर) के उपभोक्ता या ग्राहक की रुचि के अनुसार ऐसा शीर्षक प्रस्तुत करना है, जिससे उपभोक्ता का ध्यान आकर्षित हो सके। विज्ञापन की तीन-चौथाई सफलता सामग्री को उचित शीर्षक देने में ही मिल जाती है, शीर्षक विज्ञापन का केंद्र बिंदु है। इसमें लक्षणा और व्यंजना से अर्थ प्रदान किया जाता है। शीर्षक का चयन करते समय यह भी ध्यान रखा जाता है कि विज्ञापन की समग्र विषय-वस्तु या मूल कथ्य (बॉडी टेक्स्ट) की व्यंजना शीर्षक में भले ही न हो, पर

विज्ञापन का वस्तु संकेत इस प्रकार हो कि दर्शक, पाठक, ग्राहक या उपभोक्ता की दृष्टि आकृष्ट कर सके और उसमें आकांक्षा उत्पन्न कर सके। उदाहरण के लिए—

''सवारी हो तो, एटलस, जो करे हवा से बातें''

विज्ञापन का उपशीर्षक : इसमें विज्ञापन के उद्देश्य को विस्तार से बताया जाता है और ग्राहक की आवश्यकता के अनुरूप उत्पादन की क्षमता दिखाई जाती है। उदाहरण के लिए : **हाई स्पीड वाली नई स्पोर्टस्टर इंपोर्टेड गीयर सिस्टम।**

विज्ञापन का विस्तार वर्णन

इसमें वस्तु या सामग्री के उत्पादन के विषय में विस्तृत जानकारी दी जाती है। किंतु इसमें आलेखक अपने विस्तृत संदेश को भी संक्षेप रूप में देने का भरसक प्रयास करता है। अर्थात् उसे 'गागर में सागर' भरना होता है। उदाहरण के लिए—

* सर्वोपेंटा प्रणाली से युक्त आयातित सनरेस गीयर सिस्टम
* गीयर 1 तथा 2 : सवार हो जाइए और कीजिए हवाई सफर शुरू, सामनें की हवा हो या कोई पहाड़ी सफर
* गीयर 3 : दौड़ाइए तेजी से, समुद्र तट की राहों पर
* अब आइए चौथे गीयर में और बढ़ाइए अपनी स्पीड
* गीयर 5 : और दौड़ाइए अपनी साइकिल चैंपियन की तरह
* विशेष रूप से डिजाइन किया गया फ्रेम। सुगम गीयर परिचालन के लिए
* एक्रलिक : पोलाक्रोमेटिक रंग गहरा जामुनी (बरमंडी), नीला, कत्थई, स्लेटी

विज्ञापन का उपसंहार—मूल कथ्य समाप्त करने के बाद उपभोक्ता या ग्राहक को खरीद करने के लिए प्रेरित किया जाता है। जैसे :

एटलस

विश्व श्रेणी विश्व शैली की साइकिलें

इसके अतिरिक्त विज्ञापन के प्रस्तुतीकरण में दृश्य-कल्पना और कलात्मक प्रस्तुति पर बल दिया जाता है। दृश्य-कल्पना का संबंध उपभोक्ता की इच्छा, चाह, उसकी आशा और अपेक्षा से होता है। कलात्मक प्रस्तुति में चित्र, मॉडल और टाइपोग्राफी का विशेष योगदान रहता है। इस प्रकार विज्ञापन सामग्री में कला चित्रांकन तथा रूप-सज्जा का विशेष स्थान है।

विज्ञापन के माध्यम

विज्ञापन माध्यमों से तात्पर्य है जन-संचार या जन-संपर्क के वे माध्यम जिनके द्वारा विज्ञापन प्रसारित या प्रचारित किए जाते हैं। इन विज्ञापन माध्यमों को मुख्यतः तीन

भागों में वर्गीकृत किया जा सकता है—

(क) प्रेस माध्यम

(ख) मनोरंजन माध्यम

(ग) बाह्य माध्यम

(क) प्रेस माध्यम

नियमित रूप से प्रकाशित होने वाले समाचार-पत्रों अथवा पत्रिकाओं में जो विज्ञापन प्रकाशित किए जाते हैं, उन्हें प्रेस विज्ञापन कहा जाता है। यह विज्ञापन के लिए अत्यंत प्रभावी तथा जन सुलभ माध्यम है क्योंकि इनका प्रसार अंतर्राष्ट्रीय स्तर तक भी हो सकता है, प्रेस विज्ञापनों को मुख्यतः राष्ट्रीय विज्ञापन, वर्गीकृत विज्ञापन तथा समाचार विज्ञापन आदि श्रेणियों में विभाजित किया जा सकता है। समाचार पत्र-पत्रिकाओं के माध्यम से शीघ्र प्रकृति के विज्ञापन तुरंत दिए जा सकते हैं। इसकी एक विशेषता यह भी है कि क्षेत्र विशेष की जरूरतों को ध्यान में रखते हुए उनके सामाजिक तथा सांस्कृतिक संदर्भ के अनुसार विज्ञापन प्रकाशित किए जा सकते हैं।

(ख) मनोरंजन माध्यम

इस श्रेणी के विज्ञापन मुख्य रूप से रेडियो, दूरदर्शन तथा सिनेमा आदि माध्यमों से प्रसारित किए जाते हैं। रेडियो जन-सामान्य के मनोरंजन का सहज सुलभ साधन है और इस माध्यम की पहुँच सुदूर ग्रामीण और पहाड़ी क्षेत्रों तक है। रेडियो के माध्यम से दिए जाने वाले विज्ञापनों में शब्द शक्ति तथा शब्दों के उच्चारण आदि पर विशेष जोर दिया जाता है। उत्पादनकर्त्ताओं द्वारा प्रायोजित कार्यक्रम, रेडियो रूपक, नाट्य छटा तथा प्रभावी संवादों के माध्यम से विज्ञापन दिए जाते हैं। रेडियो द्वारा प्रसारित विज्ञापनों का गहरा प्रभाव उपभोक्ताओं के मानस पटल पर पड़ता है। विविध भारती सेवा के अंतर्गत प्रसारित कोहिनूर गीत गुंजार, एच.एम.वी. के सितारे, मफतलाल ग्रुप की संतों की वाणी, जौहर के जवाब, क्रिकेट वीथ विजय मर्चेंट तथा रेडियो सिलोन का बीनाका गीतमाला आदि का प्रभाव जनमानस से कभी मिट नहीं सकता।

(ग) बाह्य माध्यम

इसे विज्ञापन का सहायक माध्यम माना जा सकता है। उपभोक्ता जब अपने घर से बाहर होता है तब जिन माध्यम प्रकारों से वह प्रभावित होता है उन्हें बाह्य माध्यम की श्रेणी में रखा जा सकता है—जैसे, पोस्टर, होर्डिंग, विद्‌युत चल डिस्टल तथा बस अथवा रेल के अंदर के पोस्टर आदि।

इन विज्ञापनों को ऐसे स्थानों पर प्रदर्शित किया जाता है जहाँ से बहुसंख्य लोगों का आवागमन होता है। जैसे—रेलवे स्टेशन, भीड़ भरे चौराहे, मुख्य बाजार,

मुख्य सड़कें या राजमार्ग आदि। बस या रेल के डिब्बों में भी पोस्टरों के रूप में बहुत सारे विज्ञापन लगाए जाते हैं जो यात्रियों को अपनी ओर आकर्षित करते हैं।

विज्ञापन की विशेषताएँ

व्यावसायिक जगत में वस्तुओं के निर्माताओं द्वारा उपभोक्ताओं को आकर्षित करके उन्हें अपने उत्पाद खरीदने के लिए उत्प्रेरित करने वाले विज्ञापन अपने में कुछ विशेषताएँ लिए होते हैं। इन विशेषताओं में मुख्य हैं–

(i) उपभोक्ताओं के ध्यानाकर्षण की शक्ति।
(ii) उत्पादित वस्तु के बारे में सूचना या जानकारी देना।
(iii) वस्तु के बारे में उपभोक्ताओं के मन में विश्वास निर्माण करना।
(iv) उपभोक्ताओं की सूक्ष्म इच्छाओं को जाग्रत करना।
(v) उपभोक्ताओं को वस्तु के क्रय संबंधित निर्णय लेने में सहायक होना।
(vi) उत्पादित वस्तु की सर्वश्रेष्ठता अथवा वरीयता दर्शाना या सिद्ध करना।
(vii) उत्पादित वस्तु के बारे में तकनीकी या अन्य आवश्यक जानकारी देना तथा उसकी आवश्यकता एवं उपयोगिता उपभोक्ता को बताना।

समाचार-पत्र, आकाशवाणी तथा दूरदर्शन के लिए विज्ञापन-लेखन

आधुनिक युग को विज्ञापन का युग कहा जाता है। विज्ञापन प्रसारण के अनेक साधन उपलब्ध हैं किंतु समाचार-पत्र, आकाशवाणी तथा दूरदर्शन आदि प्रसार माध्यमों में विज्ञापन का स्थान सर्वोपरि माना जा सकता है। ये माध्यम अपनी-अपनी प्रवृत्ति में एक-दूसरे से भिन्न जरूर हैं किंतु तीनों के माध्यम से जनसंपर्क अत्यंत प्रभावी तथा व्यापक पैमाने पर स्थापित किया जा सकता है अतः उक्त तीनों माध्यमों में विज्ञापन का स्थान अक्षुण्ण महत्ता रखता है। इन तीनों माध्यमों के लिए विज्ञापन-लेखन पर संक्षेप में विचार किया जा रहा है।

समाचार-पत्र के लिए विज्ञापन-लेखन

समाचार-पत्र को विज्ञापन के लिए अत्यंत प्रभावी माध्यम माना जा सकता है क्योंकि समाचार-पत्र व्यक्ति के परिवार और कार्यालयों आदि में आने के कारण बहुत अधिक समय तक लोगों के सामने रहते हैं। अन्य लोग भी इन्हें पढ़ते हैं। इस प्रकार लाखों-करोड़ों लोगों तक समाचार-पत्र पहुँचता है। अतः अत्यंत सावधानी तथा कौशल के साथ इनमें दिया जाने वाला विज्ञापन तैयार किया जाता है। समाचार-पत्र में दिए जाने वाले विज्ञापन में मुख्यतः निम्नलिखित भाग होते हैं–

1. शीर्ष पंक्ति (Headline)
2. अनुपूरक शीर्ष पंक्ति (Sub-Headline)

3. विषय-वस्तु (Text)

4. विज्ञापनकर्त्ता का व्यापारिक चिह्न (Monogram या Signature)

5. घोष वाक्य (Slogan या Base line)

विज्ञापन के लिए उसकी शीर्ष पंक्ति अर्थात् हेडलाइन की विशेष महत्ता होती है। इससे पाठकों का ध्यानाकर्षण होकर उनके मन में कौतूहल तथा उत्सुकता जाग्रत होती है। जैसे—'घंटों का काम मिनटों में' (मिक्सर ग्राइंडर का विज्ञापन) 'चलो पढ़ाएँ...कुछ कर दिखाएँ' (साक्षरता आंदोलन का विज्ञापन) आदि। अनुपूरक सुर्खी या सब हेडलाइन मुख्य शीर्ष वाक्य के पूरक के रूप में (विषय-विस्तार हेतु) प्रयोग में लाया जाता है।

उदाहरण-1

शीर्ष पंक्ति—जूही की खूबसूरती का राज

पूरक शीर्ष पंक्ति—नया इंटरनेशनल लक्स

उदाहरण-2

यह आपके साथ भी हो सकता (साथ में घायल व्यक्ति का चित्र)

पूरक शीर्ष पंक्ति—दुर्घटना से बचिए, वाहन धीरे चलाइए।

आकाशवाणी के लिए विज्ञापन-लेखन

आकाशवाणी पूर्णतः श्रव्य माध्यम होने के कारण उससे प्रसारित विज्ञापन उसी दृष्टि से तैयार किया जाता है। भाषा में सरलता, संक्षिप्तता तथा माधुर्य होता है। उच्चारण में विशेष कौशल एवं बलाघात के प्रयोग पर बल दिया जाता है ताकि वह विज्ञापन अत्यंत प्रभावशाली बनकर श्रोता ग्राहकों को अपनी-अपनी ओर आकर्षित कर सकें।

आकाशवाणी के माध्यम से प्रसारित विज्ञापनों में समय का अत्यंत महत्त्व होता है। सामान्यतः विज्ञापनों की अवधि 10 सेकेंड, 20 सेकेंड और अधिक-से-अधिक 30 सेकेंड हो सकती है। इतने कम समय में अत्यंत प्रभावशाली विज्ञापन पूर्ण रूप से दिया जाना आवश्यक होता है। इसके लिए ऐसे विज्ञापन तैयार करते समय शब्द सुर और समयावधि का तालमेल अत्यंत खूबी के साथ करना जरूरी हो जाता है।

आकाशवाणी पर प्रसारित विज्ञापन का एक और लोकप्रिय प्रकार है प्रायोजित कार्यक्रम। सामान्यतः लोगों के मनोरंजन हेतु ऐसे कार्यक्रम कंपनियों, फर्मों अथवा व्यापारी संस्थाओं द्वारा 15 मिनट, 30 मिनट अथवा कभी-कभी 60 मिनट की समयावधि के लिए प्रायोजित किए जाते हैं। कार्य के शुरू, बीच अथवा अंत में प्रायोजक के उत्पाद के बारे में आकर्षक रूप में विज्ञापन दिया जाता है। ऐसे कार्यक्रम अत्यंत लोकप्रिय भी पाए गए हैं। उदाहरणार्थ—'बीनाका गीतमाला', 'कोहिनूर गीत गुंजार', 'क्रिकेट वीथ विजय मर्चेंट', 'जौहर के जवाब', 'एच एम वी के सितारे' आदि प्रायोजित कार्यक्रम देखे जा सकते हैं।

दूरदर्शन के लिए विज्ञापन-लेखन

दूरदर्शन दृश्य और श्रव्य दोनों का मिला-जुला माध्यम है। पूरे परिवार के सदस्यों के लिए दूरदर्शन एक अत्यंत प्रभावी माध्यम होने के कारण इसके द्वारा प्रसारित विज्ञापन का असर बहुत दूरगामी सिद्ध हुआ है। दर्शक इसमें 'सुनने' की बजाय 'देखना' अधिक पसंद करते हैं। फलतः दूरदर्शन पर 'निवेदन' के साथ जो चलचित्र दिखाए जाते हैं, उन्हें अत्यधिक महत्त्व प्राप्त हो जाता है। इसलिए, दूरदर्शन के लिए तैयार किए जाने वाले विज्ञापनों में 'दृश्यों' पर अधिक बल देकर तदनुसार श्रव्य सामग्री तैयार की जाती है। दूरदर्शन के विज्ञापन अत्यधिक प्रभावी होने के लिए निम्नलिखित बातों पर विशेष ध्यान दिया जाना चाहिए।

1. दूरदर्शन का विज्ञापन-लेखन कुछ हद तक फिल्मों के लिए लिखे जाने वाले पटकथा लेखन जैसा ही होता है। पहले दृश्य-चित्र तैयार करके तदनुसार 'निवेदन' लिखा जाना चाहिए। चलचित्र के दृश्य के अनुसार 'निवेदन' होना चाहिए।

2. निवेदन अत्यंत संक्षिप्त किंतु प्रभावशाली हो। कभी-कभी निवेदन का कुशलतापूर्वक उपयोग किया जाता है।

3. दूरदर्शन के विज्ञापनों में संगीत की अहम भूमिका होती है। संगीत और सुरों द्वारा विज्ञापन अत्यंत आकर्षक एवं चिरस्मरणीय हो जाते हैं।

4. उत्पादित वस्तु की विश्वसनीयता तथा गुणवत्ता के कारण बड़े नामी व्यक्ति, कलाकार अथवा खिलाड़ी आदि इसका इस्तेमाल करते हैं। इनका बखूबी उपयोग विज्ञापनों में किया जा सकता है। जैसे कपिलदेव द्वारा कहा जाने वाला वाक्य—'पामोलिव का जवाब नहीं' आदि ऐसे सैकड़ों विज्ञापन देखे जा सकते हैं।

5. रोजमर्रा के जीवन की अनेक समस्याओं को लेकर उनके निराकरण हेतु किस प्रकार विशिष्ट-वस्तु उपयोगी हो सकती है, इसे विज्ञापनों द्वारा बहुत आकर्षक एवं प्रभावी रूप से दिखाया जा सकता है। जैसे—व्हील, निरमा, एरियल, सनफ्लोवर तेल, एम डी एच मसाले तथा मैगी फूड्स आदि के विज्ञापन।

अध्याय-4

भेंटवार्ता (इंटरव्यू) और प्रतिवेदन-लेखन

भेंटवार्ता लेखन

भेंटवार्ता अथवा साक्षात्कार (इंटरव्यू) पत्रकारिता का एक महत्त्वपूर्ण अंग है। यह उतनी सरल नहीं जितनी इसे समझा जाता है। अन्य देशों में तो दैनिक पत्रों का उत्तरदायित्व साक्षात्कारों पर ही निर्भर होता है। ये संपादक की एक भुजा होते हैं। भेंटवार्ता में भेंटदाता की बात को विशेष ध्यान दिया जाता है।

भेंटवार्ता समाचार संकलन का ही एक अंग है। इसे दो भागों में विभाजित किया जा सकता है—एक, विशिष्ट व्यक्तियों का साक्षात्कार जो समाचार की दृष्टि में महत्त्वपूर्ण होते हैं और प्रथम पृष्ठ की सामग्री होते हैं। दूसरे, कम विशिष्ट मनुष्यों के साथ भेंटवार्ता, जो किसी नई घटना के कारण समाचार-पत्र की शोभा बढ़ाते हैं। प्रथम श्रेणी में राष्ट्रीय या अंतर्राष्ट्रीय नेताओं और राजनीतिज्ञों के साक्षात्कार आते हैं दूसरे में किसी घटना विशेष का वर्णन होता है। इसीलिए दोनों प्रकार के साक्षात्कारों का उद्देश्य भिन्न-भिन्न होना चाहिए और उनकी तैयारी तथा उनका लेखन-कार्य भिन्न-भिन्न ढंगों से होना चाहिए।

पत्रकारिता के दृष्टिकोण से ऐसी भेंटवार्ता रुचिकर नहीं होती जिसमें प्रस्तुतकर्त्ता शब्द छपा हो। चूँकि यह अच्छा नहीं लगता। यदि भेंटकर्त्ता ने भेंटदाता से सीधा संपर्क नहीं किया है तो उसे भेंटवार्ता या साक्षात्कार कहना अनुचित है।

भेंटकर्त्ता का ज्ञान

1. यदि कोई भेंटकर्त्ता किसी नेता से साक्षात्कार करने जा रहा है तो उसे उस नेता के तत्कालीन भाषणों पर पैनी दृष्टि रखनी होगी और जिस विषय पर भेंटवार्ता करनी है उस विषय का गहराई से अध्ययन करना चाहिए। यदि भेंटदाता किसी घटना-विशेष या यात्रा के पश्चात् लौटा है तो उसके संबंध में प्रकाशित जानकारी होनी चाहिए। भेंटकर्त्ता को भेंट में से समाचार निकालने की कला में निपुण होना चाहिए। किसी

घिसी-पिटी बातों को नहीं दोहराना चाहिए। घटना या यात्रा से संबंधित सभी घटनाओं का ज्ञान भी आवश्यक है। उस घटना को अन्य उदाहरणों के साथ भी प्रस्तुत किया जा सकता है। उदाहरण के लिए, आपको भारत के उद्योग मंत्री से भेंटवार्ता करनी है। अतः आपको ज्ञात होना चाहिए कि इस समय कितना उत्पादन होता है, आयात कितना होता है और अधिक उत्पादन की क्या संभावनाएँ हैं।

2. यदि भेंटकर्त्ता भेंटदाता को ऐसी बातें स्मरण करा देता है जो उसके ध्यान से निकल गईं अथवा पुरानी बातें याद दिला देता है तो भेंटकर्त्ता का अच्छा प्रभाव पड़ता है।

3. भेंट से पूर्व ऐसी बातों का पता लगाना चाहिए जिनसे भेंटकर्त्ता और भेंटदाता के मध्य आत्मीयता का वातावरण तैयार किया जा सके। यदि भेंटकर्त्ता भेंटदाता को यह जानकारी अपनी बुद्धि चातुर्य से दे दे कि वह क्या-क्या करता है, कहाँ उसका जन्म हुआ तो दोनों के मध्य आत्मीयता का वातावरण बन जाता है। उदाहरण के लिए यदि आप किसी मंत्री महोदय से भेंटवार्ता करने जा रहे हैं और आपने उस विद्यालय से शिक्षा प्राप्त की है जिसमें उस मंत्री ने भी शिक्षा प्राप्त की हो तो भेंटवार्ता अत्यंत संतोषजनक रहेगी। यदि आपके पिता या संबंधी ने या आप स्वयं राष्ट्रीय आंदोलन में उनके साथ काम किए हों और उसको याद दिला दें तो वातावरण में सौंदर्य उत्पन्न हो जाएगा।

4. भेंटकर्त्ता को चाहिए कि भेंटवार्ता में कोई बात गलत ढंग से नहीं पूछनी चाहिए। यदि कोई बात राजनीतिक हवा में चल रही है और आप अपनी बुद्धि चातुर्य से भेंटदाता से कहला सकें तो वह समाचार विशेष प्रकार का बन जाएगा। यदि आपने ऐसी बात अपनी भेंटवार्ता में जोड़ दी जो भेंटदाता ने नहीं कही है तो यह भयानक भूल सिद्ध हो सकती है। इससे पत्र या चैनल जिसके लिए आप काम कर रहे हैं, वह बदनाम होता है। चूँकि बाद में भेंटदाता उस बात का खंडन कर देता है। अतः तथ्य सही और सत्य होने चाहिए।

5. भेंटवार्ता को सुपाठ्य, ज्ञानवर्धक बनाना एक कला है। अतः भेंटवार्ता को अधिक से अधिक रोचक ढंग से बनाना चाहिए, और भेंटवार्ता से पाठकों को नई बातें मिलनी चाहिए। भेंटकर्त्ता को अपने आपको संतुष्ट नहीं करना होता बल्कि पाठकों को संतुष्ट करना और उन्हें वस्तुस्थिति की जानकारी देनी होती है।

6. भेंटवार्ता से जो जानकारी आपको प्राप्त हुई है उसे अपने विवरण में देते समय इस बात का ध्यान रखना चाहिए कि भेंटदाता को किसी प्रकार का आघात न पहुँचे। यदि कोई बात उसने आपको आत्मीयता के कारण बता दी हो तो उसे समाज हित में अथवा देश हित में प्रकाशित और दिखाना नहीं चाहिए।

7. भेंटवार्ता के समय भेंटकर्त्ता को सावधान और चुस्त होना चाहिए ताकि भेंटदाता के मुँह से निकले शब्दों को तुरंत और पूरी तरह से पकड़ा जा सके। आपको

यह कहने का अवसर नहीं लाना चाहिए कि क्षमा कीजिए कि मैं समझा नहीं अथवा सुना नहीं, कृपया दोहरा दीजिए आदि। इससे भविष्य में भेंटदाता भेंट देने से पीछे नहीं हटता।

8. भेंटवार्ता को प्रकाशित करते समय इस बात का भी ध्यान रखना चाहिए कि जिस भेंटदाता से भेंट की जा रही है उसकी बोलचाल और स्वभाव की बारीकियों का उल्लेख करना चाहिए ताकि पाठकों के समक्ष उसका वास्तविक चित्र खिंच जाए। विवरण इस प्रकार दिया जाना चाहिए कि भेंटदाता की भेंटवार्ता मजाक न दिखे।

समय का ध्यान

1. भेंटवार्ता करते समय, समय का ध्यान हमेशा रखना चाहिए। प्रायः प्रमुख नेताओं के पास समय की कमी होती है और भेंटकर्त्ता को उससे बहुत-सी बातें जाननी हैं तो वातावरण को इतना रोचक बनाइए कि समय की सीमा अपने आप टूट जाए। या आप अपने प्रश्न को इस प्रकार प्रस्तुत कीजिए कि समय व्यर्थ न हो। ऐसी वार्ता सफल वार्ता होती है।

2. यदि भेंटदाता के चारों ओर भीड़ है और समय की कमी है तो विशेष प्रश्नों को छोटा बनाकर पूछना चाहिए और बाद में उनका उचित ढंग से विस्तार करना चाहिए। अतः भेंटकर्त्ता को शार्ट हैंड का ज्ञान होना आवश्यक है। ताकि अन्य समय में समस्त सामग्री का संकलन हो जाए। भेंटकर्त्ता को गप्पों आदि में समय व्यर्थ नहीं करना चाहिए।

भेंटवार्ता स्थिति

भेंटवार्ता एक सामाजिक प्रक्रिया है। भेंटवार्ता (साक्षात्कार) की स्थिति में यह प्रक्रिया लागू होती है। जब साक्षात्कारकर्त्ता और उत्तरदाता आमने-सामने होते हैं तो दो समस्याएँ उत्पन्न होती हैं—(1) साक्षात्कारकर्त्ता के लिए साक्षात्कार का क्या अर्थ है? (2) उत्तरदाता के लिए साक्षात्कार का क्या अर्थ है?

यह आवश्यक नहीं है कि दोनों ही साक्षात्कार का समान अर्थ लगाएँ। इसीलिए आवश्यक यह होता है कि जहाँ तक संभव हो दोनों ही साक्षात्कार के समान अर्थ एवं उद्देश्य से सहमत हों।

साक्षात्कारकर्त्ता में दूरदर्शिता अथवा अंतर्दृष्टि होनी चाहिए जिससे वह उत्तरदाता के मन की बात को समझ सके। यदि वह उत्तरदाता की स्थिति को भली-भाँति समझ सकता है तो साक्षात्कार से अच्छे निष्कर्ष निकाल सकता है। उसे यह जानना चाहिए कि किस बात से उत्तरदाता के मन पर चोट लग सकती है। अतः ऐसी स्थिति को बचाते हुए उसे आगे बढ़ाना चाहिए। इस नियंत्रण के बावजूद उत्तरदाता को इतनी स्वतंत्रता भी होनी चाहिए कि वह अपनी बातों को भली-भाँति प्रकट कर सके। यदि

आवश्यक हो तो इस नियंत्रण को ढीला भी कर देना चाहिए। साक्षात्कारकर्त्ता कुछ प्रभाव जमाकर उत्तरदाता पर नियंत्रण स्थापित करता है।

साक्षात्कारकर्त्ता को अपने विचारों या वैचारिकी को उत्तरदाता पर नहीं लादना चाहिए। साक्षात्कारकर्त्ता यदि ऐसा करेगा तो साक्षात्कार के परिणाम दोषपूर्ण होंगे। ऐसा भी होता है कि साक्षात्कारकर्त्ता, उत्तरदाता के विषय में पहले से ही कुछ विचार बनाकर चलता है, इस कारण भी साक्षात्कार की स्थिति जटिल हो जाती है। भेंटवार्ता (साक्षात्कार) को सफल बनाने के लिए निम्नलिखित तीन शर्तें महत्त्वपूर्ण होती हैं—

1. भेंटकर्त्ता की अपने विषय में रुचि और भेंटदाता के प्रति भिन्नता का भाव।
2. दोनों के लिए सूचना का महत्त्व।
3. साक्षात्कारकर्त्ता की चतुराई, व्यवहार-कुशलता और योग्यता साक्षात्कारकर्त्ता को सहानुभूतिपूर्वक उत्तरदाता की बात सुननी चाहिए।

भेंटवार्ता (साक्षात्कार) के प्रमुख अंग

भेंटवार्ता एक ऐसी प्रक्रिया है जिसको धीरे-धीरे विकसित होना चाहिए और बड़े स्वाभाविक ढंग से समाप्त होना चाहिए। उत्तरदाता पर केवल इतना नियंत्रण रखना चाहिए कि वह बिना रोक-टोक अपनी बातों को रख सके। साक्षात्कार प्रक्रिया के तीन महत्त्वपूर्ण अंग हैं—

1. भेंटवार्ता देने वाले व्यक्तियों का चयन—भेंटकर्त्ता को समस्या के अनुसार यह निर्णय करना होता है कि साक्षात्कार किससे किया जाए। भेंटदाता ऐसा व्यक्ति होना चाहिए जो घटना की समस्या की जानकारी रखता हो और उससे प्राप्त सूचनाएँ विश्वसनीय हों।

2. भेंटदाता से भेंटवार्ता के लिए समय माँगना—प्रत्येक आदमी नम्रता पसंद करता है। वह यह भी चाहता है कि लोग उसे महत्त्वपूर्ण समझें। इसीलिए भेंटदाता की सुविधानुसार भेंटवार्ता का समय और स्थान निश्चित करना चाहिए। उससे पहले से बातचीत करके साक्षात्कार के लिए स्वीकृति प्राप्त कर लेनी चाहिए। अचानक किसी के घर में घुसकर तुरंत साक्षात्कार की माँग नहीं करनी चाहिए। ऐसा करने से भेंटदाता अपना अपमान समझता है। प्रतिदिन के जीवन में अकस्मात व्यवधान हर आदमी सहन नहीं करता है।

3. भेंटवार्ता करते समय सुविधाजनक दशाएँ—भेंटवार्ता का स्थान, समय और वातावरण कुछ ऐसा होना चाहिए कि बातचीत करने में सुविधा हो और घनिष्ठता की स्थापना हो सके। यदि मौसम का प्रकोप हो, मच्छर काट रहे हों, शोरगुल हो रहा हो, उत्तरदाता को जल्दी हो, तो ऐसी दशाओं में साक्षात्कार सफल नहीं होता।

भेंटवार्ता की सीमाएँ

भेंटवार्ता विधि की सुविधाओं के साथ-साथ कुछ सीमाओं का भी उल्लेख करना आवश्यक है। लोग जल्दी भेंटवार्ता के लिए तैयार नहीं होते। अधिकांश लोग अनमनेपन से उत्तर देते हैं जो औसत से दूर न हो। साक्षात्कार की कुछ प्रमुख सीमाएँ निम्नलिखित हैं—

1. साक्षात्कार से प्राप्त सूचनाएँ सदैव संदेहजनक होती हैं। व्यक्ति ने जो कुछ कह दिया उसे स्वीकार कर लेना पड़ता है। यदि वह गलत बोले तो उसकी जाँच करना कठिन है।

2. साक्षात्कार के लिए साक्षी या उत्तरदाता को रजामंद करना सरल नहीं होता। लोग बड़े नखरे दिखाते हैं उन सबको सहन करके भेंटकर्त्ता को नम्र रहना पड़ता है।

3. भेंटदाता के भाव-संवेगों को सही-सही समझना भी कठिन होता है।

4. भेंटवार्ता से प्राप्त सूचनाएँ वस्तुनिष्ठ कम और आत्मनिष्ठ अधिक होती हैं। उनकी विश्वसनीयता कम होती है।

इन सीमाओं के बावजूद भेंटवार्ता विधि उपयोगी सिद्ध होती है। लोग जो कुछ कहते हैं उसमें बहुत कुछ सच्चाई होती है। यदि सावधानीपूर्वक साक्षात्कार किया जाए तो इन सीमाओं के दुष्परिणामों से बचा जा सकता है।

प्रतिवेदन-लेखन

प्रतिवेदन (रिपोर्ट) एक प्रकार का लिखित विवरण होता है। जिसमें किसी कार्य या विषय के विभिन्न तथ्यों का लेखा-जोखा प्रस्तुत किया जाता है। इस विवरण का प्रयोजन उन लोगों को किसी कार्य या विषय के बारे में यथावश्यक सूचना देना होता है जो उससे संबंधित तो है लेकिन उन्हें उसके सभी तथ्यों की जानकारी नहीं है। ये प्रतिवदेन किसी घटना, समारोह, उत्सव, उद्घाटन, सभा, जुलूस, बैठक आदि के बारे में भी लिखे जाते हैं। इसके अतिरिक्त ये किसी सरकारी या गैर-सरकारी संस्था की व्यावसायिक स्थिति के बारे में भी लिखे जाते हैं। इस प्रकार के प्रतिवेदन दैनिक, साप्ताहिक, मासिक और वार्षिक होते हैं। न केवल यही, इस कार्य-विशेष की प्रगति की जाँच की जाती है। और विभिन्न आँकड़ों आदि के माध्यम से निष्कर्ष, सुझाव एवं संस्तुतियाँ दी जाती हैं। इस प्रकार सरकारी और गैर-सरकारी संस्थाओं एवं कार्यालयों में प्रतिवेदन महत्त्वपूर्ण भूमिका निभाते हैं।

आज के प्रौद्योगिक एवं प्रतिस्पर्धा के युग में किसी व्यवसाय या कार्य को आरंभ करने से पहले या उसमें कोई नया आयाम जोड़ने से पहले यह जानकारी

लेना आवश्यक होता है कि इसे आरंभ करना उचित होगा या नहीं। अतः इस संबंध में बाजार की स्थिति का ध्यान कर और विभिन्न तथ्यों को प्राप्त कर प्रतिवेदन प्रस्तुत किया जाता है। इससे व्यवसाय की भावी नीति को निर्धारित करने में सहायता मिलती है। इस प्रकार वर्तमान युग में प्रतिवेदन-लेखन एक महत्त्वपूर्ण कार्य है। इसमें प्रतिवेदक विभिन्न ज्ञात-अज्ञात तथ्यों की जाँच, सर्वेक्षण, अन्वेषण, साक्षात्कार, विश्लेषण आदि के द्वारा पता लगाकर इन्हें सबके सामने प्रस्तुत करता है।

वास्तव में प्रतिवेदन के विषय असंख्य हैं। ये प्रतिवेदन किसी व्यक्ति, समिति या आयोग द्वारा लिखे जाते हैं। सुविधा की दृष्टि से ये प्रतिवेदन मुख्य रूप से दो प्रकार के हैं—(1) औपचारिक प्रतिवेदन और (2) अनौपचारिक प्रतिवेदन। औपचारिक प्रतिवेदन उसे कहते हैं जो सरकार या किसी संस्था या किसी विशिष्ट अधिकारी के आदेशानुसार किसी कार्य-विशेष के बारे में तैयार किया जाता है। इस प्रकार के प्रतिवेदन का काफी महत्त्व रहता है। इसमें निष्कर्षों के साथ-साथ सुझाव और संस्तुतियाँ भी दी जाती हैं। औपचारिक प्रतिवेदन कई प्रकार के होते हैं—समिति या आयोग का प्रतिवेदन, सभा का प्रतिवेदन, वित्तीय प्रतिवेदन आदि।

अनौपचारिक प्रतिवेदन उसे कहते हैं जो एक व्यक्ति द्वारा दूसरे व्यक्तियों के पास भेजे जाने वाले पत्रों की भाँति तैयार किया जाता है। इसके लेखन में कोई निश्चित नियम नहीं होते।

प्रतिवेदन लिखने से पहले प्रतिवेदन की पूरी योजना बनानी होती है। उसके विषय का अध्ययन करके उसके उद्देश्य को समझना होता है। इसकी प्रारंभिक रूपरेखा भी बनानी होती है, प्रतिवेदन किसी विषय का विश्लेषण और तथ्यों का संकलन होता है, अतः सबसे पहले विषय से संबंधित सभी महत्त्वपूर्ण तथ्यों की जानकारी लेनी पड़ती है। इसके लिए पुराने प्रतिवेदनों, फाइलों, नियम-पुस्तकों, प्रपत्रों आदि के द्वारा आवश्यक सूचनाएँ इकट्ठी करनी होती हैं और सर्वेक्षण तथा साक्षात्कार द्वारा प्राप्त आँकड़ों को एकत्रित करना होता है। इसके बाद एकत्रित सूचनाओं तथा आँकड़ों का वर्गीकरण, सारणीकरण और विश्लेषण करना होता है। इसके अतिरिक्त निष्कर्ष एवं सुझावों की रूपरेखा तैयार करनी होती है और फिर कच्चा प्रतिवेदन तैयार होता है। यदि प्रतिवेदन-लेखन का कार्य किसी समिति या आयोग को सौंपा गया हो तो समिति के अध्यक्ष और सदस्य परस्पर विचार-विमर्श कर उसमें आवश्यकतानुसार संशोधन एवं परिवर्तन करते हैं। तत्पश्चात् इसे टाइप कराकर या छपवाकर तथा हस्ताक्षर करके प्रस्तुत करना होता है। इस प्रकार प्रतिवेदन लिखते समय उसकी पूरी कार्य विधि से गुजरना पड़ता है।

प्रतिवेदन स्वतः स्पष्ट एवं स्वतः पूर्ण होना चाहिए। इसमें संक्षिप्तता का ध्यान रखना चाहिए और केवल महत्त्वपूर्ण तथ्यों को देना चाहिए। इसके अतिरिक्त प्रस्तुत

किए जाने वाले तथ्य सत्यतापूर्ण, विश्वसनीय एवं पूरे होने चाहिए। इन तथ्यों को क्रमबद्ध रूप से तर्क सहित देना चाहिए। इन तथ्यों को स्पष्ट करने के लिए आवश्यक आँकड़े और तालिकाएँ भी देनी चाहिए। इसके अतिरिक्त अपने विचार एवं आवश्यक सुझाव देने चाहिए। प्रतिवेदन की भाषा-शैली सरल, स्पष्ट एवं निर्वैयक्तिक होनी चाहिए और इसमें तकनीकी शब्दावली तथा मुहावरों के प्रयोग से यथासंभव बचना चाहिए।

प्रतिवेदन के स्वरूप के बारे में कोई निश्चित नियम तो नहीं है, किंतु इसे अंतिम रूप देते समय निम्नलिखित बातों की ओर ध्यान देना जरूरी है—

(1) प्रतिवेदन के आरंभ में शीर्षक देना चाहिए। यह शीर्षक प्रतिवेदन के विषय को स्पष्ट करने वाला होना चाहिए।

(2) यदि प्रतिवेदन काफी विस्तृत हो तो उसे अध्यायों में विभाजित करना चाहिए। यदि संभव हो सके तो उसकी विषय-सूची भी दी जानी चाहिए।

(3) यदि प्रतिवेदन किसी अन्वेषण से संबंधित हो तो उससे संबंधित उपयोगी एवं महत्त्वपूर्ण ग्रंथों, पांडुलिपियों, फाइलों आदि की सूचना भी संदर्भ के रूप में देनी चाहिए।

(4) यदि प्रतिवेदक समझता है कि प्रतिवेदन काफी बड़ा हो गया है तो उसमें आवश्यक सुझाव देते हुए उसका सारांश देना चाहिए।

(5) प्रतिवेदन के अंत में प्रतिवेदक को अपने हस्ताक्षर करने चाहिए। यदि यह प्रतिवेदन किसी समिति या आयोग द्वारा प्रस्तुत किया जा रहा हो तो उसमें समिति के अध्यक्ष एवं सदस्यों के हस्ताक्षर होना आवश्यक है।

प्रतिवेदन के कतिपय नमूने

1. दिल्ली की दुग्ध योजना में दूध की सप्लाई बहुत कम हो गई है। इस संबंध में जाँच करने के बाद वहाँ के अधिकारी का प्रतिवेदन—

दिल्ली दुग्ध योजना-संबंधी प्रतिवेदन

इस वर्ष अपेक्षाकृत काफी समय तक अत्यधिक गर्मी रही है। मानसून विलंब से प्रारंभ हुआ और कुछ पड़ोसी क्षेत्रों में अभी तक वर्षा पर्याप्त मात्रा में नहीं हुई है। इसी कारण इन क्षेत्रों में दूध का उत्पादन पूरी तरह नहीं हो पाया है और उसकी उपलब्धि अभी तक सामान्य स्थिति तक नहीं पहुँच पाई है। ग्रीष्म ऋतु के आरंभ से अंत तक दुग्ध संयंत्र (प्लांट) को पूरी क्षमता से निरंतर चालू रखा गया है और सामान्य आपूर्ति (सप्लाई) करने का प्रयास किया जाता रहा है किंतु इस समय ऐसी स्थिति पैदा हो गई है कि कुछ दिनों के लिए मानवीकृत दूध की पूरी सप्लाई कर पाना संभव नहीं होगा। अतः यह उचित होगा कि दूध की सप्लाई को कम करके 50 प्रतिशत कर दिया जाए और उसके स्थान पर टोंड दूध दिया जाए। प्रत्येक ग्राहक

को दूध का पूरा कोटा दिया जाए जिसमें 50 प्रतिशत टोंड दूध की सप्लाई की जाए। यह व्यवस्था अस्थाई होगी और यह एक मास के लिए होगी। इस संबंध में समाचार पत्रों में एक सूचना निकाली जाए जिसमें ग्राहकों को इसमें सहयोग देने के लिए अनुरोध किया जाए।

सत्यकाम

दिल्ली   संपर्क अधिकारी

दिनांक 15 जुलाई, 1990

2. राजभाषा विभाग (हिंदी शिक्षण योजना) भारत सरकार के सहायक निदेशकों के प्रशिक्षण के द्वितीय नवीकरण पाठ्यक्रम के उद्घाटन समारोह का प्रतिवेदन–

उद्घाटन समारोह का प्रतिवेदन

केंद्रीय हिंदी संस्थान द्वारा आयोजित राजभाषा विभाग (गृहमंत्रालय, भारत सरकार) की हिंदी शिक्षण योजना के सहायक निदेशकों के दूसरे नवीकरण पाठ्यक्रम का उद्घाटन करते हुए उक्त विभाग के सचिव श्री कृपा नारायण ने अपने अध्यक्षीय भाषण में कहा कि हिंदी शिक्षण योजना हमारे देश की राष्ट्रीयता एवं भावात्मक एकता का सशक्त माध्यम है। हिंदी हमारी क्षेत्रीय भाषाओं को जोड़ने वाली कड़ी है। हमें अन्य भाषाओं की प्रचलित कुछ शब्दावली हिंदी में अपनानी चाहिए और हिंदी के अतिरिक्त कोई न कोई प्रादेशिक भाषा भी सीखनी चाहिए। इससे अन्य भाषाओं के प्रति सहृदयता बढ़ेगी और पाठ्यक्रम बनाते समय अन्य राज्यों के दृष्टिकोण को भी प्रश्रय मिलेगा। हमें अपने-आपको दूसरों की स्थिति में रखकर हिंदी के प्रयोग को व्यापक बनाना चाहिए। हिंदीतर भाषियों के सुझावों पर खुलकर विवेचन करने से हमारी समस्याएँ सुलझ सकती हैं और उनकी कठिनाइयों को हम जान सकते हैं।

प्रारंभ में संस्थान के निदेशक डॉ. गोपाल शर्मा ने स्वागत करते हुए पाठ्यक्रम के सैद्धांतिक औचित्य पर प्रकाश डाला। उन्होंने बताया कि पुनरीक्षण समिति द्वारा पाठ्यक्रम बनाने का निर्णय किया गया और कई दृष्टियों से उस पर विचार किया गया कि पाठ्यक्रम को प्रभावी एवं संभव कैसे बनाया जाए। नए चिंतन के प्ररिप्रेक्ष्य में विधि, सामग्री और अवधि के समन्वय के बारे में विचार किया गया। अतः हमारे पाठ्यक्रम का मूल उद्देश्य है प्रयोजनमूलक हिंदी का शिक्षण और सीमित समय में विशिष्ट व्यक्तियों को प्रशिक्षित करना।

संस्थान के शैक्षणिक संयोजक प्रोफेसर रमानाथ सहाय ने संस्थान की गतिविधियों का उल्लेख करते हुए बताया कि जिस प्रकार हिंदी का प्रचार-प्रसार बढ़ता जा रहा है, उसी प्रकार संस्थान का कार्य क्षेत्र भी पाठ्यक्रमों का निर्माण, अध्यापकों का शिक्षण-प्रशिक्षण, बैंकिंग हिंदी, कार्यालयी हिंदी आदि के अध्यापन के अतिरिक्त प्रवासी

भारतीयों और विदेशियों को भी हिंदी पढ़ाने की व्यवस्था अंतर्राष्ट्रीय स्तर पर की जा रही है। पूर्वांचल में हिंदी का अध्ययन-अध्यापन किया जा रहा है और इस कार्य के लिए आगरा, दिल्ली, हैदराबाद तथा गोवाहाटी में संस्थान के केंद्र हैं।

संस्थान के अनुसंधान तथा सामग्री निर्माण विभाग के प्रोफेसर अमर बहादुर सिंह ने कहा कि राजभाषा विभाग के लिए जो नया पाठ्यक्रम तैयार किया जा रहा है उसे पच्चीस सत्रों में विभाजित किया गया है। हिंदी के उच्चारण, लेखन, भाषाई कौशलों, संरचनाओं को विकसित करने के लिए मूल पाठमाला में उल्लेख कर दिया गया है और सरकारी कर्मचारियों के परिवेश की दृष्टि से शब्दों का चयन किया गया है।

पाठ्यक्रम के प्रभारी डॉ. ठाकुर दास ने नवीकरण पाठ्यक्रम का परिचय देते हुए कहा कि हिंदी शिक्षण योजना को वैज्ञानिकता प्रदान करने की दृष्टि से पाठ्यक्रम को संचालित किया जा रहा है और उपलब्धियों का आकलन किया जा रहा है।

तेजनारायण लाल

15.9.1989

3. एक कंपनी के भवन में आग लग गई। उससे हुई हानि के बारे में प्रतिवेदन और मरम्मत के दौरान काम को जारी रखने के सुझाव—

खोसला फर्नीचर्स लि.

दिल्ली

12 अगस्त, 1990 की रात को कंपनी के भवन में बिजली के शार्ट सर्किट के कारण आग लग गई। भवन को नुकसान होने के साथ-साथ अन्य कई हानियाँ भी हुई हैं। इसका विवरण इस प्रकार है—

भवन क्षति	रु. 2,00,000
फर्नीचर	रु. 5,00,000
कार्यालय सामग्री	रु. 30,000
लकड़ी	रु. 2,25,000
कुल हानि	**रु. 9,75,000**

लगभग 8 लाख रुपए का फर्नीचर और लगभग 7 लाख की लकड़ी कंपनी के भवन से दूर एक गोदाम में पड़ी थी, जिससे वह बच गई।

भवन की मरम्मत का कार्य प्रारंभ किया जाना है। इस दौरान काम को सुचारु रूप से चलाने के लिए गोदाम के एक भाग को खाली कराकर सभी कर्मचारियों को वहाँ बैठने के लिए कहा जाए और वहीं पर फर्नीचर का निर्माण कार्य प्रारंभ कर दिया जाए। बिक्री के लिए एक अस्थायी कार्यालय व शोरूम भवन के बरामदे में बनाया जाए। कार्यालय का स्टाफ वहीं बैठेगा। श्री रमेश कुमार के मकान में एक

कमरा खाली रहता है, अतः लेखा का कार्य वहीं किया जा सकता है। इस प्रकार की व्यवस्था से मरम्मत के दौरान कंपनी का कार्य सुचारु रूप से चल सकता है।

चंद्रप्रकाश, कार्यालय प्रबंधक

30 अगस्त 1990 जीवनलाल, लेखाकार, कार्यान्वयन समिति के सदस्य

4. प्रकाशन विभाग, दिल्ली प्रशासन की ओर से, मुद्रण-कार्य हेतु न्यूनतम निविदाओं के आधार पर चुने गए मुद्रणालयों की कार्यक्षमता के अध्ययन से संबंधित प्रतिवेदन—

अधीक्षक, प्रकाशन विभाग, दिल्ली प्रशासन द्वारा 3.1.98 को गठित मुद्रणालय चयन समिति द्वारा उन सभी बारह मुद्रणालयों में जाकर, उनकी कार्य क्षमता का अनुमान निम्नलिखित आधार पर लगाया गया—

(1) मुद्रणालय में हिंदी और अंग्रेजी के 'टाइप' का वर्तमान भंडार।
(2) हिंदी और अंग्रेजी कंपोज करने में सक्षम प्रशिक्षित कर्मचारियों की संख्या।
(3) अंग्रेजी और हिंदी में दैनिक कंपोज कर सकने की संभावित पृष्ठ संख्या।
(4) मुद्रक मशीन का आकार-प्रकार।
(5) प्रूफ-संशोधन व्यवस्था।
(6) कागज सुरक्षित रखने की व्यवस्था।
(7) जिल्दसाजी की व्यवस्था।

उक्त तथ्यों की प्राप्त जानकारी (जिसकी विवरण तालिका संलग्न है) के आधार पर समिति का अभिमत है कि प्रस्तावित बारह मुद्रणालयों में से निम्नलिखित दो प्रकाशन विभाग का मुद्रण कार्य करने में सक्षम नहीं हो पाएँगे।

(1) आधुनिक प्रिंटर्स, शाहदरा, दिल्ली।
(2) शीतल मुद्रणालय, आजादपुर, दिल्ली।

शेष निम्नलिखित दस मुद्रणालय प्रस्तावित मुद्रण-कार्य-हेतु सक्षम पाए गए—

(1) अशोक मुद्रणालय, चाँदनी चौक, दिल्ली।
(2) कमल प्रिंटिंग वर्क्स, जामा मस्जिद, दिल्ली।
(3) प्रिंट एंड पब्लिश आर्ट, दरियागंज, दिल्ली।
(4) सेल्फ प्रिंटर्स, बहादुरशाह जफर मार्ग, दिल्ली।
(5) कॉन्वेंट प्रिंटर्स, शाहदरा, दिल्ली।
(6) विवेक मुद्रणालय, गाँधीनगर, दिल्ली।
(7) गाँधी मुद्रणालय, गाँधी नगर, दिल्ली।
(8) आनंद प्रिंटर्स, दीनदयाल उपाध्याय मार्ग, दिल्ली।
(9) एवरेडी प्रिंटर्स, कृष्णा नगर, दिल्ली।
(10) सुल्तान प्रिंटिंग प्रेस, आर्यनगर, दिल्ली।

हस्ताक्षर	हस्ताक्षर	हस्ताक्षर
...... लेखा-लिपिक दिनांक 20.1.98	...... सहसंपादक प्रकाशन विभाग हस्ताक्षर ...... अवरलिपिक	...... संपादक प्रकाशन विभाग हस्ताक्षर ...... प्रूफ-संशोधक

5. अरविंद सिल्क म्लिस लि. का व्यापार में ह्रास के विषय में निदेशक-मंडल के एक सदस्य का प्रतिवेदन और ह्रास रोकने के सुझाव—

अरविंद सिल्क मिल्स
गाजियाबाद (उ.प्र.)

निदेशक मंडल दिनांक 18 मार्च, 1990
अरविंद सिल्क मिल्स लि.
गाजियाबाद (उ.प्र.)

प्रिय महोदय,

निदेशक-मंडल द्वारा पारित प्रस्ताव के अनुसार मैंने पिछले दिनों मिल के व्यापार के ह्रास के संबंध में जाँच-पड़ताल की और अब आप सबकी सेवा में अपना प्रतिवेदन प्रस्तुत कर रहा हूँ।

(1) हमारे मिल में जिस कपड़े का उत्पादन हो रहा है उसका प्रचलन आजकल प्रायः समाप्त हो गया है। इससे हमारे मिल के कपड़े की माँग कम हो गई है। नए-नए डिजाइनों के कपड़े के अभाव में अन्य मिलों के कपड़ों को मान्यता मिल रही है। अन्य मिलों का कपड़ा हमारे कपड़े से मजबूती में आगे नहीं है किंतु आज के युग में मजबूती के साथ खूबसूरती की भी माँग है।

(2) हमारे कर्मचारी पिछले दिनों से न तो मन से काम कर रहे हैं और न ही वे डिजाइनदार कपड़ों का उत्पादन करने में कुशल हैं। इनकी देखरेख के लिए कोई एक विशेषज्ञ इंजीनियर भी नहीं है जो इनसे काम करा सके। इसके अतिरिक्त इन कर्मचारियों में असंतोष की भावना भी व्याप्त है।

(3) पिछले वर्ष हमारे मिल में जो कच्चा माल आया था, उसके मूल्य में काफी वृद्धि हुई है। टेरिलीन और नायलान सूत के आयात पर नियंत्रण होने के कारण हमारे कोटे में काफी कमी हुई है जिससे व्यापार में काफी गिरावट आई है।

इन सबको देखते हुए निम्नलिखित सुझाव दिए जा रहे हैं—

(1) सुंदर और डिजाइनदार कपड़ों के उत्पादन के लिए एक नया प्लांट खरीदना चाहिए। इस प्लांट पर लगभग बीस लाख रुपए खर्च होंगे और इसके लग जाने से उत्पादन में वृद्धि तो होगी ही, साथ ही नए-नए डिजाइनदार और खूबसूरत कपड़ों

का उत्पादन भी होगा। पुरानी मशीनों के स्थान पर नई मशीनों को भी लगाने की आवश्यकता है। अतः इस संबंध में कार्रवाई प्रारंभ की जाए।

(2) कर्मचारियों की पदोन्नति, वार्षिक वेतन-वृद्धि और बोनस के बारे में भी विचार किया जाए। साथ ही उनकी देखरेख के लिए किसी विशेषज्ञ इंजीनियर को नियुक्त किया जाए। इसके अतिरिक्त कुछ कुशल बुनकर भी भर्ती करने की आवश्यकता है।

(3) आज का युग विज्ञापन का युग है। अतः हमें कपड़े की मजबूती और खूबसूरती के बारे में बताते हुए विज्ञापनों पर जोर देना होगा। विदेशों में भी माल के बारे में जानकारी भेजनी होगी।

(4) वाणिज्य मंत्रालय से कोटे में वृद्धि कराई जाए जिससे कच्चा माल अधिक मिल सके और कार्य सुविधाजनक हो सके।

भवदीय

देवीलाल

सदस्य, निदेशक मंडल

अध्याय-5

संक्षेपण, टिप्पण और पल्लवन

संक्षेपण

संक्षेपण या सार-लेखन (Precis Writing) का उद्देश्य किसी विस्तृत विषय-वस्तु या पाठ के मूल भावों को संक्षिप्त रूप में या कम से कम शब्दों में प्रस्तुत करना है। इसमें विस्तृत विवरण, सविस्तार व्याख्या, वक्तव्य, पत्र व्यवहार, लेख आदि के तथ्यों तथा निर्देशों का संयोजन इस प्रकार किया जाता है जिसमें कथा एवं सूचना के अप्रासंगिक, असंबद्ध तथा अनावश्यक अंशों को छोड़ दिया जाता है और अनिवार्य, उपयोगी, प्रत्यक्ष तथा मूल तथ्यों का संक्षिप्त तथा प्रवाहपूर्ण संकलन किया जाता है। वास्तव में प्रत्येक प्रकार के संप्रेषण में लगभग आधी बात की पुनरावृत्ति होती है, इसीलिए यह प्रयास रहता है कि विषय-वस्तु के उन महत्त्वपूर्ण अंशों को दिया जाए जिसमें पाठ का भावार्थ पूरी तरह से आ जाए।

संक्षेपण और सार-लेखन में थोड़ा अंतर होता है। संक्षेपण में किसी पाठ की प्रमुख बातें संक्षेप में आ जाती हैं किंतु सार-लेखन में पाठ की सभी बातें देने की आवश्यकता नहीं होती अपितु केंद्रीय भाव थोड़े से थोड़े शब्दों में प्रकट कर दिया जाता है।

संक्षेपण शिक्षा, कार्यालय, वाणिज्य, विधि, पत्रकारिता आदि के क्षेत्रों में अधिक उपयोगी होता है। इन्हीं क्षेत्रों के संदर्भ में सार का आकार निश्चित होता है। वैसे मूल पाठ और सारांश के आकार का अनुपात एक तिहाई हो तो वह आदर्श संक्षेपण होगा। यदि आवश्यकता पड़े तो एक तिहाई से अधिक या कम भी हो सकता है। इस प्रकार यह मूल पाठ की प्रकृति पर निर्भर है।

संक्षेपण प्रायः एक भाषी (अर्थात् अंग्रेजी से अंग्रेजी या हिंदी से हिंदी) होता है किंतु, द्विभाषी (अर्थात् अंग्रेजी से हिंदी या हिंदी से अंग्रेजी में) भी हो सकता है। द्विभाषी संक्षेपण को अनुवादपरक सार-लेखन कहा जा सकता है क्योंकि इसमें अनुवाद और संक्षिप्तीकरण दोनों समान रूप से चलते हैं।

संक्षेपण के नियम

(1) पाठ को समझने के लिए पहले उसे कम से कम तीन बार पढ़ना चाहिए।

(2) उस पाठ के मुख्य भावों और विचारों को रेखांकित करना चाहिए और उन्हें अलग से लिख लेना चाहिए।

(3) ऐसा करने के बाद उन मुख्य भावों और विचारों को अपने शब्दों में लिखना चाहिए। उस पाठ की भाषा को, जहाँ तक संभव हो सके, नहीं लाना चाहिए अन्यथा सार में मौलिकता नहीं आ पाएगी।

(4) वर्णनात्मक वाक्यों को समस्त पद में रखने का प्रयास किया जाना चाहिए और प्रत्यक्ष कथन के स्थान पर परोक्ष कथन देना जरूरी है। यह अन्य पुरुष में होना चाहिए।

(5) सार लिखते समय अपनी ओर से कुछ भी नहीं जोड़ना चाहिए। यह बात ध्यान में रखना आवश्यक है कि पाठ की कोई आवश्यक बात रह न पाए। इसमें स्पष्टता, क्रमबद्धता और पूर्णता का होना जरूरी है।

(6) सार यथासंभव भूतकाल में ही लिखा जाना चाहिए, जब तक उसमें कोई वास्तविक सत्य न हो।

(7) सार लिखने के बाद उसका शीर्षक देना चाहिए। यह ध्यान में रहे कि शीर्षक यथासंभव छोटा होना चाहिए।

(8) इस प्रकार सार के प्रारूप को पूरा लिखने के बाद उसको दो-तीन बार अवश्य पढ़ लेना चाहिए ताकि उसमें कोई दोष हो तो उसे दूर किया जा सके। अंत में एक बार मूल पाठ से उस सार की तुलना कर लेनी चाहिए जिससे यह मालूम हो जाए कि उसके आवश्यक तथ्य छूट तो नहीं गए।

संक्षेपण के प्रकार

विषय-वस्तु के अनुसार सार के अलग प्रकार हो सकते हैं। मुख्य रूप से दो प्रकार के सार होते हैं। एक, मूल पाठ का प्रवाहपूर्ण सार और दूसरा, पत्राचार का सार।

प्रवाहपूर्ण सार—यह सार लेखों, प्रलेखों, भाषणों, बैठकों आदि के कार्यवृत्तों, रिपोर्टों आदि की सामग्री या पाठों का लिखा जाता है। इस प्रकार के संक्षेपण साधारण रूप में तैयार किए जाते हैं और उनमें सार भी दिया जाता है।

पत्राचार का सार—कार्यालयी संदर्भ में अधिकारियों को दिन में कई आवतियों या पत्रों को देखना पड़ता है और उनके संबंध में आदेश, निर्देश एवं अनुदेश जारी करने पड़ते हैं। समयाभाव के कारण वे चाहते हैं कि उनके पास जो कागजात भेजे जाएँ वे संक्षिप्त रूप में भेजे जाएँ और उस पत्र या आवती का आशय स्पष्ट हो। इसके अतिरिक्त कार्यालय में आए नियम-विनियमों का स्वतःपूर्ण संकेत मिलना चाहिए ताकि थोड़े समय में वे अपना निर्णय देने में समर्थ हों। इस संदर्भ में सामान्य, सारणीबद्ध,

क्रमिक और तारीखवार सार लिखे जाते हैं।

पत्र-व्यवहार का **सामान्य सार** प्रवाहपूर्ण सार की ही तरह होता है। कार्यालयों में जब कोई आदेश, कार्यालय ज्ञापन, परिपत्र आदि आते हैं तो उनको **सारणीबद्ध सार या तालिका सार** स्थायी निर्देश मिसिल में दिया जाता है और उसकी प्रति संबंधित मिसिल में रखी जाती है। उसमें क्रम संख्या, पत्र या कार्यालय ज्ञापन की संख्या और दिनांक, प्रेषक, विषय आदि दिए जाते हैं। इसके अतिरिक्त यह भी संकेतक दिया जाता है कि उसे किस मिसिल (फाइल) में रखा गया है।

उच्चाधिकारियों के लिए टिप्पणी लिखते समय यदि उसकी बड़ी हो जाने की संभावना होती है तो विभिन्न सूचनाओं या तथ्यों का क्रमवार सारांश दिया जाता है जिसे क्रमिक सार कहते हैं। यदि इनको तारीखवार दिया जाए तो वह तारीखवार सार कहलाता है। यह तारीखवार सार सूचना को और तथ्यपरक बनाने के लिए तैयार किया जाता है।

संक्षेपण के कतिपय उदाहरण

उदाहरण-1

सभ्यता और संस्कृति के विकास में धर्म और विज्ञान दोनों का ही हाथ रहता है। धर्म ने मनुष्य के मन का सुधार किया है और विज्ञान ने संस्कृति को जीता है। धर्म हमारे मन को बल देता है और जितने भी अच्छे गुण हैं वे सभी धर्म के कारण हैं। सत्य, अहिंसा, परोपकार, संयम आदि सभी अच्छे गुण धर्म के अंतर्गत आते हैं। धर्म हृदय में पैदा होता है। विज्ञान भी सत्य को जानने में लगा रहता है। विज्ञान प्रकृति को जीतता है तथा धर्म सत्य, अहिंसा, परोपकार आदि से मन को जीतता है। अतः यदि विज्ञान और धर्म मिलकर काम करें तो वह दिन दूर नहीं जब हम राज्यों और देशों के विचार को पीछे छोड़ देंगे और सारे संसार को अपना समझेंगे। संसार के सभी लोगों को अपना भाई समझेंगे इस प्रकार सभ्यता और संस्कृति से मानव का विकास होता रहेगा।

मुख्य बिंदु

(1) सभ्यता और संस्कृति के विकास में धर्म और विज्ञान का योगदान।
(2) धर्म से अच्छे गुण होते हैं और विज्ञान का कार्य सत्य की खोज करना है।
(3) धर्म और विज्ञान से मानव जाति की उन्नति।

सारांश

शीर्षक : धर्म और विज्ञान

सभ्यता और संस्कृति के विकास में धर्म और विज्ञान का काफी योगदान रहता है। धर्म मनुष्य में सत्य, अहिंसा, परोपकार, संयम आदि गुण पैदा करता है तो विज्ञान

सत्य की खोज करता रहता है। धर्म और विज्ञान से ही मानव जाति की उन्नति हो सकती है।

उदाहरण-2

बापू जी की प्रेरणा से ही हिंदी को राष्ट्र भाषा का स्थान मिला है। उन्होंने ही सुदूर दक्षिण में अपने विश्वासपात्र कार्यकर्त्ताओं को हिंदी प्रचार का कार्य देकर भेजा। उनका विश्वास था कि संपूर्ण राष्ट्र को एक सूत्र में बाँधने के लिए आवश्यक है कि समूचे देश की जनता देश की किसी एक भाषा को स्वीकार कर उसे ही राष्ट्रभाषा की प्रतिष्ठा प्रदान करे। उनका यह स्पष्ट मत था कि बहुत दिनों तक किसी विदेशी भाषा को अपनी शिक्षा एवं संस्कृति के विकास तथा भारत सरकार के कार्यों के संचालन के माध्यम से अनावश्यक रूप में बलात् लादे रहना पराधीन वृत्ति का द्योतक है। उन्हें किसी भाषा से घृणा नहीं थी और न ही वे चाहते थे कि लोग अंग्रेजी न पढ़ें। लेकिन वे अंग्रेजी को अनंतकाल तक देश की एकमात्र राजभाषा के रूप में स्वीकार करने के पक्ष में नहीं थे। उन्होंने अनेक अवसरों पर यह विचार व्यक्त किया था कि केवल थोड़े से अंग्रेजीदां लोगों के हितों की रक्षा के लिए ही इसे सर्वसाधारण के ऊपर अधिक समय तक बोझ की तरह बनाए रखना राष्ट्रीय भावना और देश की एकता के खिलाफ है। देश की खंडित आत्मा के एकत्व के लिए देश की धरती में ही जनमी और फली-फूली अपनी ही किसी भाषा को पूरे देश के काम-काज की भाषा बनाना स्वाधीनता आंदोलन का सबसे बड़ा अंग है। उसी में हमें अपनी भावनाओं के सही रूप की छाया मिल सकती है। जहाँ तक सारे देश के लिए ऐसी एक भाषा की स्वीकृति का प्रश्न है, हमें सारे भेदभाव भूलकर यह मान लेना चाहिए कि वह भाषा हिंदी ही हो सकती है और सभी राष्ट्रीय-भावना वाले भारतीयों का यह पवित्र संकल्प होना चाहिए कि वे स्वयं हिंदी में अच्छा ज्ञान प्राप्त करें और इसके विकास के लिए प्रयत्न करें।

सारांश

शीर्षक : बापूजी और राष्ट्रभाषा

महात्मा गाँधी ने देश की एकता और राष्ट्रीय भावना पैदा करने के लिए अपने देश की किसी एक भाषा को राष्ट्रभाषा का स्थान देने पर बल दिया। वे विदेशी भाषा अंग्रेजी के विरोधी नहीं थे लेकिन उनके विचार में अंग्रेजी से हमारी शिक्षा और संस्कृति का विकास नहीं हो पाएगा और न ही वह अधिक समय तक सरकारी कामकाज की भाषा के रूप में चल पाएगी। अतः उन्होंने हिंदी को राष्ट्रभाषा के रूप में मानने की प्रेरणा दी। इसका समुचित ज्ञान प्राप्त कर और उसके विकास के लिए सहयोग देने हेतु लोगों का आह्वान किया। इसके प्रचार कार्य के लिए अपने कार्यकर्त्ताओं को दक्षिण में भी भेजा।

उदाहरण-3

अंतर्राष्ट्रीय बाजार में भारतीय उद्योग, विदेशी उद्योगों से टक्कर लेने की क्षमता कैसे पैदा करें? यह एक बहुत बड़ी चुनौती है। शुरू-शुरू में देश के अर्थ तंत्र में मूल क्षेत्र के उद्योगों की स्थापना में सरकार ने मुख्य उद्यमी की महत्त्वपूर्ण भूमिका निबाही। राष्ट्रहित में आधारभूत उद्योगों की आवश्यकता को समझते हुए बहुत से उद्योगों को अनेक प्रकार से संरक्षण प्रदान किया और देश-विदेश के प्रतिद्वंद्वी उद्योगों द्वारा मुकाबले की चोट से बचाने की हरचंद कोशिश की गई। पिछले तीन दशकों में कुछ महत्त्वपूर्ण क्षेत्रों में कई उद्योगों ने काफी उन्नति की है। इलैक्ट्रॉनिक्स एवं बायोटेक्नोलॉजी आदि के क्षेत्र में नव्यतम उद्योगों के आगमन पर नजर दौड़ाई जाए तो राष्ट्र की विकास-यात्रा से प्रभावित हुए बिना नहीं रहा जाता।

संक्षेपण

शीर्षक : भारतीय उद्योग की चुनौती

भारतीय उद्योग को विश्व-बाजार में टिकने के लिए कड़ी चुनौती का सामना करना पड़ रहा है। आरंभ में सरकार ने राष्ट्रहित में आधारभूत उद्योगों की कई प्रकार से सहायता की, उन्हें प्रोत्साहन दिया। परिणामस्वरूप अनेक उद्योग उन्नत भी हुए। विद्युत उत्पादन के क्षेत्र में भारतीय उद्योग की प्रगति विशेष सराहनीय है।

उदाहरण-4

मानव समाज की जटिल समस्याओं का निदान जानकर राजनीतिक, सामाजिक, आर्थिक आदि विभिन्न स्तर पर उनका समाधान खोजने वाले दूरदर्शी नेता हर काल और हर देश में जन्म लेते रहे हैं। परंतु मानव समाज की समग्र प्रगति एवं सर्वांगीण विकास के लिए भौतिक पक्ष के साथ-साथ आध्यात्मिक तथा साहित्यिक पक्ष को सुदृढ़ करने की ओर प्रायः किसी का ध्यान नहीं गया। इस दृष्टि से गुरु गोविंद सिंह की देन अभूतपूर्व तथा अद्वितीय कही जा सकती है। वे मूल रूप से संत थे, गुरुनानक देव के आध्यात्मिक उत्तराधिकारी। धर्म और दर्शन में उनकी गहरी पैठ थी। एक अकाल पुरुष के परम भक्त, सिद्ध, धर्माचार्य होने के साथ-साथ वे परम वीर, निर्भय, योद्धा, कुशल सेनानी तथा दूरदर्शी राजनीतिक नेता भी थे, किंतु भक्ति और शक्ति की यमुना-गंगा में साहित्य की सरस्वती को मिलाकर गुरु गोविंद ने विश्व के इतिहास में सर्वथा एक नया अध्याय जोड़ दिया।

संक्षेपण

शीर्षक : गुरु गोविंद सिंह की देन

मानव समाज की विभिन्न समस्याओं को सुलझाने के लिए हर युग में अनेक विचारक होते रहे हैं, परंतु उनका क्षेत्र प्रायः आर्थिक, सामाजिक या राजनीतिक ही रहा। गुरु

गोविंद सिंह ने मनुष्य-जीवन के आंतरिक और बाह्य पक्ष के समन्वित विकास के साथ-साथ साहित्य और संस्कृति को भी महत्त्व दिया। गुरु गोविंद सिंह के रूप में हमें भक्ति, शक्ति और सरस्वती के पवित्र संगम का साक्षात्कार होता है।

उदाहरण-5

शरीर के साथ श्रम आवश्यक है। यह इसलिए नहीं कि शरीर स्वस्थ रहे, बल्कि इसलिए कि शरीर जीवित रहे। शरीर को चालू रखने के लिए अपने परिश्रम से पदार्थों को उत्पन्न करना होगा। दूसरे ने जो हमारे लिए परिश्रम किया है, अब केवल उसके सहारे जीवित रहने का अधिकार नया समाज नहीं मानेगा। बाप दादा के पुश्तैनी पैसों से जीवित रहने की बुरी सुस्त आदत हमने हजारों वर्षों से सीख ली है। उसने न केवल हमारे शरीर को निकम्मा बनाया है, बल्कि हमारे मन को बुरी लालच का गुलाम बना दिया है। किसी भले मानस के लिए यह लज्जा की बात होनी चाहिए कि वह उससे अपना पेट भरे जिसके लिए उसने स्वयं परिश्रम नहीं किया है। श्रम के आवश्यक नियम के अभाव में मजदूर-मालिक, गरीब-अमीर, होत-अनहोत, सेठ-असामी के चुभते हुए भेदों के शिकार हो गए हैं। इनसे अपना पिंड छुड़ाना मुश्किल पड़ रहा है। यदि हम सभी आदि मानव की तरह आवश्यक कायिक श्रम से उपार्जित भाग को ही ईमानदारी से अपना मानते होते तो दूसरों का पसीना बहाकर अमीर बनने का मानसिक कोढ़ हमें न हुआ होता। अमीरी या धन का एक जगह संचय समाज का पील पाँव रोग है। धन जब एक जगह संचित होता है तो दूसरी जगह अभाव उत्पन्न करता है। श्रम की नींव पर बनने वाला जीवन भीतर से संतोष देता है। आर्थिक बँटवारे को न्यायपूर्ण बनाता है। ईर्ष्या, लोभ, बेईमानी, काहिली जैसी बुराइयों से लोगों को बचाता है।

संक्षेपण

शीर्षक : श्रम की महत्ता

जीवन को न केवल स्वस्थ वरन् जीवित रखने के लिए श्रम बहुत जरूरी है। दूसरों के परिश्रम पर जीने वाला व्यक्ति निकम्मा और लालची हो जाता है। श्रम के अभाव के कारण ही गरीब-अमीर, मजदूर-मालिक आदि का भेद-भाव पैदा हुआ है। इसी के अभाव में कई बुराइयाँ भी पैदा हुई हैं। वास्तव में श्रम से जो जीवन बनता है उसमें संतोष होता है और ईर्ष्या, लोभ, बेईमानी आदि बुराइयाँ भी सामने नहीं आतीं।

टिप्पण

मिसिल अर्थात् फाइल के दो भाग होते हैं—एक, टिप्पण भाग और दूसरा, पत्राचार भाग। टिप्पण भाग में विचाराधीन कागज-पत्रों के बारे में टिप्पणियाँ लिखी जाती

हैं। पत्राचार भाग में रखी जाने वाली आवतियों तथा उनसे संबंधित पत्र व्यवहार या निर्गम की कार्यालय प्रतियाँ रखी जाती हैं।

किसी भी विचाराधीन पत्र को सुविधापूर्वक निपटाने के लिए जो राय या सुझाव दिया जाता है वह टिप्पणी कहलाती है। इसे टिप्पण भी कहा जाता है। इसका उद्देश्य मामलों को शीघ्र निपटाना होता है। यह ध्यान में रहे कि टिप्पणी में कभी भी मूल पत्र या आवती नहीं लिखी जाती।

हिंदी में टिप्पणी शब्द का प्रयोग अंग्रेजी के नोटिंग (Noting) शब्द के अर्थ में आया है। प्रत्येक कार्यालय में विभिन्न कार्यालयों, संस्थाओं तथा व्यक्तियों से समय-समय पर पत्र आते रहते हैं और इन पत्रों के उत्तर भी भेजे जाते हैं। जब भी कोई पत्र किसी कार्यालय में पहुँचता है, तब इसके साथ एक ऐसा क्रम प्रारंभ हो जाता है जो उसके निपटाने तक निरंतर चलता रहता है। जब किसी पत्रादि को निपटाने के लिए कोई कार्रवाई होती है तो उसे 'टिप्पणी लेखन' कहते हैं। यह 'टिप्पणी-लेखन' विभिन्न अधिकारियों के सोपानों को पार करता हुआ अंततः उस अधिकारी के पास पहुँचता है जो अंतिम निर्णय देने के लिए सक्षम होता है। इन विभिन्न सोपानों को पार करने की प्रक्रिया के प्रत्येक चरण में अनेक सुझाव, निदेश आदि दिए जाते हैं। इन सुझावों, निदेशों आदि को विभिन्न तथ्यों और सूचनाओं से पुष्ट किया जाता है। ये लिखित सुझाव या निदेश ही 'टिप्पणी' कहलाते हैं।

टिप्पणी के संबंध में विभिन्न सरकारों द्वारा प्रकाशित सरकारी कामकाज संबंधी निदेशिकाओं में टिप्पणी की परिभाषा देने का प्रयास किया गया है। केंद्रीय सरकार के 'केंद्रीय सचिवालय, मैन्युअल ऑफ ऑफिस प्रॉसिजर' में टिप्पणी की व्याख्या इस प्रकार की गई है : 'टिप्पणी वह लिखित प्रयुक्ति है जो किसी विचाराधीन कागज पत्र के संबंध में लिखी जाती है ताकि उसके निष्पादन में सुविधा हो सके।' उत्तर प्रदेश सरकार की हिंदी निदेशिका में टिप्पणी के संबंध में कहा गया है, 'टिप्पणी का उद्देश्य उन बातों को स्पष्ट रूप से तथा तर्कानुसारेण प्रस्तुत करना है जिन पर निर्णय करना उचित होता है। साथ ही उन बातों की ओर भी संकेत करना है जिनके आधार पर उक्त निर्णय संभवतः लिया जा सकता है।' इस प्रकार टिप्पणी एक लिखित प्रयुक्ति है जिसके द्वारा कार्यालय में विचारार्थ प्रस्तुत मामलों को निपटाने के लिए सुझाव या निर्णय दिया जाता है।

टिप्पणी मुख्यतः दो प्रकार की होती है—(1) सहायक अधिकारी स्तर की टिप्पणी और (2) अधिकारी स्तर की टिप्पणी।

सहायक स्तर की टिप्पणी—में डाकेटिंग की जाती है जबकि अधिकारी स्तर की टिप्पणी में डाकेटिंग नहीं होती। डाकेटिंग का अर्थ पत्राचार संबंधी आवश्यक विवरण देते हुए मिसिल पर लिखी आवती या निर्गम की क्रम संख्या और पत्राचार की पृष्ठ संख्या देना है।

नेमी मामलों में प्रायः टिप्पणी नहीं लिखी जाती। इसका अभिप्राय यह है कि अधिकारियों के स्पष्ट आदेश या तो पहले मिले होते हैं या जिन पर कार्यवाई पूर्व निश्चित सी होती है या पहले की गई कार्रवाई के अनुसार उन पर कार्रवाई करनी होती है। यदि ऐसी कोई टिप्पणी लिखी भी जाए तो अनुभाग अधिकारी उसे अपने स्तर पर निपटा देता है।

कुछ आवतियाँ केवल अवलोकन या सूचना के लिए आती हैं। जब तक अधिकारी का आदेश या निर्देश नहीं मिलता और उन पर कोई भी कार्रवाई नहीं करनी होती तब तक उन आवतियों पर टिप्पणी लिखने की आवश्यकता नहीं पड़ती।

जिन आवतियों पर टिप्पणी लिखनी होती है, उसमें कई बार मामले से संबंधित अभिलेखों, मिसिलों, नियमों, आदेशों तथा दूसरे कागज-पत्रों का हवाला देना पड़ता है। इसके अतिरिक्त इसमें पिछली कार्रवाई का सार, आवती में निहित प्रस्ताव आदि की व्याख्या, कार्रवाई के संबंध में सुझाव तथा उसमें दिए गए आदेश आदि सम्मिलित होते हैं। इसमें यदि स्थायी निदेश मिसिल रखने की आवश्यकता हो तो भी साथ रखी जाती है।

टिप्पणी लिखने के बाद सहायक उस मिसिल को अनुभाग अधिकारी के पास भेजता है और अनुभाग अधिकारी उस पर दाईं ओर हस्ताक्षर कर उच्चाधिकारी के पास भेज देता है।

अधिकारी स्तर की टिप्पणी में संबंधित अधिकारी अपने अनुभाग की स्थिति के बारे में उच्चाधिकारी को सूचित करने के लिए या अपने अनुभाग के सदस्यों को अनुदेश देने के लिए टिप्पणी लिखता है।

एक अन्य प्रकार की भी टिप्पणी होती है जिसे प्रायः उच्चाधिकारी आवती या मिसिल के हाशिए में अनुदेश आदि देने के लिए लिखते हैं। इसे 'हाशिया टिप्पणी' कहते हैं।

टिप्पणी लिखते समय निम्नलिखित बातों पर ध्यान दिया जाता है।

(1) टिप्पणी लिखने से पहले सहायक के लिए संबंधित विषय को समझना अत्यंत आवश्यक है अन्यथा उस पर अधिकारी का निर्णय प्राप्त करने में उसे कठिनाई होगी।

(2) टिप्पणी स्वतः पूर्ण और स्वतः स्पष्ट होनी चाहिए। यह संश्लिष्ट, विषय संगत और क्रमबद्ध होनी चाहिए। इसके अतिरिक्त वास्तविक मुद्दों पर अधिक बल देना चाहिए।

(3) जब किसी विचाराधीन आवती में बहुत से मुद्दे उठाए गए हों और प्रत्येक मुद्दे की विस्तार से जाँच करनी हो और उसके संबंध में आदेश लाने की आवश्यकता हो तो अनुभाग की टिप्पणियों में प्रत्येक मुद्दे पर अलग-अलग टिप्पणी लिखी जाएगी।

(4) यदि किसी को ऐसी फाइल पर टिप्पणी लिखनी हो जिसमें 'तथ्यों का

क्रमिक सार' मौजूद हो तो मामले के तथ्यों की ओर ध्यान दिलाते हुए उसमें 'सार' के केवल उपयुक्त अंश का हवाला देना चाहिए और अपनी टिप्पणी में सार को नहीं दोहराना चाहिए।

(5) यदि किसी की आलोचना करनी हो तो इस बात का ध्यान रखा जाए कि उसमें विचार शिष्ट और संतुलित हों। उसमें व्यक्तिगत आक्षेप की अपेक्षा नहीं की जाती।

(6) जिन पत्रों या पूर्व टिप्पण-अंशों या पूर्व आदेशों का हवाला देना हो तो उन्हें टिप्पणी के मूल अंश में न लिखकर हाशिए में लिखना चाहिए।

व्यवहार भाग

सहायक स्तर पर टिप्पणी

1. आपके कार्यालय के एक कर्मचारी सामान्य भविष्य निधि से 10,000 रुपए अग्रिम के रूप में निकलवाना चाहते हैं। इस संबंध में स्वीकृति हेतु, सुझाव देने के लिए ट्प्पिणी का नमूना—

क्रम.सं. 15 (आवती) पृ. 20-21/प.

श्री सुरेश कुमार, सहायक ने सामान्य भविष्य निधि से 10,000/- रुपए अग्रिम के रूप में निकालने के लिए आवेदन किया है (आवेदन पत्र संलग्न है)। श्री सुरेश कुमार ने यह राशि अपने विवाह के लिए माँगी है जो 25 सितंबर 1990 को होना निश्चित हुआ है। श्री सुरेश कुमार के खाते में इस समय दस हजार रुपए जमा हैं। (विवरण संलग्न है) नियमानुसार यह अग्रिम दिया जा सकता है। श्री सुरेश कुमार ने इस राशि का भुगतान 400/- रुपए प्रति मास के हिसाब से 25 किश्तों में करने के लिए कहा है। 10,000/- रुपए अग्रिम देने की स्वीकृति दी जाए।

आदेश के लिए प्रस्तुत है।

बि.ब.
27/7

2. एक कार्यालय में एक अधिकारी को विभागीय मुकदमे के बारे में मद्रास जाने का आदेश हुआ है। उसके अगले दिन मुख्यालय में एक बैठक में उनका भाग लेना आवश्यक है। लोकहित में हवाई जहाज द्वारा यात्रा करने की विशेष अनुमति दिलाने के लिए टिप्पणी का नमूना।

क्र.सं. 25 (आ.) पृ. 29/प.

श्री सत्येन्द्र गुप्त, उपसचिव को विभागीय मुकदमे के बारे में 15 जनवरी, 1980 को मद्रास उच्च न्यायालय में उपस्थित होने के लिए आदेश हुआ है। 17 जनवरी, 1980

को मुख्यालय में विभागीय पदोन्नति समिति की बैठक होगी जिसकी अध्यक्षता श्री गुप्त करेंगे। इसलिए उनका उस दिन मुख्यालय में रहना बहुत जरूरी है।

यदि श्री गुप्त रेलगाड़ी से वापस आएँगे तो वे 17 जनवरी को वि.प. समिति की बैठक में भाग नहीं ले सकेंगे क्योंकि मद्रास से दिल्ली आने में लगभग दो दिन लग जाते हैं। श्री गुप्त का मूल वेतन 1620 रुपए प्रतिमास है। नियमानुसार हवाई यात्रा के लिए कम से कम 1800 रुपए प्रतिमास मूल वेतन होना चाहिए। इस दृष्टि से श्री गुप्त हवाई जहाज से यात्रा करने के हकदार नहीं हैं। चूँकि श्री गुप्त का इन दोनों कार्यों में भाग लेना लोकहित में है, इसीलिए उन्हें मद्रास से दिल्ली की हवाई यात्रा करने की अनुमति विशेष रूप से दी जा सकती है। विशेष अनुमति प्रदान करने के लिए सचिव महोदय सक्षम अधिकारी हैं।

आदेश के लिए प्रस्तुत।

वर्मा
20/9

3. एक कार्यालय के कर्मचारी का स्थानांतरण गुवाहाटी में किया गया है। उसने आवेदन पत्र दिया है कि उनकी घरेलू परिस्थितियाँ ठीक नहीं हैं और उनके बच्चों की पढ़ाई चल रही है। इसके अतिरिक्त गुवाहाटी में शिक्षा का माध्यम भी अलग है। इन सब बातों का उल्लेख करते हुए स्थानांतरण का आदेश रद्द कराने के लिए स्वतःपूर्ण टिप्पणी का नमूना।

क्र.सं. 30 (आ.) पृ. 35/प.

इस कार्यालय के आदेश सं. फा./1679 प्र.दि. 15 जुलाई, 1990 के संदर्भ में श्री राजेश कुमार, सहायक ने आवेदन किया है (आवेदन पत्र संलग्न है) कि इस समय उनकी पत्नी बीमार है और उनका इलाज अस्पताल में चल रहा है। इस स्थिति में उनका दिल्ली से बाहर जाना अत्यंत असुविधाजनक होगा। इसके अतिरिक्त श्री कुमार ने यह भी बताया है कि उनके दो बच्चे दिल्ली में सातवीं और दसवीं कक्षा में पढ़ रहे हैं। उनकी शिक्षा का माध्यम हिंदी है। यदि उनका स्थानांतरण गुवाहाटी में किया गया तो वहाँ शिक्षा का माध्यम असमी होगा। इन परिस्थितियों के कारण उन्होंने अनुरोध किया है कि उनका स्थानांतरण अभी न किया जाए। मानवीय धरातल पर यदि देखा जाए तो इस समय श्री कुमार का स्थानांतरण करना उचित नहीं होगा। अतः गुवाहाटी कार्यालय से कहा जाए कि वे एक वर्ष तक कोई अस्थाई व्यवस्था कर लें। बाद में कार्रवाई की जाएगी और उनके पास कोई व्यक्ति भेज दिया जाएगा। अतः यह सुझाव दिया जाता है कि श्री राजेश कुमार का स्थानांतरण फिलहाल रद्द किया जाए।

आदेश के लिए प्रस्तुत है।

बि.ब.
30/8

अधिकारी स्तर पर टिप्पणी

4. आपके विभाग के संयुक्त सचिव अगले महीने आपके अनुभाग का वार्षिक निरीक्षण करने वाले हैं। इस संबंध में अनुभाग के सभी सदस्यों को हिदायतें देने के लिए टिप्पणी का नमूना—

सामान्य अनुभाग

उपसचिव महोदय ने बताया है कि हमारे संयुक्त सचिव श्री आर. जगन्नाथन हमारे अनुभाग का वार्षिक निरीक्षण 4 अगस्त, 2001 को करेंगे। इस संबंध में अनुभाग के सभी सदस्यों से अनुरोध है कि वे निम्नलिखित हिदायतों का पालन करें।

(1) संबद्ध सहायक अपनी सभी आवतियों को 2 अगस्त तक निपटा दें। यदि किसी आवती पर शीघ्र कार्रवाई करना संभव हो तो मुझसे बात कर लें। सहायक डायरी को अद्यतन करें। बकाया काम के साप्ताहिक विवरण को इस सप्ताह में शनिवार को अवर सचिव के अवलोकन के लिए प्रस्तुत करें।

(2) टाइपिस्ट टंकित किए जाने वाले कार्य को पूरा कर लें। वे अपनी दैनिक डायरी को अद्यतन कर लें और उस पर मुझसे हस्ताक्षर करा लें।

(3) डायरीकार अनुभाग डायरी को अद्यतन करें। मिसिल संचलन रजिस्टर की सभी प्रविष्टियों को पूरा करें और इस सप्ताह बाहर भेजी जाने वाली आवतियों के बारे में मुझसे बात कर लें।

(4) दफ्तरी सभी मिसिलों और अभिलेखों को क्रमवार रखें और रैक तथा अलमारियों को साफ-सुथरा रखें।

(5) सभी चतुर्थ श्रेणी कर्मचारी उस दिन साफ-सुथरी वर्दी पहन कर आएँ।

(6) अनुभाग के सभी सदस्य अपनी सीटों को साफ-सुथरा रखें। उस दिन जहाँ तक संभव हो छुट्टी न लें। कार्यालय समय पर आएँ और अपनी सीटों पर ही रहें।

ह./मनमोहन सक्सेना

अनुभाग के सभी सदस्यों को घुमाने के लिए

5. संसद सत्र के कारण अनुभाग का कार्य बढ़ गया है। एक सहायक पहले ही लंबी छुट्टी पर हैं। अनुभाग में काम की स्थिति पर प्रकाश डालते हुए तथा अतिरिक्त सहायक की माँग करते हुए शाखाधिकारी के लिए टिप्पणी का नमूना—

अवर सचिव महोदय जानते हैं कि संसद सभा के दौरान इस अनुभाग में काम काफी बढ़ जाता है। इस समय अनुभाग में तीन सहायक नियुक्त हैं। इनमें से एक सहायक श्री विश्वनाथ अय्यर बीमारी के कारण 15 जून, 1991 से दो महीने की

छुट्टी पर हैं जो 14 अगस्त, 1991 को समाप्त होने वाली थी कि उन्होंने 15 अगस्त, 1991 से एक महीने की छुट्टी और बढ़ाने के लिए आवेदन पत्र भेजा है (चिकित्सा प्रमाण पत्र संलग्न है)। श्री अय्यर की छुट्टी स्वीकृत करते हुए प्रशासन अनुभाग से एवजी की माँग की गई थी किंतु यह माँग अभी तक पूरी नहीं हुई।

संसद सत्र के दौरान प्रश्नों की संख्या काफी बढ़ जाती है, अतः अनुभाग में स्टाफ की कमी रहने के कारण सुचारु रूप से काम चलाना कठिन हो जाता है। कई सदस्यों को समयोपरि भत्ते पर शाम को या छुट्टी के दिन बिठाना पड़ता है। इसीलिए श्री अय्यर के स्थान पर कोई एवजी या अतिरिक्त सहायक की व्यवस्था की जाए जिससे कार्य सही रूप से पूरा किया जा सके। आपसे अनुरोध है कि अवर सचिव (प्रशासन) से व्यक्तिगत रूप से चर्चा करें तो स्थिति में सुधार हो सकता है।

आवश्यक कार्रवाई के लिए देखने की कृपा करें।

ह./रामकिशन

12.8.91

पल्लवन

पल्लवन (Expansion) से तात्पर्य किसी सुगठित तथा गुम्फित विचार अथवा भाव को विस्तार से प्रस्तुत करना है। वास्तव में हर महान लेखक कम से कम शब्दों में अधिक बात कह जाता है लेकिन इनसे इतनी स्पष्टता नहीं हो पाती कि साधारण व्यक्ति आसानी से समझ सके। माना जाता है कि अंग्रेजी में बेकन और हिंदी में आचार्य रामचंद्र शुक्ल जैसे लेखक हुए हैं जिन्होंने कम से कम शब्दों अथवा एक ही वाक्य में अपनी बात कह दी है। इनके लेखन में 'गागर में सागर' की उक्ति चरितार्थ होती है। ऐसी स्थिति में स्पष्टता लाने के लिए विचार अथवा भाव के तार-तार को अलग कर तारतम्य के साथ व्याख्या करने की आवश्यकता पड़ती है।

हिंदी में ऐसे अनेक वाक्य, सूक्तियाँ और कहावतें मिलती हैं जिनके अर्थ आसानी से नहीं समझे जा सकते किंतु उनका अर्थ विस्तार करने से लेखक का मंतव्य पूरी तरह से स्पष्ट हो जाता है। यह एक प्रकार का लघु निबंध है जिसमें यह देखा जाता है कि व्याख्या करने वाले व्यक्ति ने किसी गंभीर उक्ति या वाक्य को कितनी सूक्ष्मता और गहराई से समझा है और वह अपनी भाषा में उसे कितनी स्पष्ट कर पाया है। वास्तव में यह संक्षेपण का उल्टा रूप है। संक्षेपण में विस्तृत विषय-वस्तु को संक्षेप में कहा जाता है जबकि इसमें मूल वाक्य या विचार सूत्र का विस्तार से विवेचन किया जाता है।

प्रश्न उठता है कि पल्लवन और व्याख्या में अंतर क्या है? पल्लवन में किसी विचार अथवा भाव का केवल विस्तृत विवेचन किया जाता है जबकि व्याख्या में विस्तृत

विवेचन के साथ-साथ आलोचना तथा टीका-टिप्पणी करने की भी छूट रहती है। इस प्रकार की छूट पल्लवन में नहीं है। इसके अतिरिक्त 'पल्लवन' भावार्थ से भी अलग है। भावार्थ में भाव-विस्तार की एक सीमा होती है जबकि पल्लवन में ऐसी कोई सीमा नहीं है। पल्लवन में सूत्र वाक्य का विवेचन तब तक किया जा सकता है जब तक मूल लेखक का मंतव्य/उद्देश्य पूरी तरह स्पष्ट न हो जाए। इसे कई पैराग्राफों में भी लिखा जा सकता है। भावार्थ में मूल वाक्य या सूक्ति के केंद्रीय भाव को पकड़ने का प्रयास किया जाता है और उसे एक ही पैराग्राफ में देने की अपेक्षा की जाती है। भावार्थ में केवल मूल भावों को लिया जाता है जबकि पल्लवन में मूल और गौण दोनों भावों को दिया जा सकता है।

पल्लवन-लेखन के नियम

1. मूल उक्ति के वाक्य, सूक्ति, लोकोक्ति आदि को ध्यानपूर्वक पढ़ना चाहिए और उस पर थोड़ा चिंतन करना चाहिए ताकि मूलभाव अच्छी तरह समझ में आ जाए।
2. मूल भाव को स्पष्ट करने के लिए अन्य सहयोगी भावों या विचारों को लाया जाए।
3. इनको संकेत के रूप में एक पृष्ठ पर लिखना चाहिए ताकि ये छूट न जाएँ।
4. इसके बाद इन विचारों, संकेतों को एक-एक करके क्रम में लिखना चाहिए। यह अच्छा होगा यदि प्रत्येक भाव या विचार को अलग-अलग पैराग्राफ में दिया जाए।
5. मूल भाव का विस्तार करते समय यदि आवश्यकता पड़े, उसकी पुष्टि में कुछ उदाहरण या तथ्य देने पड़ें तो वे भी दिए जा सकते हैं।
6. भाषा सरल एवं सुबोध होनी चाहिए ताकि भाव अच्छी तरह स्पष्ट हो सकें। जहाँ तक संभव हो सके, अलंकृत भाषा से बचना चाहिए। यथासंभव छोटे वाक्य होने चाहिए।
7. समास शैली में नहीं लिखना चाहिए अर्थात् प्रत्येक बात को विस्तार से लिखने का प्रयास करना चाहिए। इसके अतिरिक्त अन्य पुरुष में भी लिखा जाए।
8. इसमें अप्रासंगिक या अनावश्यक बातों का उल्लेख नहीं किया जाना चाहिए। केवल वही बातें रखी जाएँ जो मूल भाव के लिए सटीक एवं अपेक्षित हों।
9. इसमें मूल भाव या विचार की न तो कोई आलोचना की जानी चाहिए और न ही अपनी कोई टिप्पणी देनी चाहिए। मूल भावों या विचारों का केवल विस्तार या विश्लेषण किया जाना चाहिए।

10. पल्लवन को लिख लेने के बाद उसको पुनरीक्षण के लिए एक दो बार पढ़ लेना चाहिए ताकि यदि कोई दोष हो तो उसे दूर किया जा सके।

पल्लवन के कुछ उदाहरण

उदाहरण-1

अधजल गगरी छलकत जाय

कार्य को गंभीरता से लेने वाले व्यक्ति के पास अनावश्यक और व्यर्थ की बातें बनाने की फुरसत नहीं होती। गंभीरता-कर्मठता तथा बड़बोलापन में परस्पर विरोध है। बढ़ी-चढ़ी बातों के माध्यम से अपने किए का बखान करना अक्सर यह सिद्ध करता है कि व्यक्ति अपने कार्य के प्रति गंभीर नहीं हैं; गंभीर व्यक्तियों के समकक्ष या उनसे भी ऊपर अपना स्थान सुनिश्चित करने के लिए वह अपनी बात को बढ़ा-चढ़ाकर कहता है। ऐसे व्यक्ति थोड़े से समय के लिए लोगों को भ्रमित कर सकते हैं, लेकिन अंततोगत्वा वस्तु-स्थिति का पता चल ही जाता है। बातचीत में गंभीरता और परिपक्वता धारण करने वाला व्यक्ति अपने कर्म तथा कर्तव्य के प्रति भी उतना ही गंभीर एवं जिम्मेदार होता है। यह सार्वभौम सत्य है कि जो व्यक्ति जितनी अधिक बकवाद करेगा, उसमें उतना ही कम सार-तत्व होगा। इस बात को भारत की ही नहीं, विश्व की अनेक भाषाओं और बोलियों में अभिव्यक्ति मिलती है। अंग्रेजी में कहावत है–'बार्किंग डॉग्स सेल्डम बाइट' (जो भौंकते हैं, वे काटते नहीं)। हिंदी में इस भाव को व्यक्त करने वाली यह कहावत है–'थोथा चना बाजे घना'। इसी के समकक्ष अंग्रेजी की एक और कहावत है–'ऐंटी वेसल्स मेक मच न्वायज' (खाली बरतन अधिक शोर मचाता है)। विज्ञजनों का कहना है–किसी के साथ एक घंटे के सान्निध्य से ही जानकारी मिल पाती है कि वह किस प्रकृति का व्यक्ति है। हलका व्यक्ति एक घंटे में ही अपने बारे में इतना बतला देगा कि फिर कभी भी उसके बारे में कुछ जानने की जरूरत नहीं होगी। गंभीर-व्यक्ति को समझने में समय लगता है।

उदाहरण-2

मित्र की कसौटी विपत्ति है

मित्र को बंधु, सखा या दोस्त भी कहते हैं। जो सहायक हो, सुख-दुःख का साथी हो और शुभचिंतक हो, वही मित्र है। हर समय साथ रहने वाला, मनोरंजन के आयोजनों में सहभागिता करने वाला और बड़ी मधुर तथा लच्छेदार भाषा में आपके साथ बात करने वाला आपका मित्र भी हो, यह आवश्यक नहीं है। ऐसा भी हो सकता है कि कोई व्यक्ति हमसे कभी-कभार ही मिलता हो, लेकिन जब तब हमारे हित के बारे में चिंतन करता हो। यह भी संभव है कि ऐसा व्यक्ति बातचीत में हमें अपने बहुत

निकट न लगे। जो व्यक्ति छाया की तरह हमारे चारों तरफ मँडराते रहते हैं और जो कभी-कभार किसी खास मकसद से हमसे भेंट करते हैं—इन दो भिन्न प्रकृति के लोगों के बारे में हम कैसे जान सकेंगे कि कौन हमारा हितैषी या मित्र है और कौन ऐसा व्यक्ति है जो अपनी स्वार्थ-सिद्धि के लिए हमसे संपर्क बनाए रखता है। इसी बात की कसौटी है विपदा, यानी विपत्ति। जब हमारे पास धन-दौलत, पद और अधिकार होते हैं, तब तो कोई भी मित्रता का हाथ बढ़ाएगा; लेकिन इन सबके छिन जाने पर और स्वास्थ्य का ह्रास हो जाने पर जो हमारा साथ देता रहेगा, मित्र केवल हम उसे ही कहेंगे। मित्रता मछली और पानी की देखिए। पानी का बिछोह उसे बर्दाश्त नहीं है—वह तड़प-तड़पकर अपने प्राण त्याग देती है। गोस्वामी तुलसीदास ने भी कहा है—धैर्य, धर्म, मित्र और नारी की परख विपत्ति काल में ही होती है। अंग्रेजी की यह उक्ति भी यही भाव व्यक्त करती है—ए फ्रैंड इन नीड इज ए फ्रैंड इन डीड। जरूरत पर काम आने वाला ही असली मित्र है। पति या पत्नी के रूप में जब सच्चा मित्र मिल जाता है, तब जीवन की कँटीली राह भी सुगम बन जाती है। पिता, पुत्र, भाई, बहन, सहपाठी, सहकर्मी, संबंधी—कोई भी मित्र की भूमिका का निर्वाह कर सकता है। इनमें से जो भी संकटकाल में हमारा हाथ बँटाता है, वह हमारा मित्र है। रहीम के शब्दों में—

रहिमन बिपदा हूँ भली जो थोड़े दिन होय।
हित अनहित या जगत में जान पड़त सब कोय॥

उदाहरण-3

नम्रता ही स्वतंत्रता की धात्री है

यह सही है कि स्वतंत्रता को जन्म देने वाली और उसका पालन करने वाली नम्रता ही है। वे लोग भूल जाते हैं जो अहंकार या गर्व को स्वतंत्रता की धात्री कहते हैं। दरअसल अहंकार मनुष्य के लिए अत्यंत हानिकारक है। लेकिन इसमें कोई संदेह नहीं कि आत्मसंस्कार के लिए हर व्यक्ति को मन की स्वतंत्रता की आवश्यकता रहती है। संसार का प्रत्येक व्यक्ति यही चाहता है कि उसका जीवन अच्छा बीते लेकिन उसके लिए उसमें विनय की भावना होनी चाहिए। उसमें यह गुण होना अनिवार्य है कि वह मर्यादापूर्ण जीवन व्यतीत करे जिससे उसमें आत्मनिर्भरता की भावना पैदा होगी और वह स्वावलंबी बन सकेगा। अहंकार या अभिमान में रहने वाला व्यक्ति कभी सुखी नहीं रहता। वह अपने आपको स्वतंत्र अनुभव नहीं करता और उसमें दूसरों पर निर्भर रहने की प्रवृत्ति जाग्रत होती रहती है। इसलिए हर मनुष्य के लिए यह आवश्यक है कि वह नम्रता में ही रहे और उसी को अपने जीवन का लक्ष्य बनाए, तभी वह अपने आपको स्वतंत्र महसूस करेगा।

उदाहरण-4

हिंसा बुरी चीज है, पर दासता उससे भी बुरी है

यह सच है कि किसी जीव की हिंसा नहीं करनी चाहिए। प्रत्येक मनुष्य, पशु व पक्षी में जीवन होता है और किसी को किसी के प्राण लेने का कोई अधिकार नहीं है। प्राचीन काल से ही 'अहिंसा परमो धर्मः' के नाम से लोगों को अहिंसा के बारे में शिक्षा दी जाती थी। आधुनिक युग में महात्मा गाँधी ने भी हिंसा के विरोध में आवाज उठाई थी और अहिंसा का प्रचार किया था। इस प्रकार प्रारंभ से अब तक हिंसा को बुरा माना जाता है।

दासता को हिंसा से अधिक बुरा माना जाता है। कोई व्यक्ति अपनी स्वतंत्रता खोकर सुखी नहीं होता। यदि एक पक्षी को भी पिंजड़े में डाल दिया जाए तो वह भी दुखी रहता है। मनुष्य तो सामाजिक प्राणी है। उसके पास मस्तिष्क और हृदय है तो वह कैसे दासता की कड़ियों में रह सकता है। यदि कोई दास बनकर रहता भी है तो वह जीवित होते हुए भी मृत के समान होता है। वास्तव में जिंदा रहते हुए भी मुर्दों की तरह जीना हिंसा से कम नहीं है। इसलिए दासता की कड़ियों को तोड़ने के लिए यदि हिंसा करनी पड़े तो वह क्षमा योग्य मानी जाती है। भारत के स्वतंत्रता-संग्राम के समय अहिंसा के पुजारी पंडित नेहरू आदि नेताओं ने देश का आह्वान किया था कि दासता की जंजीरों को तोड़ने के लिए यदि अहिंसा का मार्ग भी त्यागना पड़ जाए तो बुरी बात नहीं है। वास्तव में दासता से मनुष्य का मानसिक विकास नहीं हो पाता। उसे गुलामों की जिंदगी गुजारनी पड़ती है और मालिकों के इशारों पर नाचना पड़ता है।

उदाहरण-5

साहस जहाँ सिद्धि तहँ होई

अपने उद्देश्य की प्राप्ति के लिए तीव्र कामना, दृढ़ता, उत्साह और एकाग्रता का होना अनिवार्य है। वास्तव में व्यक्ति का जैसा आत्मविश्वास होगा उसी के अनुसार उसे सफलता मिलेगी। किंतु यह आत्मविश्वास मनुष्य में तभी पैदा होता है जब उसमें योग्यता और क्षमता होगी। किसी वस्तु को केवल इच्छा करने से प्राप्त नहीं किया जा सकता। उसके लिए अथक प्रयास एवं सतत श्रम की आवश्यकता होती है। साथ में अदम्य साहस भी होना चाहिए। यदि कोई व्यक्ति दृढ़ निश्चय एवं अटूट विश्वास के साथ संकल्प करता है कि जब तक उसे कार्यसिद्धि नहीं होती, तब तक उसका श्रम और प्रयास जारी रहेगा। ऐसे व्यक्ति के मार्ग में बड़ी-बड़ी बाधाएँ भी एक ओर हो जाती हैं और वह व्यक्ति पूरे आत्मविश्वास के साथ आगे बढ़ता चला

जाता है। आत्मविश्वास का क्रियात्मक रूप ही साहस है। यदि हम किसी भी कार्य को साहस के साथ करते हैं तो ऐसी कोई कठिनाई नहीं है कि सिद्धि न मिले। वास्तव में एकाग्रचित्त होकर कार्य तभी किया जा सकता है जब साहस हो। साहस होगा तो सफलता भी कदम चूमेगी। अतः यह कहना सही है कि 'साहस जहाँ सिद्धि तहँ होई।'

अध्याय-6

अनुवाद

भाषा का जन्म व्यक्तियों में आपसी विचार-विनिमय के प्रयत्न से हुआ तो अनुवाद का जन्म दो भाषा-भाषी व्यक्तियों या समुदाय में विचार-विनिमय संभव बनाने के लिए हुआ। अतः अनुवाद एक ऐसी प्रक्रिया है जो भाषाओं पर लागू होती है अर्थात् एक भाषा की पाठ्यसामग्री को दूसरी भाषा में प्रयुक्त करना अनुवाद है।

वैसे तो अनुवाद की परंपरा भारत और पश्चिम में प्राचीन काल से चली आ रही है। धार्मिक और ललित साहित्य के क्षेत्र में अनुवाद का कार्य काफी समय से होता आ रहा है। आज हमें रामायण, महाभारत, बाइबिल आदि धर्म ग्रंथों के अतिरिक्त रवीन्द्रनाथ ठाकुर, शरच्चंद्र, सुब्रह्मण्यम भारती, शेक्सपीयर आदि की रचनाओं के अनुवाद सुलभ हो जाते हैं। जिस भाषा से पाठ्यसामग्री दी गई है उसे स्रोतभाषा कहते हैं और जिस भाषा में पाठ्यसामग्री का रूपांतरण किया गया है उसे लक्ष्य भाषा कहते हैं। इस प्रकार अनुवाद की अनिवार्य शर्त है कम से कम दो भाषाओं का ज्ञान। हिंदी से अंग्रेजी अनुवाद में हिंदी स्रोत भाषा है और अंग्रेजी लक्ष्य भाषा। अंग्रेजी में इसे ट्रांसलेशन (Translation) कहते हैं अर्थात् 'ट्रांस' के पार, एक भाषा की सीमा के पार और 'लेसन' पहुँचाना। हिंदी और अंग्रेजी के अनुवाद और ट्रांसलेशन शब्दों के अर्थ में कोई मूलभूत अंतर नहीं है। लेकिन आज के समाज के बहुभाषी होने के कारण इसका महत्त्व और बढ़ गया है। आधुनिक युग में विभिन्न क्षेत्रों में प्रगति होने के कारण यह एक सामाजिक आवश्यकता बन गया है। साहित्य के अतिरिक्त अब विज्ञान, विधि, प्रशासन, बैंकिंग आदि में इसके महत्त्व को समझा जा रहा है। केवल यही नहीं शिक्षा और नगरीय परिवेश ने प्रत्येक व्यक्ति को बहुभाषी बना दिया है जिसके कारण उसे स्वयं अनुवादक (चाहे अनजाने रूप में) बनना पड़ रहा है। इस प्रकार अनुवाद का क्षेत्र इतना विस्तृत हो गया है कि वर्तमान शताब्दी को 'अनुवाद युग' कहा जाने लगा है।

अनुवाद का अर्थ और परिभाषा

अनुवाद शब्द मूलतः संस्कृत से आया है। इसमें अनु उपसर्ग है। अतः अनुवाद शब्द 'अनु' और 'वाद' के जोड़ से बना है। 'अनु' का अर्थ है पीछे या बाद में और 'वाद' का अर्थ है बोलना या कहना। अतः अनुवाद का मूल अर्थ है, 'पुनः कथन' या 'किसी के कहने के बाद कहना'। बाद में यह अर्थ संकीर्ण होते हुए 'एक भाषा की पाठ्यसामग्री का दूसरी भाषा में रूपांतरण' अनुवाद माना गया।

अनुवाद सदैव स्रोत भाषा से लक्ष्य भाषा की ओर निष्पादित होता है। यह जरूरी नहीं कि स्रोत भाषा की पाठ्यसामग्री का अंतरण लक्ष्य भाषा में पूर्ण रूप से हो। वास्तव में दो भाषाओं के अनुभव की उपलब्धि और अभिव्यक्ति पूर्णतया एक प्रकार से नहीं होती, इसीलिए 'पूर्ण अनुवाद' नहीं हो पाता बल्कि 'लगभग अनुवाद' हो पाता है। इस प्रकार प्रत्येक स्तर पर अर्थ के स्तर पर या व्याकरण के स्तर पर अनुवाद की अपनी सीमा होती है और वह चाहे कितना भी अच्छा क्यों न हो, मूलकृति के समान नहीं हो पाता।

अनुवाद स्रोत भाषा में संप्रेषित भाव और अर्थ को लक्ष्य भाषा में मूर्त रूप प्रदान करने का प्रयास करता है। इस दृष्टि से अनुवाद में रूप और अर्थ का विशेष स्थान है। इस आधार पर अनुवाद की अनेक परिभाषाएँ दी गई हैं जिनमें कुछ महत्त्वपूर्ण परिभाषाएँ इस प्रकार हैं–

1. 'मूल के भावों की रक्षा करते हुए उसे दूसरी भाषा में बदलना अनुवाद है।'

–सेम्युअल जानसन

2. अनुवाद के तीन सार्वभौम सिद्धांत हैं–

(क) अनुवाद में मूलकृति के विचारों का पूर्ण अंतरण होना चाहिए।

(ख) लेखन की शैली और विधि वही होनी चाहिए जो मूल कृति की हो।

(ग) अनुवाद में मौलिक रचना की सहजता होनी चाहिए।

–टाइटलर

3. किसी एक भाषा (स्रोत भाषा) की पाठ्यसामग्री को अन्य दूसरी भाषा (लक्ष्य भाषा) में समतुल्य शब्दों के आधार पर प्रतिस्थापन करना अनुवाद है।

–जे.सी. केटफोर्ड

4. स्रोत भाषा के संदेश को संग्राहक भाषा (लक्ष्य भाषा) में उसके सहज और निकटतम समतुल्य शब्दों द्वारा व्यक्त करना अनुवाद है किंतु इसमें पहली प्राथमिकता अर्थ को और दूसरी शैली को दी जानी चाहिए।

–यूजीन ए.नाइडा

5. अनुवाद वही सफल हुए हैं जहाँ अनुवादक ने मूल कवि की भावना-कल्पना

अभिव्यंजना के रसायन को ठीक प्रकार से ग्रहण किया है और उसे उतारने का यत्न किया है।

–प्रभाकर माचवे

उपर्युक्त सभी परिभाषाओं को देखते हुए एक समग्र परिभाषा इस प्रकार होगी–

"एक भाषा में व्यक्त भावों या विचारों को दूसरी भाषा में समतुल्यता के आधार पर सहज रूप से व्यक्त करने का प्रयास अनुवाद है।"

अनुवाद की प्रक्रिया

अनुवाद की प्रक्रिया मौलिक लेखन से अधिक कठिन और जटिल है। इसमें केवल अर्थ का संप्रेषण नहीं होता वरन् मूल कृति के सूक्ष्म अर्थ की पुनः सर्जना भी करना होता है। अनुवाद प्रक्रिया के तीन सोपान माने गए हैं : पहला, स्रोत भाषा का पाठ विश्लेषण, दूसरा अंतरण और तीसरा, पुनर्रचना। यह बात अवश्य है कि कुशल और अभ्यस्त अनुवादक इन विभिन्न सोपानों को एक ही साथ पार करता है लेकिन उसे अज्ञात मन के भीतर इन सभी सोपानों से क्रमवार गुजरना ही पड़ता है। इन सोपानों के दौरान जो समस्याएँ आती हैं, उनका विवेचन इस प्रकार है–

1. पाठ विश्लेषण–अनुवादक को सबसे पहले अनुवाद के पाठ के सही अर्थ को पकड़ने की आवश्यकता बनी रहती है। कभी-कभी अनुवाद पाठ वाक्य संरचना के स्तर पर जटिल और दुरूह होता है और कभी-कभी संप्रेषणीय तथ्य अनुवादक से स्वयं विषय-ज्ञान की अपेक्षा रखता है। अतः पाठ विश्लेषण को दो निश्चित संदर्भों में रखना आवश्यक है।

(क) भाषा स्तर पर विश्लेषण

(ख) विषय वस्तु स्तर पर विश्लेषण

(क) भाषा स्तर पर वाक्य, उपवाक्य, शब्द आदि का विश्लेषण करना पड़ता है। इनको आधार वाक्य के संयोजन के संदर्भ में देखने की जरूरत होती है। यदि संयुक्त या मिश्र वाक्य उपवाक्यों से बना है तो वाक्यों की मूल संरचना और विस्तारक संरचना पर विचार करना होगा। उदाहरण के लिए, The man, who killed the dog, was sitting on the bank.

इसका आधार वाक्य होगा (1) The man was Sitting on the Bank. और विस्तारक वाक्य होगा। (2) The man killed the dog.

इन दोनों वाक्यों में The man of Sentence (1) = The man of Sentence (2) है इसलिए The man of Sentence (2) का रूपांतरण संबंध वाचक संरचना Who के रूप में हुआ है। Dog बैंक (Bank) पर नहीं है बल्कि Man बैंक (Bank) पर है। इसमें आधार वाक्य एक है और इसके विस्तारक वाक्य दो हैं। इस आधार पर वाक्य की भी मूल संरचना से अर्थ स्पष्ट हो जाता है कि कुत्ते को मारने वाला व्यक्ति

तट पर बैठा है। The man was sitting on the bank मूल वाक्य है और Who killed the dog अनुबद्ध वाक्य है।

(ख) विषयवस्तु के स्तर पर आदर्श स्थिति वह है कि जिस विषय से पाठ संबद्ध हो उसका अनुवादक को कुछ सीमा तक विशेषज्ञ भी होना चाहिए। अर्थात् विधि, रसायन, भौतिकी, विज्ञान आदि विषयों की जानकारी होनी चाहिए। यह तो सभी जानते हैं कि विज्ञान की भाषा व्यवहार की दृष्टि से सीमित और निश्चित अर्थतंत्र लिए होती है जबकि साहित्य की भाषा व्यापक और असीम अर्थतंत्र लिए होती है। इन दोनों के भेद को जानना अनुवादक के लिए बहुत जरूरी है। उदाहरण के लिए, अंग्रेजी का 'कम्युनिकेशन' शब्द साहित्यिक भाषा में अभिव्यंजना, संलाप, संदेश, संप्रेषण, प्रभाव, संचार, बात पहुँचाना आदि विभिन्न अर्थों में प्रयुक्त होता है जबकि वैज्ञानिक भाषा में संप्रेषण या संचार के अर्थ में प्रयुक्त होता है। इसी प्रकार अंग्रेजी के Prevogative, Privilege, Right शब्द सामान्य भाषा में एक ही अर्थ में प्रयुक्त होते हैं जबकि विधि या संविधान की भाषा में इन तीनों के अलग-अलग निश्चित अर्थ हैं—परमाधिकार, विशेषाधिकार, अधिकार।

2. अंतरण–दो भाषाओं की अर्थगत संरचना की अभिव्यक्तियाँ अंतरण के क्षेत्र में एक-दूसरे से टकराती हैं। हर भाषा की अपनी संरचना होती है। और अपना भाव-जगत होता है। उन्हें एक दूसरे की शाब्दिक संरचनाओं से बाँधना कठिन होता है। उनका अपना अर्थ संसार होता है। अनुवाद करते समय कुछ सूचनाओं का ह्रास हो जाता है और कुछ में अतिरिक्त योगदान हो जाता है। उदाहरण के लिए यदि हिंदी के 'चाचा' शब्द का अनुवाद अंग्रेजी में Uncle किया जाए तो इसमें चाचा, मामा, फूफा, मौसा, ताऊ का अतिरिक्त योग रहता है। इसी प्रकार रूसी भाषा में 'स्पुतनिक' शब्द के कई अर्थ हैं, जैसे सहयात्री, ग्रह, साथी और कृत्रिम उपग्रह। 1957 में रूस ने जब अपना उपग्रह चाँद की ओर उड़ाया था तो वह केवल एक निश्चित अर्थ के रूप में अन्य भाषाओं में अनूदित होने लगा है। इसी प्रकार दोनों भाषाओं में सांस्कृतिक और सामाजिक भेदों को देखना होता है, जैसे, कर्म, गंगाजल, संस्कार आदि। न केवल यही, शब्द समूह के अर्थ का अंतरण करते हुए उनके संयोजन से उत्पन्न अर्थ को भी देखने की आवश्यकता रही है। जैसे, Acid test (अग्नि परीक्षा), Environmental handicaps (परिवेशजन्य सीमाएँ), Demand Loan (अविलंब ऋण) आदि।

इस समस्या को समतुल्यता के आधार पर देखा जा सकता है। यह समतुल्यता अर्थ और अभिव्यक्ति के धरातल पर होती है। इस प्रक्रिया के अंतर्गत वाक्य संरचना, पदबंध-संरचना, शब्द-संयोजन, अक्षर-निर्माण, ध्वनि-व्यवस्था आदि का समतुल्यता के आधार पर अंतरण किया जाता है।

3. पुनर्रचना–लक्ष्य भाषा के नियमों में संदेश को पुनः व्यवस्थित और संयोजित

करना होता है ताकि वह संप्रेषणीय बन सके। इस प्रक्रिया के परिणामस्वरूप मूल और अनूदित पाठों के बीच समतुल्यता का संबंध स्थापित होता है। किंतु यह समतुल्यता रूपपरक अर्थात् भाषा परक नहीं होती वरन् संदर्भ परक होती है। इसका अभिप्राय यह है कि स्रोत भाषा और लक्ष्य भाषा के विभिन्न व्याकरणिक पैटर्नों, पूर्ण अर्थों और प्रकार्यों को शब्द के एक दूसरे के अनुरूप होना न होना उतना महत्त्वपूर्ण नहीं है जितना संदर्भ का होना अनिवार्य है। स्रोत भाषा के अर्थ के लिए लक्ष्य भाषा में समतुल्य अर्थ का चयन करते समय शब्द या वाक्य की सीमा से ऊपर उठकर पाठ के स्तर पर भी जाना पड़ता है। घटकों के व्याकरणिक संबंध, उनके संदर्भपरक अर्थ और इन दोनों के लक्ष्यार्थ मूल्यों पर ध्यान देना ही पुनर्रचना या पुर्नगठन है। इस प्रक्रिया में लक्ष्य भाषा की भाषिक व्यवस्था और शैली संस्कार कथ्य को संप्रेषित करता है।

अनुवाद में व्याकरणिक व्यतिरेक (विभेद)

जब हम अनुवाद करते हैं तो दो भाषाओं की व्याकरणिक संरचना को समझकर अनुवाद करना पड़ता है। कई बार अंग्रेजी और हिंदी की संरचना की जानकारी न होने के कारण अनुवाद अशुद्ध भी हो जाता है। इसलिए इन दोनों भाषाओं का अच्छा ज्ञान होना आवश्यक है। हिंदी की वाक्य-रचना में पदक्रम कर्त्ता+कर्म+क्रिया के रूप में होता है जबकि अंग्रेजी की वाक्य-रचना में पदक्रम कर्त्ता+क्रिया+कर्म के रूप में होता है; जैसे—

(1) मैंने सेब खाया (हिंदी)
कर्त्ता कर्म क्रिया
I ate an apple (अंग्रेजी)
कर्त्ता क्रिया कर्म

अंग्रेजी में हिंदी की भाँति आदरार्थ बहुवचन नहीं होता; जैसे—

(2) My servant has gone to Kanpur.
My father has gone to Kanpur

इसके हिंदी रूप इस प्रकार होंगे :
मेरा नौकर चेन्नै गया है।
मेरे पिता जी चेन्नै गए हैं।

'पिता जी' जैसे आदरार्थ शब्दों के साथ अन्वित होने वाला सर्वनाम और क्रिया बहुवचन में होंगे जबकि 'नौकर' के साथ नहीं।

अनुवाद में भाषिक स्तर

प्रत्येक भाषा विशिष्ट परिवेश में पनपती है। अतः उसकी अपनी अनेक विशेषताएँ होती हैं। इन विशेषताओं का विश्लेषण ध्वन्यात्मक, रूपात्मक, कोशगत, वाक्यात्मक

आदि स्तरों पर किया जाता है। ये भाषायी स्तर अनुवाद में काफी उपयोगी सिद्ध होते हैं।

ध्वन्यात्मक स्तर—मूल सामग्री में कुछ ऐसे शब्द होते हैं जिनका अनुवाद नहीं किया जा सकता। उनका या तो अन्य भाषा की लिपि में लिप्यंतरण या लिप्यंकन किया जाता है और जिन्हें या तो ज्यों का त्यों रखा जा सकता है या थोड़े बहुत ध्वन्यात्मक परिवर्तन के साथ लक्ष्य भाषा में रख दिया जाता है। जैसे—

(1) देवनागरी — कृष्ण
रोमन लिप्यंतरण — Krishna
रोमन लिप्यंकन — Krisna

इसी प्रकार Aristotle (अरस्तू), Socrates (सुकरात), America (अमरीका या अमेरिका) आदि शब्दों की ध्वनियों का देशीकरण किया जाता है।

रूपात्मक स्तर—इसमें उपसर्ग, प्रत्यय, लिंग, वचन का ध्यान रखा जाता है। उदाहरण के लिए उपमंत्री, उपराष्ट्रपति, उपनियम में हिंदी उपसर्ग 'उप' है। जबकि अंग्रेजी में Deputy, Vice और Sub उपसर्ग हैं। इसी प्रकार Nationalization, Ionization, Registration आदि शब्दों के लिए राष्ट्रीयकरण, आयनीकरण, पंजीकरण आदि शब्द हैं, जिनमें 'tion' के लिए हिंदी प्रत्यय 'करण' का प्रायः प्रयोग किया जाता है। इसी प्रकार Infilteration के लिए 'घुसपैठ' शब्द है तो Infiltrator के लिए 'घुसपैठिया' शब्द बनाया गया है। एक अन्य उदाहरण बड़ा, बड़ी, बड़े आदि हिंदी विशेषणों में भी लिंग और वचन के आधार पर पुल्लिग-स्त्रीलिंग और एक वचन-बहुवचन होते हैं जबकि अंग्रेजी विशेषण 'Big' मात्र से इन तीनों का काम चल जाता है।

वाक्यात्मक स्तर—इसमें दोनों भाषाओं की वाक्य संरचना पर ध्यान दिया जाता है। हिंदी की प्रकृति में प्रायः (कर्त्ता + कर्म + क्रिया) का नियम है और अंग्रेजी (कर्त्ता + क्रिया + कर्म) का है। अतः अनुवाद में शब्दक्रम को देखना भी अनिवार्य होता है। उदाहरण के लिए, Ram beats Mohan का हिंदी रूपांतरण होगा, 'राम ने मोहन को पीटा।' अन्विति की दृष्टि से भी शब्दों के सहप्रयोग को देखने की जरूरत पड़ती है। दूसरे शब्दों में, संज्ञा, क्रिया विशेषण के साथ लगने वाली कौन सी क्रिया या संज्ञा आदि उपयुक्त होंगे। जैसे To play violen (वायलन बजाना), To feel the pulse (नब्ज देखना)। अंग्रेजी की प्रकृति अप्रत्यक्ष कथन (Indirect Speech) की है। किंतु हिंदी में अप्रत्यक्ष कथन नहीं होता। जैसे—Mohan said that he was going to Delhi अंग्रेजी के इस अप्रत्यक्ष कथन का हिंदी रूप होगा—मोहन ने कहा कि मैं दिल्ली जा रहा हूँ।

वाक्य की बाह्य और आंतरिक संरचना होती है। इसका अभिप्राय यह है कि एक वाक्य के भीतर कई अर्थ निकलते हैं और एक अर्थ को कई वाक्यों में दिया

जा सकता है। अनुवाद करते समय इन बातों पर ध्यान देना आवश्यक है, जैसे–यह राम की तस्वीर है, राम ने दौड़ते हुए कुत्ते को मारा, आदि वाक्यों में आंतरिक संरचना के धरातल पर दो या तीन अर्थ निकलते हैं।

कोशगत स्तर–स्रोत भाषा के भावों या विचारों को सफलतापूर्वक और सटीक रूप में लक्ष्य भाषा में व्यक्त करने के लिए लक्ष्य भाषा के शब्द भंडार को वर्गीकृत करके अपने लिए शब्दों का चयन करना पड़ता है। इसीलिए परिस्थिति, उद्देश्य तथा पात्र के आधार पर भाषा होनी चाहिए। उदाहरण के लिए–(क) मेरी वाइफ बीमार है, (ख) मेरी पत्नी अस्वस्थ है, और (ग) मेरी बीवी की तबीयत नासाज है, वाक्य क्रमशः अंग्रेजी से, संस्कृत से और उर्दू से प्रभावित हैं। इसी प्रकार संज्ञा और विशेषणों का प्रयोग संस्कृति या संदर्भ के अनुकूल होगा। उदाहरण के लिए, Princess Sita और Princess Jahanara के लिए क्रमशः 'राजकुमारी सीता' और 'शहजादी जहाँआरा' हिंदी पर्याय होंगे। प्रणाम या नमस्कार और आदाब अर्ज के समतुल्य अन्य भाषा की संस्कृति और परिस्थिति के अनुकूल होंगे।

स्रोत भाषा की सामग्री किस स्थान या देश या काल के व्यक्ति द्वारा लिखी गई है या कही गई है, इस पर ध्यान देने की जरूरत रहती है। अमेरिकी अंग्रेजी में बिल और समस्या के लिए क्रमशः Cheque और Issue शब्द प्रयुक्त होते हैं जबकि ब्रिटिश अंग्रेजी में बिल और संतान के लिए प्रयुक्त होते हैं। इसके अतिरिक्त अमेरिकी अंग्रेजी में Corn शब्द मक्का के लिए प्रयुक्त होता है। और ब्रिटिश या भारतीय अंग्रेजी में अनाज का अर्थ देता है। मध्यकाल में 'हरिजन' शब्द भक्त के लिए प्रयुक्त होता था लेकिन आज अनुसूचित जाति के लिए इस्तेमाल होता है। इसी प्रकार संदर्भ और विषय के अनुसार भी अर्थ परिवर्तन होता है। जैसे, Tie (रेलवे की सामग्री, गले में बाँधने का एक वस्त्र), Credit (साख, ऋण, श्रेय, जमा), Worker (मजदूर, कामगार, कार्यकर्त्ता, कर्मी, कर्मचारी) इस प्रकार अनुवादक को इन बातों की ओर सतर्क रहना चाहिए।

अनुवाद के प्रकार

अनुवाद के मुख्यतः छह प्रकार माने गए हैं–(1) शब्दानुवाद, (2) भावानुवाद और (3) छायानुवाद, (4) सारानुवाद, (5) व्याख्यानुवाद और (6) आशु अनुवाद।

1. शब्दानुवाद–इस अनुवाद में मूल के प्रत्येक शब्द पर ध्यान दिया जाता है। यह अनुवाद मुख्यतः दो रूपों में मिलता है। जिसमें एक निकृष्ट कोटि का है और दूसरा उत्तम कोटि का।

(क) निकृष्ट कोटि के शब्दानुवाद में स्रोत भाषा के हर शब्द का अनुवाद लक्ष्य भाषा में भी प्रायः उसी क्रम में किया जाता है जिस क्रम में वह स्रोत भाषा में होता है। यह एक प्रकार का शब्द प्रति शब्द अनुवाद है। उदाहरण के लिए, 'He is going home' का 'वह है जा रहा घर' निकृष्टतम अनुवाद है, वास्तविक अनुवाद होगा–'वह घर जा रहा है'।

(ख) शब्द प्रति शब्द अनुवाद के अतिरिक्त शब्द क्रम को स्रोत भाषा के शब्द क्रम के अनुसार नहीं रखा जाता लेकिन मूल सामग्री के प्रत्येक शब्द पर ध्यान दिया जाता है। चाहे वह अपनी भाषा की प्रकृति के अनुसार न हो। उदाहरण के लिए, (1) Make the bed 'बिस्तर बना दो', (2) It sounds Paradoxical का 'यह विरोधाभास सुनाई पड़ता है।' अनुवाद अशुद्ध और निकृष्ट हैं। यद्यपि ये अनुवाद बोधगम्य तो हैं लेकिन लक्ष्य भाषा की प्रकृति और संरचना के अनुसार नहीं हैं। इसी शब्दानुवाद के अन्य उदाहरण भी देखे जा सकते हैं जो अशुद्ध और हास्यास्पद हैं। जैसे–(1) 'मेरा सिर चक्कर खा रहा है' My head is eating circles, (2) 'वह पानी-पानी हो गया' He become water and Water.

(ग) उत्तम कोटि के शब्दानुवाद में मूल के प्रत्येक शब्द, वाक्य, उपवाक्य आदि को लक्ष्य भाषा के पर्यायवाची शब्द के आधार पर अनुवाद किया जाता है। इसमें किसी भी शब्द या वाक्य की उपेक्षा नहीं की जाती। यह अनुवाद वस्तुतः तथ्यात्मक साहित्य में प्रयुक्त होता है। जैसे–विज्ञान, विधि, गणित, तकनीकी, इंजीनियरी, साहित्य आदि। इस प्रकार के साहित्य में हर शब्द और वाक्य का अपना महत्त्व होता है और इसका एक निश्चित अर्थ होता है। उदाहरण के लिए The draft may be put up along with relevant papers का अनुवाद 'मसौदा संगत कागज-पत्रों के साथ प्रस्तुत किया जाए।'

2. भावानुवाद–इस अनुवाद में मूलकृति के शब्द, वाक्य रचना आदि पर ध्यान न देकर उसमें भाव, अर्थ या विचार पर ध्यान दिया जाता है। शब्दानुवाद में अनुवादक का ध्यान मूल सामग्री की भाषा पर होता है तो इसमें मूल भाव पर। वास्तव में 'सेंस फार सेंस' ही भावानुवाद है। भावानुवाद कभी पूरे वाक्य का, कभी उपवाक्य का, कभी पैराग्राफ का और कभी शब्द का होता है। यदि मूल सामग्री में सूक्ष्म भाव निहित हों तो उसका भावानुवाद करना पड़ता है। यदि मूल सामग्री तथ्यात्मक, वैज्ञानिक या तकनीकी होती है तो शब्दानुवाद की जरूरत पड़ती है। कभी-कभी ऐसी स्थिति भी आ जाती है कि पाठ का शब्दानुवाद नहीं हो सकता तो भावानुवाद के सहारे अर्थ-बोध कराया जाता है। भावानुवाद में स्रोत भाषा की अभिव्यक्तियों की गंध लक्ष्य भाषा में नहीं आ पाती। इस प्रकार का अनुवाद मूल या यंत्रवत अनुसरण नहीं रह जाता वरन् उसमें मौलिक रचना जैसा सहज प्रभाव आ जाता है। इसमें अनुवादक की सर्जनात्मक शक्ति कार्य करती है और उसकी अपनी शैली भी प्रायः आ जाती है। उदाहरण के लिए, He is a stone deaf का अनुवाद 'वह नितांत बधिर है'।

3. छायानुवाद–मूलकृति पढ़ने के बाद अनुवादक ने जो समझा है या जो अनुभव किया है या उसकी छाप उसके मन पर पड़ी है उसकी प्रतिक्रिया में वह लक्ष्य भाषा

में जो रूपांतरण करता है उसे छायानुवाद कहते हैं। इसमें अनुवादक को पूरी छूट होती है कि वह एक मुख्य भाव को लेकर कार्य करे। इस प्रकार छायानुवाद वह है जब किसी मूलकृति का अनुवाद स्वतंत्र रूप से किया जाए और उसमें मूलकृति की छाया दिखाई दे। यह एक प्रकार का रूपांतरण है। इसमें प्रायः नाम, स्थान, वातावरण आदि का देशीकरण भी किया जा सकता है। शेक्सपीयर के नाटक, 'मर्चेंट ऑफ वेनिस' का छायानुवाद शब्दानुवाद की तरह मूलकृति के शब्दों का अनुकरण नहीं करता और भावानुवाद से आगे बढ़कर मूलकृति से बँधे बिना उसकी छाया लेकर चलता है।

4. सारानुवाद–इस अनुवाद में मूलकृति की मुख्य बातों को लेकर मुख्य रूप से अनुवाद किया जाता है। यह संक्षिप्त, अति संक्षिप्त या अत्यंत संक्षिप्त कई प्रकार का हो सकता है। इसमें संक्षिप्तता, सरलता और स्पष्टता की अपेक्षा रहती है। इसमें अतिरिक्त लक्ष्य भाषा के स्वाभाविक एवं सहज प्रभाव के कारण यह अनुवाद अधिक व्यावहारिक और उपयोगी होता है। भारत की लोकसभा और राज्यसभा में संसद सदस्यों द्वारा किए जाने वाले वाद-विवाद का जो अनुवाद होता है वह लगभग ऐसा ही होता है।

5. व्याख्यानुवाद–इसमें मूलकृति का अनुवाद करते हुए मुख्य विषयों की व्याख्या भी होती है। कुछ महत्त्वपूर्ण अंशों के स्पष्टीकरण के लिए अनुवादक कुछ अतिरिक्त उदाहरण, उद्धरण, प्रमाण आदि जोड़ता है। इसमें अनुवादक केवल अनुवादक न रहकर व्याख्याकार भी होता है। इसमें मूलकृति की बातें स्पष्ट होने लगती हैं। लोकमान्य तिलक ने गीता का जो अनुवाद किया है वह व्याख्यानुवाद है।

6. आशु अनुवाद–जब दो भिन्न भाषा-भाषी व्यक्ति बात करते हैं तो उनके बीच सहायता के लिए जो अनुवाद का कार्य करता है उसे आशु अनुवादक या दुभाषिया कहते हैं। यह अनुवाद वहाँ भी होता है, जहाँ भिन्न भाषाभाषी वक्ता दूसरी भाषा बोलने वाले लोगों के समक्ष भाषण कर रहा हो। इस आशु-अनुवाद में दुभाषिया या आशु अनुवादक को अन्य अनुवादकों की तरह इतना अवकाश नहीं होता कि वह देर तक सोच सके या अपेक्षित कोश आदि को देख सके। इसमें यह जरूरी नहीं कि वह सुंदर एवं सटीक हो बल्कि यह अपेक्षा की जाती है कि वह उस समय काम चला सके। इस अनुवाद में अनुवादक से अधिक अनुभव और ज्ञान की अपेक्षा की जाती है। इस प्रकार के अनुवाद की व्यवस्था लोकसभा, राज्यसभा, राष्ट्रीय एवं अंतर्राष्ट्रीय संगोष्ठियों या मंचों में होती है।

मुहावरों व लोकोक्तियों का अनुवाद

मुहावरे तथा लोकोक्तियाँ प्रत्येक भाषा की प्रभावशाली तथा व्यंजक अभिव्यक्तियाँ होती हैं। अतः अनुवाद करते समय स्रोत भाषा के मुहावरों या लोकोक्तियों को यथासंभव उसी अर्थ में और उसी रूप में लक्ष्य भाषा में दिया जाना चाहिए, अर्थात्

शब्द एवं अर्थ दोनों दृष्टियों से समान मुहावरों की खोज की जानी चाहिए। यदि लक्ष्य भाषा में समान मुहावरे मिल पाएँ तो समान भाव वाले मुहावरों को लिया जाना चाहिए। यदि यह दोनों ही न मिलें तो स्रोत भाषा के मुहावरों का शाब्दिक अनुवाद लक्ष्य भाषा में किया जा सकता है। किंतु इसमें यह ध्यान देने की बात अवश्य है कि स्रोत भाषा के मुहावरे का मूल अर्थ या भाव लक्ष्य भाषा में भी उसी प्रकार व्यक्त होना चाहिए जिस प्रकार वह स्रोत भाषा में व्यक्त होता है। इसके अतिरिक्त उससे उत्पन्न होने वाली प्रभावशीलता और व्यंजकता का भी ध्यान रखा जाना चाहिए। दरअसल अनुवाद एक सर्जनात्मक कार्य है और यदि मुहावरे का अनुवाद मुहावरे में न कर सीधे शब्दों में किया जाए तो उसकी सर्जनात्मकता को आघात पहुँचता है। मुहावरे में अर्थ की गहराई और ध्वन्यात्मकता सामान्य अभिव्यक्ति से अधिक होती है। इसलिए मुहावरे का अनुवाद व्यंजक, अर्थपूर्ण, सटीक और लक्ष्य भाषा की प्रवृत्ति एवं प्रकृति के अनुकूल होना चाहिए।

मुहावरे एवं लोकोक्तियों का अनुवाद प्रायः तीन रूपों में देखा गया है–

(क) कुछ मुहावरों का अनुवाद मुहावरों के रूप में किया जाता है या हो जाता है–

To be Caught red Handed	रंगे हाथों पकड़े जाना।
To Throw Mud	कीचड़ उछालना।
Child's Play	बच्चों का खेल।
Crocodile's Tears	मगरमच्छी आँसू।

(ख) लक्ष्य भाषा के कुछ मुहावरे स्रोत भाषा के मुहावरों के समान मिल जाते हैं–

To add fuel to flame	आग में घी डालना।
A drop in the Ocean	ऊँट के मुँह में जीरा।
Cost in the Jame Mould	एक ही थैली के चट्टे-बट्टे होना।
Killing two birds with one Stone	एक पंथ दो काज।

(ग) कुछ मुहावरों या लोकोक्तियों का अनुवाद भावार्थ के अनुसार किया जाता है।

अंग्रेजी से हिंदी

To beat about the bush	विषय से हटकर बोलना।
To beat black and blue	मारते-मारते नील डाल देना या बुरी तरह मारना।
To go to the dogs	बर्बाद हो जाना।

हिंदी से अंग्रेजी

गधे को बाप बनाना	To flatter a feel for expediency.
दाँत खट्टे करना	To give a tough fight
आँखें बिछाना	To give a very Co-ordial welcome

अनुवादक के गुण

अनुवादक की स्थिति बड़ी विचित्र होती है। चूँकि हर भाषा की भावानुभूति या पकड़ अलग-अलग होती है और उसमें अनुवादक को सतर्क रहना पड़ता है। वह न केवल दो भाषाओं का दूत होता है वरन् दो जनताओं और संस्कृतियों का भी दूत होता है। उसके लिए निम्नलिखित गुणों का होना आवश्यक है–

1. स्रोत भाषा का अच्छा ज्ञान।
2. लक्ष्य भाषा का पूर्ण ज्ञान।
3. विषय का ज्ञान।
4. अन्य संबद्ध विषयों का ज्ञान।

इस प्रकार अनुवाद की प्रक्रिया मौलिक लेखन से भी ज्यादा कठिन और परिश्रम साध्य कार्य है। इसका कार्य भाषांतर द्वारा केवल अर्थ संप्रेषण करना नहीं है वरन् मूलकृति के गूढ़ अर्थ की पुनः सृष्टि भी करना है। कई बार दो भाषाओं में समानार्थक शब्दों की व्यंजना एक जैसी नहीं होती। उनके साथ उनका अपना भाव-जगत भी होता है। भाषाई समस्याओं के अतिरिक्त सामाजिक और सांस्कृतिक सूचनाओं का अंतरण भी एक समस्या पैदा करता है। समाज और संस्कृति को उद्घाटित करने वाले पाठ का अनुवाद करते हुए अनुवादक को सभी प्रकार के समतुल्य शब्द बनाने पड़ते हैं जो पाठक के लिए बोधगम्य हों। इस प्रकार अनुवाद एक ऐसी प्रक्रिया है जिसमें एक भाषा को प्रतीक योजना का अंतरण दूसरी भाषा की प्रतीक-योजना में समतुल्यता के सिद्धांत पर किया जाता है। इसमें भाषाई क्षेत्र के बाहर भी जाना पड़ता है और दोनों भाषाओं की संस्कृति एवं सूक्ष्मताओं को भी सामने रखा जाता है।

अनुवाद के कुछ नमूने–

वाक्य के स्तर पर

1.	He is under age how.	वह अभी नाबालिग है।
2.	He is out of temper.	वह गुस्से में है।
3.	You are out of your Sense.	तुम्हारे होश हवाश ठीक नहीं हैं।
4.	He is a bit out of sorts.	उसकी तबीयत कुछ सुस्त है।
5.	The bank is on its last legs.	बैंक का दीवाला निकलने वाला है।
6.	I am between the horns of a dilemma.	मैं दुविधा में पड़ा हूँ।
7.	There was a dead calm.	घोर सन्नाटा छाया हुआ था।
8.	He was born and brought in India.	उसका पालन-पोषण भारत में हुआ था।

9.	He is off his head	उसका दिमाग खराब हो गया है।
10.	He is the black sheep of our family.	वह हमारे कुल का कलंक है।
11.	He breathed his last	उसका देहांत हो गया।
12.	He gave up the ghost	उसका प्राणांत हो गया।
13.	He paid the debt to the nature.	वह पंचतत्त्व को प्राप्त हुआ।
14.	His life was cut off its bloom.	उसका असामयिक निधन हुआ।
15.	He took umbrage at my words.	उसने मेरा कहा बुरा माना।
16.	The patient is post curse.	रोगी की हालत बचने योग्य नहीं है।
17.	The pocketed the Insult.	उसने अपमान चुपचाप सहन कर लिया।
18.	All I ask is a fair deal and no favour.	मैं केवल न्याय चाहता हूँ और कुछ नहीं।
19.	He has got into the hot water.	वह बड़ी कठिनाई में पड़ गया।
20.	He laid faults at my doors.	उसने अपना दोष मेरे सिर मढ़ दिया।
21.	You threw cold water upon his zeal.	आपने उसका जोश ठंडा कर दिया।
22.	His business is at a low ebb.	उसका व्यापार मंदा है।
23.	He Makes much do about hoting.	वह तिल का ताड़ बना देता है।
24.	He beat a hasty retreat.	वह उलटे पाँव भागा।
25.	He moved heaven and earth to do the work.	उसने इस काम के लिए आकाश-पाताल एक कर दिया।
26.	Ram is able to lift the suit case.	राम सूटकेस उठा सकता है।
27.	It did not catch my eye.	इस पर मेरी दृष्टि नहीं पड़ी।
28.	I am at loss to determine what to do.	मैं किंकर्त्तव्यविमूढ़ हूँ।
29.	This opportunity slipped	यह मौका मेरे हाथ से निकल

	through my finger.	गया।
30.	This is a moot point	यह विवादास्पद विषय है।
31.	He set upon going to hyderabad.	वह हैदराबाद जाने के लिए कटिबद्ध था।
32.	I was already a abard the ship.	मैं पहले ही जहाज पर सवार था।
33.	Peace talkes had to be aborted.	शांति वार्ता अधूरी छोड़ देनी पड़ी।
34.	Boys were sitting about in the park.	लड़के पार्क में इधर-उधर बैठे थे।
35.	I dropped the pen some where about here.	मुझसे यहाँ आसपास पेन गिर गया।
36.	Everybody dislikes his abrupt manners.	हर आदमी उसके रूखे व्यवहार को नापसंद नहीं करता।
37.	This key will not go in that lock.	उस ताले में यह कुंजी नहीं जाएगी।
38.	Have you gone mad.	क्या तुम पागल हो गए हो?
39.	Children live in their parent's keep.	बच्चे अपने माता-पिता की देखरेख में रहते हैं।
40.	He has to earn this keep.	उसे अपने निर्वाह के लिए कमाई करनी होगी।

गद्यांश स्तर पर–

(क) अंग्रेजी से हिंदी

1. Discipline is very essential in every walk of life. Discipline is the soul of military life. Without discipline an army is no better than a crowd. It is the first thing needed for maintaining the harmony and concord in a family. It is equaly necessary in maintaining peace and harmonious relation in society or in a nation. Without discipline we are no better the brutes. If there is no discipline in god's creation, chaotic conditions will prevail and this Universe would come to topsy topsy turvydom in no times. 'learn to obey, of your wish to command', thus does to Proverb, There is much truth in this proverb, 'Child is the father of man' so say wordsworth. Childhood is the part of a man's life when it can easily be

moulded. If a student forms disciplined habits in his school career, it will have a good effect upon his future life.

अनुवाद–

अनुशासन जीवन की प्रत्येक स्थिति में अत्यावश्यक है। अनुशासन सैनिक जीवन की आत्मा है। अनुशासन के बिना सेना भीड़ के समान है। परिवार में सद्भाव और मेल बनाए रखने के लिए इसकी आवश्यकता सबसे पहले पड़ती है। समाज और राष्ट्र में शांति और सद्भावपूर्ण संबंध बनाए रखने के लिए इसकी बड़ी आवश्यकता है। अनुशासन के बिना हम पशु से कम नहीं हैं। ईश्वर की सृष्टि में यदि अनुशासन नहीं है तो अराजकता फैल जाएगी और यह विश्व तुरंत ही अस्त-व्यस्त हो जाएगा। एक कहावत है, ''यदि आप हुक्म देना चाहते हैं तो पालन करना भी सीखिए।'' इस कहावत में काफी सच्चाई है। वर्ड्सवर्थ ने कहा है कि 'बालक मनुष्य का पिता है'। बाल्यावस्था मनुष्य के जीवन का एक अंश है जिसे आसानी से ढाला जा सकता है। यदि किसी छात्र में अनुशासन की आदतें स्कूली जीवन में बन जाती हैं तो इससे उसके भावी जीवन पर अच्छा प्रभाव पड़ता है।

2. A considerable increase in administrative expenditure has taken place a consequence of the grant of interim relief to central government employees. Audit is necessary to take vigorous stops to effect economics wherever possible. The cabinet has decided, inter alia in this connection that a ban on the creation of post on the non-plan side should be imposed. Accordingly, with immediate effect, no post shall be created on the non-plan side except in the cases maintained in the annexure to this office memorandum. Even in regard to the exempted categories of posts, new items of work should as for as possible, be handled by a re-distribution of work among the existing staff and not by fresh recruitment of staff. The ban will be operative not only in the secretariat and attached officer but also in all subordinate officer. It is further clarified that administrative, executive or ministerial posts in the ministry or in an attached officer or in a subordinate office will not be treated as posts in connection with a plan scheme.

अनुवाद–

केंद्रीय सरकार के कर्मचारियों को अंतरिम सहायता देने के कारण प्रशासनिक व्यय में काफी वृद्धि हुई है। इसलिए मितव्ययिता के लिए जहाँ कहीं संभव हो, जोरदार

कदम उठाना जरूरी है। और बातों के साथ-साथ इस संबंध में मंत्रिमंडल ने यह निर्णय किया है कि योजनेतर पदों के सृजन पर प्रतिबंध लगाया जाना चाहिए। तदनुसार, इस कार्यालय ज्ञापन के अनुलग्नक में उल्लिखित मामलों को छोड़कर किसी योजनेतर पद का सृजन तत्काल प्रभावी रूप से नहीं किया जाएगा। यहाँ तक कि छूट प्राप्त पद-श्रेणियों के संबंध में भी नए काम का निपटान यथासंभव वर्तमान कर्मचारियों में काम का पुनः वितरण करके किया जाएगा, न कि कर्मचारियों की नई भर्ती करके किया जाएगा। यह प्रतिबंध न केवल सचिवालय और संबद्ध कार्यालयों में लागू होगा वरन् अधीनस्थ कार्यालयों में भी लागू होगा। यह भी स्पष्ट किया जाता है कि मंत्रालय के या किसी संबद्ध कार्यालय के या किसी अधीनस्थ कार्यालय के प्रशासनिक, कार्यकारी या लिपिक वर्गीय पद 'प्लान स्कीम' से संबंधित पद नहीं माने जाएँगे।

3. Pt. Jawaharlal Nehru became a historian by accident this historical works belong to the genre known as prison literature. It was because he was put way, in prison by the British government because he whipped up the national fervour of the people and this challenged the seat of power. In prison, he could take to this role as historian. He had beauty of time on hand where others might have 'Killed time' by indolence and passivity. Panditji turned to ben. He delved into his very being. He went over all the vast and wide reading, he had done during his formative years. Then come the idea of giving own interpretation of history.

अनुवाद–

पं. जवाहरलाल नेहरू संयोग से इतिहासकार बन गए। उनकी इतिहास संबंधी रचनाएँ 'कारावास साहित्य' की विधा के रूप में जानी जाने लगीं। उन्हें ब्रिटिश सरकार द्वारा कारावास में डाल दिया गया था क्योंकि उन्होंने जनता में राष्ट्रीय भावना को जगाया था और यह सत्ता के लिए चुनौती थी। कारावास में उन्होंने इतिहासकार की भूमिका को ग्रहण कर लिया। उनके पास काफी समय था जबकि दूसरे लोग अकर्मण्यता और निष्क्रियता में ही अपना समय काट रहे थे। पंडित जी लेखन कार्य में जुट गए। वे अपने-आप में खो गए। अपने निर्माण काल में पंडित जी ने जो व्यापक अध्ययन किया था उसका पुनरावलोकन किया तब, उनमें इतिहास को अपनी व्याख्या देने का विचार आया।

(ख) हिंदी से अंग्रेजी

4. ग्रामीण लोग यहाँ अधिकतर निरक्षर हैं। वे छोटी-छोटी बातों पर आपस में लड़ते रहते हैं। जब-तब वे न्यायालयों में जाते रहते हैं और अपना काफी पैसा

व्यर्थ गँवाते हैं। एक बार एक गाँव वाले ने अपने एक पड़ोसी के विरुद्ध मुकदमा दायर किया। उसने अपने पड़ोसी पर यह आरोप लगाया कि इसने मेरे मवेशी चुराए हैं। उसने कई गवाह पेश किए। पड़ोसी ने न्यायालय को बताया कि उसके पशु उसकी फसल को बर्बाद कर रहे थे। उसने भी कई गवाह पेश किए। मजिस्ट्रेट ने जाँच के लिए आदेश दिया। जाँच से पता चला कि पहले आदमी के कोई पशु नहीं थे और दूसरे की कोई फसल नहीं थी।

अनुवाद–

The villagers here are mostly illiterate, They quarrel among themselves on petty matters. At times, they go to the courts of law and waste a lot of money. One of a villager filed a suit against one of his neighbours. He charged neighbour that he had stolen his cattle. He produced many witnesses. The magistrate ordered an enquiry. The enquiry's findings were that the first man had no cattle and the second one had no crop.

5. वास्तव में पारिभाषिक शब्दावली की समस्या भारतीय भाषाओं के सामने पहली बार नहीं आ रही है। जनभाषा के पक्ष में जिन लेखकों ने संस्कृत में लिखने की पूर्व परिपाटी को छोड़ना चाहा, उनमें से प्रत्येक ने भाषा निर्माण के स्थान पर शब्दों को अन्य भाषाओं से उधार लेकर अपना काम चलाया है। वस्तुतः शब्द और शब्द-समूह को उधार लेने में किसी भाषा का अपमान नहीं होता। यह नितांत स्वाभाविक प्रक्रिया है। शब्दों और शब्द समूहों को केवल शब्द भंडार बढ़ाने के लिए नहीं लाया जाता वरन् किसी विशेष संदर्भ में प्रयुक्त होने वाले शब्दों को उसी संदर्भ में उपयुक्त मानते हुए ग्रहण करना होता है।

अनुवाद–

As a matter of fact, the problem of terminology is not coming to the Indian languages for the first time. Every writer who wanted to break a way from the previous tradition of writing in Sanskrit in favour of the language of the masses has resorted to the borrowing rather then building up languages. Indeed, It is not derogatory for a language to borrow terms and expressions from other languages. It is the most natural process. The words and expressions have to be brought in hoot merely as additional valuables but as words travelling a certain context of meaning associated by usage with them.

6. कोई भी व्यक्ति दुर्घटना नहीं चाहता, फिर भी ये होती रहती हैं। बहुत-सी

दुर्घटनाएँ ड्राइवर, स्टेशन कर्मचारियों और गेटमैन की भूल से होती हैं। किंतु ये लोग दिन-रात असंख्य रेलगाड़ियाँ पूर्ण सुरक्षा के साथ चलाते रहते हैं।

इस संबंध में आखिर क्या करने की आवश्यकता है? इसका उत्तर यही है कि सब बातों को जाँचने के लिए थोड़ा-सा ऐसा अभ्यास करना चाहिए कि कोई त्रुटि न रह जाए। मुझे यह पता है कि यह सोचकर संतोष नहीं कर लेना चाहिए। जिस भी व्यक्ति का सुरक्षा से संबंध है वह स्वयं ही कुछ सामान्य अभ्यासों को निकाल सकते हैं जिससे किसी भी स्थिति में सुरक्षा के किसी भी भाग की उपेक्षा न हो सके। थोड़े ही समय में उनकी यह आदत बन जाएगी और इसके लिए उन्हें कोई विशेष प्रयास नहीं करना पड़ेगा।

अनुवाद–

No body wants accidents, still they happen. Most of the accidents are attributable to failure of drivers, station staff and gateman, but these people deal with innumorable trains day in and day out with perfect safety.

What further needs to be done? The Answer is a little drill to check up all the relevant factors and not take them for granted. Every one who deals with safety an devise for himself simple exercises which will ensure that no important item of safety is neglected at any stage. In a very short time these will become second nature requiring no deliberate effort.

अध्याय-7

पारिभाषिक शब्दावली

किसी भी विषय की प्रगति और विकास के लिए विषय के अनुकूल पारिभाषिक शब्दावली की आवश्यकता पड़ती है। इस प्रकार की शब्दावली का प्रयोग अपने-अपने विषय के विशेषज्ञों में परस्पर विचार-विनिमय और चिंतन के लिए होता है। पारिभाषिक शब्दावली की जरूरत इसलिए पड़ती है कि एक ही विषय का अध्ययन करने वाले विभिन्न लोगों के लिए एक ही शब्द के भिन्न अर्थ न हो जाएँ।

सामान्य शब्द और पारिभाषिक शब्द का विश्लेषण किया जाए तो सामान्य शब्द में यथार्थ वस्तु और उसकी संकल्पना अनिश्चित रहती है। उनमें लचीलापन होता है और संदिग्धता भी हो सकती है। इसमें सामाजिक, सांस्कृतिक, मनोवैज्ञानिक, दार्शनिक, भौगोलिक आदि परिवेशों के कारण कई अर्थ निकाले जाते हैं किंतु पारिभाषिक शब्द में संकल्पना और यथार्थ वस्तु निश्चित होती है। उनमें स्पष्टता होती है और वे स्वयं सिद्ध होती हैं। वास्तव में उनके प्रयोग में सैद्धांतिक परिवेश का बोध होता है। भौतिकी, रसायन, इंजीनियरी, मेडिकल, दर्शन, गणित, विधि, प्रशासन आदि के शब्द सुनिश्चित अर्थ लिए हुए होते हैं। सामान्य भाषा के शब्दों को जहाँ पारिभाषिक शब्दों के रूप में ग्रहण कर लिया जाता है, तो उनमें अर्थ का लचीलापन समाप्त हो जाता है। और वह बौद्धिक तथा ज्ञानमय आदान-प्रदान में प्रयुक्त होता है। इस प्रकार पारिभाषिक शब्दों का जन्म एक सीमित बौद्धिक वर्ग में होता है और वे अपने कार्य क्षेत्र तक सीमित रहते हैं। इसीलिए विषय विशेष में इनकी सहायता से निश्चित, स्पष्ट और अपेक्षित अभिव्यक्ति संभव होती है। उदाहरण के लिए, सामान्य अर्थ में अंग्रेजी शब्द Issue के लिए समस्या, संतान, जारी करना आदि हैं, तो पत्रकारिता में 'अंक', प्रशासन में 'निर्गम', अर्थशास्त्र में 'शेयर', 'जारी करना' आदि हैं। यदि अर्थ निश्चित नहीं होगा तो उसका प्रयोक्ता उसे एक अर्थ में प्रयुक्त करेगा और श्रोता या पाठक उसे दूसरे अर्थ में समझेगा।

वास्तव में पारिभाषिक शब्दावली का निर्माण सामान्य शब्दों को लेकर ही होता

है और उनमें अर्थ विशेष विषय या कार्य क्षेत्र में निश्चित कर दिए जाते हैं। इनमें कुछ ऐसे शब्द भी होते हैं जो किसी विषय-विशेष में ही प्रयुक्त होते हैं। ऐसे शब्दों को 'पूर्ण पारिभाषिक' शब्द कहा जाता है। जैसे, प्रशासन में अधिसूचना, अर्थशास्त्र में निवेश, गणित में संक्रिया। कुछ शब्दों का प्रयोग विषय-विशेष में भी होता है और सामान्य शब्दावली के रूप में भी होता है। इस प्रकार के शब्दों को अर्ध पारिभाषिक कहा जाता है। रस, मंजूरी, अक्षर, खपत, आदि शब्दों का प्रयोग सामान्य भाषा में भी होता है और काव्यशास्त्र, प्रशासन, व्याकरण, अर्थशास्त्र आदि में एक निश्चित अर्थ के रूप में होता है।

पारिभाषिक शब्द अपने अर्थ के लिए अपने संदर्भ से बँधे होते हैं और संदर्भ भी इसमें बँधे होते हैं। उदाहरण के लिए, 'आदेश' शब्द का सामान्य अर्थ 'आज्ञा' है, किंतु प्रशासन के संदर्भ में वह 'राजाज्ञा' अर्थात् 'राजा की आज्ञा' के रूप में प्रयुक्त हुआ। लेकिन सामंतकालीन व्यवस्था में शासनतंत्र की सर्वोच्च शक्ति राजा के पास थी, अतः 'राजाज्ञा' (या फ़रमान) शब्द में सार्थकता थी। आज लोकतंत्र होने के कारण नियम या स्रोत व्यक्ति नहीं अपितु सभा (लोकसभा या विधान सभा) हो गई है। इसलिए 'राजाज्ञा' के स्थान पर 'आदेश' शब्द को सटीक माना गया है तथा कभी-कभी इसकी उपयुक्तता पर और बल देने के लिए 'सरकारी आदेश' भी लिखा जाता है। आदेश के कई संदर्भ हो सकते हैं, अतः अर्थ की सुनिश्चितता और प्रयोग भेद की स्पष्टता को ध्यान में रखकर पारिभाषिक शब्द बनाए गए हैं, जैसे, समादेश (Command), निर्देश (Direction), अनुदेश (Instruction), अधिदेश (mandate)।

आधुनिक विज्ञान मनुष्य की चिंतन प्रक्रिया का एक विशिष्ट रूप है। अतः शब्दों में अर्थ का सीमांकन कर निर्दिष्ट स्तर पर ले जाने का प्रयास होता है। अतः तकनीकी शब्दों में अस्पष्टता न रहे, उन्हें नापतोल कर रखा जाता है। जैसे, वेग (Velocity), चाल (Speed), और गति (Motion)। वेग में संचलन समय दर, विशिष्ट दिशा और नियमितता होती है तो चाल में विशिष्ट दिशा और नियमितता नहीं होती। गति में केवल संचलन है, शेष तीनों में नहीं है। विधि की शब्दावली में भी यही स्थिति देखी जा सकती है। उदाहरण के लिए, अधिकार, विशेषाधिकार, परमाधिकार। अधिकार के लिए न्यायालय के दरवाजे खटखटाए जा सकते हैं। जबकि विशेषाधिकार के लिए नहीं। परमाधिकार देश के सर्वोच्च पदाधिकारी के पास होता है। इस प्रकार यह तकनीकी और पारिभाषिक शब्दावली विशेषज्ञ वर्ग में प्रयोजनमूलक कार्यों के लिए निर्दिष्ट अर्थ का द्योतन कराती है।

हिंदी के राजभाषा घोषित हो जाने के बाद पारिभाषिक शब्दावली के निर्माण की आवश्यकता महसूस की गई। इस संदर्भ में वैज्ञानिक तथा तकनीकी शब्दावली आयोग की स्थापना हुई। हिंदी को पारिभाषिक शब्दावली के निर्माण में संस्कृत, अंग्रेजी, देशज, अरबी-फारसी भाषाओं के अतिरिक्त अन्य भारतीय भाषाओं से शब्द ग्रहण

किए गए। उदाहरण के लिए, पदोन्नति, स्थानांतरण, विधि, संविधान, निरीक्षण, ड्यूटी, ग्रेड, मसौदा, निपटान, नज़रबंद, बर्खास्तगी, ज़मानत, हलफ़नामा, पावती, सौध। प्रारंभ में इसका निर्माण करते हुए चार दृष्टिकोण दिखाई दिए।

(क) **संस्कृत (राष्ट्रीयतावादी)**—इस मत के अनुसार संस्कृत के प्रचलित शब्दों को यथाविधि हिंदी शब्दावली में ले लिया जाए। संस्कृत संश्लेषणात्मक भाषा है और यह उपसर्ग धातु और प्रत्यय तथा समास शक्ति के कारण बड़ी उर्वरक है। इस भाषा में एक शब्द में अनेक शब्द बनाने की शक्ति है। जैसे 'विधि' के साथ उपसर्ग या प्रत्यय या दोनों लगाने से संविधि, विधान, संविधान, प्राविधान, विधायी, विधायक, विधायिका आदि शब्द बन जाते हैं। इसमें एक कठिनाई यह है कि जिनकी भाषा संस्कृत के निकट नहीं है, उनके लिए इनकी शब्दावली अत्यंत क्लिष्ट और दुरूह हो गई है। इसी प्रकार 'ईक्षण' धातु (देखना के अर्थ में) के साथ उपसर्ग लगाने से कई शब्द बने हैं—वीक्षण (Invigilator), संवीक्षण (Scrutiny), परीक्षण (Testing), निरीक्षण (Inspecting), परिवेक्षण (Supervision), सर्वेक्षण (Survey), अधीक्षण (Superintending) आदि।

(ख) **अंग्रेजीवादी (अंतर्राष्ट्रीयतावादी)**—इन लोगों की मान्यता है कि अंग्रेजी अंतर्राष्ट्रीय भाषा है और भारत भी बहुभाषी देश है। अतः अंग्रेजी के ही शब्दों को ज्यों का त्यों या अपनी भाषा की ध्वनि-व्यवस्था के अनुसार अपनाया जाए। जैसे, मीटर, ड्यूटी, ओवरड्राफ्ट, ग्रेड आदि। इससे अन्य भाषाओं से संबंध जुड़ेगा और अंतर्राष्ट्रीय तकनीकी शब्दावली को याद रखने की सुविधा रहेगी। किंतु कोई भी समुन्नत देश सभी शब्द दूसरी भाषाओं से नहीं लेता क्योंकि इससे अपनी भाषा का दायित्व समाप्त हो जाता है।

(ग) **स्वभाषावादी (लोकवादी)**—आम बोलचाल की भाषा के शब्द ही लिए जाएँ जो हमारी मिश्रित संस्कृति के अनुकूल हैं। जैसे, रेलगाड़ी, मसौदा, डाकघर, जच्चाघर, नजरबंद, दलबदलू, घुसपैठिया, निपटान आदि। इससे शब्दावली समृद्ध नहीं हो पाएगी और मानक भाषा में उनके अनूदित शब्द अटपटे से लगते हैं। यह नीति पारिभाषिक शब्दावली के लिए पर्याप्त नहीं है।

(घ) **सामान्यवादी**—इसे मध्यमार्गी संप्रदाय भी कहा जा सकता है। इसमें उपर्युक्त तीन दृष्टिकोणों को समन्वित रूप में ग्रहण किया गया है। इसमें उन शब्दों को रखने की बात की गई है जिन्हें संदर्भानुसार उपयुक्त समझा जाए। ये शब्द संस्कृत से लिए जा सकते हैं या अंग्रेजी से लिए जा सकते हैं और ये देशी शब्द भी हो सकते हैं। इसके परिणामस्वरूप इस समय हिंदी में उपर्युक्त तीनों प्रवृत्तियाँ विद्यमान हैं; कचहरी, न्यायालय, अदालत, कोर्ट, जच्चाघर, प्रसूति गृह, मैटरनिटी होम, सरकार, हुकूमत, शासन, गवर्नमेंट, चुनाव, निर्वाचन, इलेक्शन, तपेदिक, टी.बी., कृषि, काश्त, खेती, एग्रीकल्चर, श्वास, दमा, एस्थमा, साँस आदि।

इस प्रकार सामाजिक आवश्यकताओं के अनुसार शब्दावली का निर्माण किया जा रहा है तथा यथासंभव प्रचलित शब्दों को ही लिया जा रहा है। शब्द निर्माण करते हुए स्पष्टता, सूक्ष्मता और सरलता पर ध्यान देने की बात रखी गई है। मुख्यतः इसी मत के आधार पर पारिभाषिक शब्दावली का निर्माण किया गया है। इसमें निम्नलिखित दृष्टियों को अपनाया गया है—

(1) इसमें उन अंग्रेजी शब्दों को अपनाया गया है जो अंतर्राष्ट्रीय हैं और जिनका प्रचार कम से कम तीन देशों में है। इसके अतिरिक्त हिंदी में आम प्रचलित अंग्रेजी, पुर्तगाली और फ्रांसीसी शब्दों को भी रखा गया है। जैसे—इलेक्ट्रॉन, प्रोटीन, न्यूटॉन, ऑक्सीजन, नाइट्रोजन, मशीन, इंजन, मीटर, लीटर, फाइल, कोटा, अपील आदि।

(2) जिन शब्दों के समानांतर शब्द हमारे यहाँ मिल जाते हैं और वे अधिक प्रचलित हो चुके हों तो उन्हें ग्रहण किया जाए। तार (Telegram), महाद्वीप (continent), परमाणु (Atom) आदि शब्द हैं।

(3) संस्कृत शब्दावली को आधार के रूप में रखा गया है क्योंकि इसमें उपसर्ग और प्रत्यय जोड़कर अन्य शब्द आसानी से बनाए जा सकते हैं। जैसे, मानव से मानवता, मानवीय, मानवीकरण, मानविकी और भाग से विभाग, प्रभाग, अनुभाग आदि। इसी प्रकार संस्कृत के अनेक शब्द मिलते हैं। नियम, विनियम, सचिव, उपसचिव, अवर सचिव, सचिवालय, निदेश, निदेशक, निदेशालय आदि।

(4) अरबी-फारसी (या उर्दू) का संबंध भी हिंदी के साथ काफी रहा है। अतः पारिभाषिक शब्दावली में इसको अलग नहीं किया जा सकता। इसके भी कई शब्द लिए गए हैं। जैसे, मंजूरी, दस्तावेज, वकालतनामा, हलफनामा, जिला, जमानत आदि।

(5) न केवल यही, स्वभाषावादी शब्दों को भी अपनाने का पूरा-पूरा प्रयास किया गया है। जैसे—डाकघर, जच्चाघर, घरेलू मामले, बिचौलिया, दलबदलू, रेलगाड़ी आदि।

(6) भारतीय शब्दों को भी यथासंभव अपनाया जा रहा है ताकि सामाजिक संस्कृति अभिव्यक्त हो सके। जैसे, मराठी से पावती (Acknowledgement), कन्नड़ से सौध (Annexe), बंगला से वाहिनी (Bettalion), पंजाबी से मल (Silt) आदि लिए गए हैं।

(7) पारिभाषिक शब्दावली का निर्माण करते हुए मूल शब्दों की संकल्पनाओं का ध्यान रखते हुए अनूदित शब्द दिए जाने का प्रयास किया जा रहा है। जैसे, Intensive farming श्रम-प्रधान कृषि, Extensive farming भू-प्रधान कृषि, भौतिकी में Barometer के लिए 'वायुदाब मापी' रखा गया है जबकि इसका शब्दार्थ 'भारमापी' होता है।

(8) उच्चारण की दृष्टि से और हिंदी की प्रकृति के अनुसार शब्दों का सरलीकरण किया गया है। जैसे, सचिव + आलय के सचिवालय के आधार पर मंत्री + आलय

का मंत्र्यालय न बनाकर मंत्रालय बनाया गया है। इसी प्रकार अन्य भाषाओं से, जैसे–अकादमी (Academy), तकनीकी (technique), अंतरिम (interim), त्रासदी (Tragedy), कामदी (Comedy), प्रावधान (प्राविधान), कानूनी (कानूनन) आदि शब्दों को सरलीकृत किया गया है।

(9) आवश्यकता पड़ने पर रूपिम और शब्द के धरातल पर संकर या सम्मिश्रित शब्द बनाए जा सकते हैं। जैसे, डायरीकार (अंग्रेजी + हिंदी), आयनीकरण (अंग्रेजी + हिंदी), जिलाधीश (उर्दू + संस्कृत)। इनमें वस्तुतः बोधगम्यता, उपयोगिता और संक्षिप्तता का ध्यान रखा गया है।

(10) शब्द निर्माण करते समय इस बात की ओर ध्यान दिया गया है कि समस्त शब्द में शब्दों या प्रत्ययों का अनुवाद एक रूप में किया जाए ताकि वह बोधगम्य या सरल हो सके। जैसे, tele के लिए 'दूर' शब्द है और इससे बने समस्त शब्द अर्थात् दूरभाष (Telephone), दूरदर्शन (Television), दूरमुद्रक (Teleprinter), दूर संचार (Telecommunication) और इसी प्रकार प्रत्यय ation के लिए 'करण' प्रत्यय है। जैसे, राष्ट्रीयकरण (Nationalization), भारतीयकरण (Indianization), औद्योगीकरण (Industrialization), विद्युतीकरण (Electrification), विकेंद्रीकरण (Decentralization), पंजीकरण (registration) आदि।

(11) हिंदी पर्यायों का चयन करते समय सरलता, अर्थ की परिशुद्धता और बोधगम्यता का ध्यान विशेष रूप से रखा गया है। जैसे प्रबंध निदेशक (Managing director), लाल फीताशाही (Redtapism), उपदान (Gratuity), मुख्यालय (Head office), सेवा निवृत्ति (Retirement) आदि।

(12) हिंदी पारिभाषिक शब्दावली में जो अंतर्राष्ट्रीय शब्द अपनाए गए हैं उनमें अन्य कोई कारण न होने पर लिंग-विधान की दृष्टि से उन्हें पुलिंग रूप में प्रयुक्त किए जाने की व्यवस्था की गई है।

इस प्रकार पारिभाषिक शब्दों के अर्थ सुनिश्चित और स्पष्ट होने चाहिए। इसमें इस बात का ध्यान रखा जाना चाहिए कि इनमें न तो अव्याप्ति दोष हो और न ही अतिव्याप्त। शब्द यथासाध्य छोटे हों और उन पर 'गागर में सागर भरने' वाली कहावत लागू होनी चाहिए।

पारिभाषिक शब्दावली के प्रयोग में होने वाली अशुद्धियाँ

पारिभाषिक शब्दावली का प्रयोग करते हुए कई प्रकार की अशुद्धियाँ हो जाती हैं। विभिन्न विषयों में कई पारिभाषिक शब्द अलग-अलग अर्थों में प्रयुक्त होते हैं। उदाहरण के लिए, अंग्रेजी का 'रिएक्शन' शब्द भौतिकी, रसायनिकी और वनस्पति विज्ञान में होता है। भौतिकी में इसके लिए 'प्रतिक्रिया', रसायन में 'अनुक्रिया' और वनस्पति विज्ञान में 'अभिक्रिया' शब्द का प्रयोग होता है। इसी प्रकार 'फोकस' शब्द गणित

में 'नाभि', भौतिकी में 'फोकस' और भूगोल में 'उद्गम केंद्र' के रूप में प्रयुक्त होता है। यदि इनमें से किसी शब्द को किसी अन्य विषय क्षेत्र में प्रयुक्त किया जाए तो वह अशुद्ध होगा। 'इश्यू' शब्द प्रशासन में 'निर्गम', पत्रकारिता में 'अंक' और अर्थ-शास्त्र में 'शेयर जारी करना' के अर्थ में प्रयुक्त होता है। इसके विपरीत कभी-कभी अंग्रेजी में कई शब्दों का प्रयोग होता है जबकि उन सभी के लिए हिंदी में एक शब्द होता है। जैसे हिंदी का 'पद' शब्द है, इसके लिए अंग्रेजी कविता में 'वर्स' शब्द है, समाज विज्ञान में 'स्टेटस', भाषा विज्ञान में 'फ्रेस' और प्रशासन में 'पोस्ट' शब्द प्रयुक्त होते हैं। इसी प्रकार 'धातु' शब्द के लिए अंग्रेजी में आयुर्विज्ञान में 'एलिमेंट', व्याकरण में 'रूट', और धातुविज्ञान में 'मेटल' का प्रयोग होता है।

कभी-कभी एक ही विषय में सामान्य शब्दों का प्रयोग नहीं होता। रसायन में 'पानी' और 'नमक' के लिए 'जल' और 'लवण' का प्रयोग होता है। इसी प्रकार प्रशासन में 'आज्ञा' आदि का प्रयोग न होकर 'आदेश' का प्रयोग होता है। इस प्रकार पारिभाषिक शब्दावली का प्रयोग करते हुए उसके चयन में बहुत ही सजग एवं सतर्क रहने की आवश्यकता है।

पारिभाषिक शब्दावली

प्रशासन संबंधी शब्दावली

1.	Accountability	जवाबदेही
2.	Ad-hoc	तदर्थ
3.	Adjournment	स्थगन
4.	Adjustment	समायोजन
5.	Agenda	कार्यसूची
6.	Agreement	अनुबन्ध
7.	Allotment	आवंटन
8.	Allowance	भत्ता
9.	Appendix	परिशिष्ट
10.	Approval	अनुमोदन
11.	Article	अनुच्छेद
12.	Assignment	समनुदेशन
13.	Association	समिति
14.	Attestation	साक्ष्यांकन
15.	Authority	प्राधिकरण
16.	Autonomous	स्वायत्त

17.	Bonafide	वास्तविक
18.	Bureaucracy	दफ्तरशाही
19.	Bye-law	उपविधि
20.	Charge	प्रभार
21.	Circular	परिपत्र
22.	Clerical error	लेखन-अशुद्धि
23.	Compensation	क्षतिपूर्ति
24.	Confirmation	पुष्टि
25.	Consent	सहमति
26.	Contract	संविदा
27.	Discretion	विवेक
28.	Dispatcher	डाक-प्रेषक/प्रेषक
29.	Enclosure	अनुलग्नक
30.	Endorsement	पृष्ठांकन
31.	Errata	शुद्धिपत्र
32.	Ex-officio	पदेन
33.	File	मिसिल
34.	Honorarium	मानदेय
35.	Infrastructure	आधारिक संरचना
36.	Initials	आद्यक्षर
37.	Joining Report	कार्यारंभ-प्रतिवेदन
38.	Memorandum	ज्ञापन
39.	Modus operandi	कार्य-प्रणाली
40.	Notification	अधिसूचना
41.	Officiating	स्थानापन्न
42.	Panel	नामिका
43.	Postponement	स्थगन
44.	Proceedings	कार्यवाही
45.	Record	अभिलेख
46.	Retirement	सेवानिवृत्ति
47.	Returning officer	निर्वाचन अधिकारी
48.	Stabilization	स्थिरीकरण
49.	Stagnation	गतिरोध
50.	Verification	सत्यापन

व्यावसायिक, वाणिज्यिक एवं संचार माध्यम संबंधी शब्दावली

51.	Account	लेखा/खाता
52.	Accountant	लेखापाल
53.	Actuary	बीमांकक
54.	Adjustment	समायोजन
55.	Advice	सूचना
56.	At-par	सममूल्य पर
57.	Audience	दर्शक
58.	Audience research	श्रोता अनुसंधान/दर्शक अनुसंधान
59.	Audio	श्रव्य
60.	Audio-Visual display	दृश्य-श्रव्य प्रदर्श
61.	Audit	लेखा-परीक्षा
62.	Audition	स्वर/ध्वनि परीक्षण
63.	Auditorium	प्रेक्षागृह
64.	Authentic	प्रामाणिक
65.	Autograph	स्वाक्षर
66.	Automatic	स्वचालित
67.	Awarding Authority	अधिनिर्णय प्राधिकारी
68.	Awareness	चेतना
69.	Back dated	पूर्व-दिनांकित
70.	Bad debt	अशोध्य ऋण
71.	Bail	जमानत
72.	Bank Guaranty	बैंक प्रत्याभूति
73.	Banking operations	बैंक कार्य
74.	Bearer	वाहक
75.	Book Credit	खाता-उधार
76.	Cash Balance	रोकड़ बाकी
77.	Cash sheet	रोकड़-विवरण
78.	Cast	कलाकार-भूमिका
79.	Clearing	समाशोधन
80.	Client	ग्राहक
81.	Collection	वसूली/उगाही
82.	Commission	दलाली

83. Confiscation अधिहरण
84. Convertible परिवर्तनीय
85. Credit Control ऋणद्रव्य-नियंत्रण
86. Credit slips जमा-पर्ची
87. Crossing रेखन
88. Currency मुद्रा
89. Current Account चालू खाता
90. Debtor देनदार
91. Depositor जमाकर्ता
92. Direction निर्देशन
93. Dividend लाभांश
94. Documentation प्रलेखन
95. Documents of title स्वत्व-प्रलेख
96. Dramatize नाटकीय बनाना
97. Due from banks बैंकों से प्राप्य
98. Earning अर्जन
99. Eco अनुगूँज
100. Editorial संपादकीय
101. Endorsement बंदोबस्ती
102. Exchange विनिमय
103. Finance वित्त
104. Fixed deposit सावधि निवेश
105. Forfeiture जब्ती
106. Good will सुनाम
107. Guaranty प्रत्याभूति
108. Indemnity Bond क्षतिपूर्ति बंध
109. Input निविष्ट
110. Insolvency दीवाला
111. Investment निवेश
112. Invoice बीजक
113. Issuing banker प्रचालक बैंकर
114. Lease पट्टा
115. Lending rate उधारदेय दर
116. Letter of credit साखपत्र

117.	Liquidation	परिसमापन
118.	Long term credit	दीर्घावधि उधार
119.	Lumpsum	एकमुश्त
120.	Management	प्रबंध
121.	Manuscript	पाण्डुलिपि
122.	Mobilisation	संग्रहण
123.	Monetary area	मुद्रा-क्षेत्र
124.	Moratorium	भुगतान स्थगन
125.	Mortgage	गिरवी
126.	Nomination	नामांकन
127.	Operating Profit	प्रचालन-लाभ
128.	Operational Expenses	प्रचालन व्यय
129.	Order not to pay	भुगतान की आज्ञा नहीं
130.	Out of stock	अनुपलब्ध
131.	Out go	खर्च
132.	Output	उत्पादन
133.	Outstanding	बकाया
134.	Over-certification	अतिप्रमाणन
135.	Owners	स्वामित्व
136.	Partnership	साझा
137.	Pawn	गिरवी
138.	Payable	देय
139.	Payee	आदाता/पाने वाला
140.	Payment	भुगतान
141.	Progressive stock-taking	क्रमिक माल-जाँच
142.	Promissory Note	रुक्का/हुण्डी
143.	Quality certificate	गुणवत्ता प्रमाणपत्र
144.	Realization	वसूली
145.	Reclamation	संशोधनार्थ प्रपत्र
146.	Recommendation	संस्तुति
147.	Reconcilation of account	लेखा-समाधान
148.	Recovery of dues	देय की वसूली
149.	Rectification	परिशोधन
150.	Recurring	आवर्ती

151.	Redeemable	प्रतिदेय
152.	Regressive expenditure	अवरोही खर्च
153.	Release	निर्मोचन
154.	Remittance	प्रेषण
155.	Re-monetization	पुनर्मुद्रीकरण
156.	Renewal	नवीकरण
157.	Rental Value	लगान मूल्य
158.	Reservation	आरक्षण
159.	Reserve fund	आरक्षित कोष
160.	Resources	संसाधन
161.	Revalidation	पुनर्वैधीकरण
162.	Revenue	राजस्व
163.	Revolving credit	परिक्रमी उधार
164.	Sensex	शेयर सूचकांक
165.	Security	प्रतिभूति
166.	Settlement day	निपटान दिवस
167.	Short-term credit	अल्पावधि उधार
168.	Shut-down cost	प्राथमिक लागत
169.	Sinking fund	निक्षेप निधि
170.	Small Savings	अल्प बचत
171.	Solvency	ऋणशोधन-क्षमता
172.	Squeeze	अधिसंकुचन
173.	Sur-charge	अधिभार
174.	Surrender Value	अभ्यर्पण मूल्य
175.	Suspense Account	उचंत लेखा
176.	Telecommunication	दूरसंचार
177.	Teller	गणक
178.	Third Party	तृतीय पक्ष
179.	Trade Mark	मार्का
180.	Transaction	लेनदेन
181.	Transfer	अंतरण
182.	Treasury	राजकोष
183.	Turn Over	पण्यावर्त
184.	Undertaking	उपक्रम

185. Undervaluation — अल्प मूल्यांकन
186. Unpredictable — अपूर्वानुमेय
187. Validity — वैधता
188. Variation — विचरण/परिवर्तन
189. Vault — तहखाना
190. Venture Capital — जोखिम पूँजी
191. Vision — दृष्टि
192. Visual — दृश्यमान (कल्पना)
193. Warranty — आश्वस्ति
194. Wildcat money — अस्थिर बैंक की मुद्रा
195. Winding up — समापन
196. Withdrawal — आहरण
197. Working capital — कार्यशील पूँजी
198. Yellow journalism — पीत पत्रकारिता
199. Yellow press — सनसनीखेज अखबार
200. Yield ratio — प्रतिफल अनुपात

अंग्रेजी मुहावरों और लोकोक्तियों के हिंदी प्रतिरूप

1. A bird in the hand is worth two in the bush — नौ नकद न तेरह उधार
2. A bone of contention — झगड़े की जड़
3. Apple of one's eye — आँख का तारा
4. Beggars must/should not be choosers — दान की बछिया के दाँत नहीं देखे जाते
5. Between the devil and deep sea — इधर कुआँ उधर खाई
6. Birds of a feather flock together — चोर चोर मौसेरे भाई
7. Blood is thicker than water — अपना अपना पराया पराया
8. Brain drain — प्रतिभा पलायन
9. Cry over spilt milk — अब पछताए होत क्या जब चिड़िया चुग गई खेत
10. Driven from Pillar to Post — दर दर की ठोकरें खाना
11. Easy come easy go — हराम की कमाई हराम में गँवाई

12.	Eat the leek	थूक कर चाटना
13.	Empty vassels make much noise	थोथा चना बाजे घना
14.	Handsome is that handsome does	काम प्यारा है न कि चाम
15.	Hard nut to crack	टेढ़ी खीर होना
16.	Hold the candle to the sun	सूर्य को दीपक दिखाना
17.	Hold your mouth	जबान को लगाम देना
18.	Lick one's chops/lips	मुँह में पानी भर आना
19.	Lick one's shoes	तलवे चाटना
20.	Mind one's own business	काम से काम रखना
21.	Mutton dressed like a lamb	बूढ़ी घोड़ी लाल लगाम
22.	Once in a blue moon	ईद का चाँद होना
23.	Only wearer knows where the shoe pinches	जाके पैर न फटी बिवाई सो क्या जाने पीर परायी
24.	Out of a frying pan into the fire	आसमान से गिरा खजूर में अटका
25.	Pull one's leg	उल्लू बनाना
26.	Thrown on one's back	चारों खाने चित पड़ना
27.	To bark at the moon	आसमान पर थूकना
28.	To be hand in glow with	घी खिचड़ी होना
29.	To beat about the bush	इधर-उधर की हाँकना
30.	To beat one with his own staff	जिसकी जूती उसका सिर
31.	To below hot and cold	पल में तोला पल में माशा
32.	To build castles in the air	हवाई किले बनाना
33.	To clear the air	संदेह/गलतफहमी दूर करना
34.	To cook a person's goose	ठिकाने लगाना
35.	To cut a sorry figure	अपना सा मुँह लेकर रह जाना
36.	To do one's level best	एड़ी चोटी का जोर लगाना
37.	To fan the flame	आग में घी डालना
38.	To freeze out	हुक्का पानी बंद करना
39.	To kill two birds with one stone	एक पंथ दो काज

40.	To lie in the bed one has made	जैसी करनी वैसी भरनी
41.	To look blank	बगलें झाँकना
42.	To put all one's card on the table	दिल खोलना
43.	To rain cats and dogs	मूसलाधार वर्षा होना
44.	To take the bear by the tooth	साँप की बांबी में हाथ डालना
45.	To take the bread out of one's mouth	पेट पर लात मारना
46.	To take the words out of mouth	मुँह की बात छीनना
47.	To through up one's card	मैदान छोड़ना
48.	To walk on air	फूले न समाना
49.	When two fridays come together	सूरज पश्चिम से निकलना
50.	Where there is a will there is a way	जहाँ चाह वहाँ राह

अध्याय-8

निबंध-लेखन

निबंध शब्द निः + बंध से बना है, जिसका अर्थ है—अच्छी तरह बँधा हुआ। इस दृष्टि से निबंध की परिभाषा इस प्रकार दी जा सकती है कि किसी विषय पर आकर्षक, सरस, सरल तथा सुव्यवस्थित गद्य-शैली में अपने भावों या विचारों को क्रमबद्ध रूप में व्यक्त करना निबंध है। इसमें नपे-तुले शब्दों में अधिक-से-अधिक बात कही जाती है। इसी से ही लेखक के ज्ञान का पूरा परिचय मिलता है। इसमें 'गागर में सागर' भरने का प्रयास रहता है। वास्तव में निबंध-लेखन एक कला है। यदि पद्य कवियों की कसौटी है तो गद्य की कसौटी निबंध है। निबंध की शक्ति है अच्छी भाषा। निबंध में भाषा विषय के अनुकूल होती है। इसके उत्तम प्रयोग से ही भावों, विचारों और अनुभवों को प्रभावशाली ढंग से व्यक्त किया जाता है।

अच्छे निबंध के लिए चार मुख्य विशेषताएँ मानी गई हैं :

1. विषय-सामग्री
2. कसावट
3. विषयानुकूल भाषा
4. प्रभावशीलता

1. विषय-सामग्री : जिस विषय पर निबंध लिखना हो, उस विषय पर गंभीरता पूर्वक विचार करना अपेक्षित है। इन विषयों की जानकारी पुस्तकों, पत्र-पत्रिकाओं आदि से मिलती है।

2. कसावट : निबंध का अर्थ है भली-भाँति बँधा हुआ या कसा हुआ। निबंध के विचारों में कसावट का गुण आवश्यक है। निबंध लिखते समय यह ध्यान रखना आवश्यक है कि उसमें विचार या भाव शृंखलाबद्ध रूप में व्यक्त किए गए हों। ये विचार या भाव एक निश्चित क्रम में हों और आपस में जुड़े हुए हों। अपने विचार तर्कपूर्ण ढंग से लिखे जाने चाहिए जिससे पढ़ने के बाद पाठक को किसी निष्कर्ष पर पहुँचने में सुविधा हो।

3. विषयानुकूल भाषा : निबंध की भाषा विषय तथा विचारों के अनुरूप होनी चाहिए। उदाहरण के लिए सरल तथा सरस विषय पर लिखे गए निबंध की भाषा भी सरल, मुहावरेदार शब्दों की तथा आम बोलचाल के निकट होगी। किंतु गंभीर और साहित्यिक निबंध में तत्सम शब्दावली तथा साहित्यिक भाषा का प्रयोग आवश्यक हो जाता है। भाषा और शैली की दृष्टि से भाव-प्रधान निबंध भावात्मक होगा, तो विचार-प्रधान-निबंध में चिंतन-मनन और तर्क-वितर्क की अधिकता होगी।

उदाहरण के लिए, वसंत ऋतु की शोभा का वर्णन करते समय कोमल तथा मनमोहक शब्दों का अधिक प्रयोग अपेक्षित है और भिखारी की आत्मकथा लिखते समय दया तथा करुणा जगाने वाली भाषा होगी। इसी प्रकार जीवन का लक्ष्य विषय पर निबंध लिखते समय चिंतन-प्रधान तथा तर्कपूर्ण भाषा का प्रयोग आवश्यक होगा। किसी दृश्य या यात्रा का वर्णन करते समय घटनाओं का चित्र प्रस्तुत करने वाली सीधी-सादी भाषा का ही सहारा लेना होगा।

4. प्रभावशीलता : निबंध में शब्दों का ठीक चुनाव तथा उनका वाक्य में उचित प्रयोग आवश्यक है। शब्द का वाक्य में तथा वाक्य का अनुच्छेद में उचित तथा क्रमबद्ध प्रयोग होने से भाषा में प्रभाव उत्पन्न होता है। अच्छे निबंध में शब्द, वाक्य तथा अनुच्छेद एक विशेष क्रम में गुँथे हुए होते हैं। उनका क्रम और परस्पर संबंध इस प्रकार का होता है कि इसमें तनिक भी उलट-फेर करने से अस्वाभाविकता आ जाती है। निबंध लिखते समय यदि आवश्यकतानुसार उद्धरणों, मुहावरों, लोकोक्तियों का भी प्रयोग होता है तो वह और अधिक रोचक और प्रभावशाली बन जाएगा।

निबंध के मुख्य अंग

निबंध का आकार सीमित होता है। सीमित आकार में आप अपनी बात कहाँ से शुरू करें, क्या-क्या लिखें और अंत कैसे करें, इसके लिए आवश्यक है कि निबंध लिखने से पहले उसकी रूपरेखा बना ली जाए। रूपरेखा में तीन बातों पर ध्यान देना आवश्यक है :

—प्रस्तावना या भूमिका
—मुख्य अंश या विषय-वस्तु
—उपसंहार या अंत

प्रस्तावना

निबंध के प्रारंभ में उसकी प्रस्तावना लिखी जाती है। इसे भूमिका भी कहते हैं। प्रस्तावना रोचक तथा विषय-वस्तु को स्पष्ट करने वाली होनी चाहिए। इसके द्वारा पाठक के मन में निबंध को विस्तारपूर्वक पढ़ने की उत्सुकता जाग उठती है। प्रस्तावना संक्षिप्त, किंतु प्रभावशाली होनी चाहिए। निबंध का पहला अनुच्छेद ही उसकी भूमिका या

प्रस्तावना होती है। जहाँ तक संभव हो सके थोड़े वाक्यों में ही निबंध के मुख्य विषय के बारे में संकेत करना चाहिए। इसे कई प्रकार से आरंभ किया जा सकता है–

1. निबंध के विषय की परिभाषा देकर
2. कोई समस्या सामने रखकर
3. किसी कविता, लोकोक्ति या उद्धरण को देकर
4. विषय का महत्त्व बताकर

मुख्य अंश

प्रस्तावना के बाद निबंध का मुख्य अंश होता है। पद निबंध का महत्त्वपूर्ण भाग है। यहाँ विषय-वस्तु का विस्तार से विवेचन किया जाता है। निबंध से संबंधित सामग्री को चार-पाँच छोटे-बड़े अनुच्छेदों में इस प्रकार व्यक्त किया जाता है कि उसके भी पहलुओं पर प्रकाश पड़ सके।

मुख्य घटना या विचार प्रस्तुत करते समय यह ध्यान रखना चाहिए कि वे क्रमानुसार व्यक्त किए गए हों। विचार तर्कसंगत हों और भाषा प्रभावशाली। विषय की पुष्टि के लिए जो भी उद्धरण, दृष्टांत या प्रमाण चुने जाएँ, वे सरल, आकर्षक तथा प्रभावकारी हों। जहाँ तक संभव हो, वे पाठक के दैनिक जीवन के अनुभवों से संबंधित हों। प्रत्येक मुख्य विचार या बात के लिए एक अनुच्छेद बनाया जाए। सभी अनुच्छेद आपस में इस प्रकार संबद्ध हों कि विचारों की एक अटूट-शृंखला बनी रहे। इसके अतिरिक्त यदि भाषा विषय के अनुरूप हो तथा शुद्ध, सरल, स्पष्ट करती हुई तथा प्रभावशाली हो, तो पाठक निबंध को पढ़कर अवश्य ही प्रभावित होगा।

उपसंहार

निबंध का अंतिम भाग उपसंहार कहलाता है। यहाँ विषय-वस्तु के विवेचन के आधार पर निष्कर्ष प्रस्तुत किए जाते हैं। कभी-कभी लेखक अपना विचार या प्रतिक्रिया भी व्यक्त करता है। निबंध का अंत ऐसा होना चाहिए कि उसका स्थायी प्रभाव पाठक पर पड़ सके। प्रस्तावना की भाँति उपसंहार भी एक ही अनुच्छेद का होता है। संक्षिप्त होने पर भी निबंध के इस अंग में पाठक को प्रभावित करने की सबसे अधिक क्षमता होती है।

निबंध के प्रकार

निबंध के तीन प्रकार होते हैं–

1. वर्णनात्मक, 2. आख्यानात्मक, 3. विचारात्मक।

वर्णनात्मक–वर्णनात्मक निबंध में किसी वस्तु, पदार्थ, स्थान, यात्रा, घटना या

दृश्य आदि का वर्णन किया जाता है। इसमें युक्ति प्रमाण नहीं दिए जाते, केवल वर्ण्य-विषय का यथार्थ चित्रण किया जाता है।

आख्यानात्मक–इसमें किसी प्रसिद्ध (अथवा बदनाम) व्यक्ति के जीवन को आधार बनाकर निबंध लिखा जाता है। आख्यानात्मक निबंध में केवल व्यक्ति का शारीरिक, सामाजिक, आर्थिक परिचय ही नहीं दिया जाता है, बल्कि उसके व्यक्तित्व पर भी प्रकाश डाला जाता है और उसके गुण-अवगुणों का संक्षेप में परिचय दिया जाता है। जैसे–रावण, कंस, हिटलर, जवाहरलाल, कृष्ण आदि।

विचारात्मक निबंध–इसमें किसी विचार अथवा भाव को लेकर रचना की जाती है। दर्शन, अर्थशास्त्र, राजनीति, धर्म, संस्कृति, सभ्यता, विज्ञान, इतिहास आदि से संबंध रखने वाले विषय विचारात्मक निबंध के अंतर्गत आते हैं।

विचारात्मक निबंध के दो भेद होते हैं–क. भावना-प्रधान, ख. तर्क-प्रधान।

भावना-प्रधान–इसमें अपने मन की भावनाओं में बहता हुआ लेखक भावुक शैली में लिखता है। वह अपने भावों को सही मानता हुआ, जो कुछ मन में तरंग आए, उसी को शब्दावली में गुंफित कर देता है।

तर्क-प्रधान–तर्क-प्रधान निबंध में विचार को 'तर्क' अथवा 'युक्ति प्रमाणों' से सिद्ध करने का प्रयास किया जाता है। कभी-कभी किसी विचार का विश्लेषण या विवेचन किया जाता है। इसमें किसी भाव या विचार पर वाद-विवाद भी किया जाता है। इसमें किसी वस्तु, विषय या रचना की आलोचना भी की जाती है।

कतिपय प्रमुख निबंध विस्तार से दिए जा रहे हैं–

1. बैंकों के लाभ

किसी भी देश के आर्थिक आधार को सुदृढ़ और उसके सुनियोजित विकास द्वारा अर्थव्यवस्था का नियमन प्रदान करने में बैंकों की भूमिका महत्त्वपूर्ण मानी जाती रही है। भारत एक विकासशील देश है। संसार के सभी विकासशील देशों में बैंक आज अधुनातन पद्धति को अपनाते हुए ग्राहक एवं समाज-सेवा में ही नहीं राष्ट्र-सेवा में भी तेजी से आगे बढ़ रहे हैं।

भारत में वैदिक युग से ही धर्म, अर्थ, काम, मोक्ष इन चार पुरुषार्थों की स्थापना करते समय 'अर्थ' अर्थात् धन को दूसरे स्थान पर रखकर इसकी महत्ता को स्पष्ट किया गया। अथर्ववेद में तो यह कहा भी गया है–**'धनेन देवाः धनमिच्छमाना'** अर्थात् हे देव! मैं धनार्जन के लिए अपनी पूँजी में से ही उधार देने का व्यवसाय करता हूँ। लोक साहित्य में यह उक्ति बराबर मिलती है कि "धन में बहुत शक्ति है।" इसलिए कहा गया–**"अर्थस्य पुरुषो दासः अर्थोदास न कस्यचित"** अर्थात् पुरुष अर्थ का दास है और अर्थ किसी का दास नहीं। भर्तृहरि ने तो यह भी कहा–**"सर्वे गुणाः कांचन माश्रयन्ति"** अर्थात् सभी गुण ऐश्वर्य होने पर ही शोभा पाते हैं। इसी 'धन'

को नियमित-नियंत्रित करने वाली संस्थाओं के रूप में व्यक्तिगत, सामूहिक, सरकारी अथवा गैर-सरकारी बैंकों की स्थापनाएँ होने लगीं।

आज का प्रचलित 'बैंक' शब्द मूलतः इटली से आया है। सन् 1171 ई. में इटली में आए एक बहुत बड़े आर्थिक संकट के दौरान वहाँ एक बैंक की आवश्यकता महसूस की गई थी। आर्थिक संकट से लड़ने के लिए इटली के नागरिकों से उनकी संपत्ति का एक प्रतिशत अंश अनिवार्य ऋण के रूप में लेकर इस बैंक की स्थापना की गई थी। इस अंश पर पाँच प्रतिशत वार्षिक ब्याज का भुगतान किया जाना था। नागरिकों से प्राप्त एक प्रतिशत ऋण से जब अपार पूँजी एकत्रित हो गई तो उस विशाल पूँजी को वहाँ की भाषा में 'मोन्टे' कहा गया।

आगे चलकर यही 'मोन्टे' शब्द जर्मन भाषा के पर्याय शब्द (Bank) के रूप में प्रयुक्त होने लगा। प्रयोग में आते-आते यह शब्द इटली में 'बैंको' (Banko), फ्रांस में 'बैंके' (Bankee) तथा अंग्रेजी में 'बैंक' (Bank) के रूप में प्रयुक्त किया जाने लगा।

'बैंकिंग' एक ऐसी व्यवस्था है जो सभी देशों में बहुत लंबे समय से चली आ रही है। भारत में भी इस व्यवस्था की सुदीर्घ परंपरा को वैयक्तिक, पारिवारिक तथा संस्थागत रूप में देखा जाता रहा है। सूद पर पैसा देने या लेने की परंपरा हमारे यहाँ वैदिक युग में भी विद्यमान थी। निरुक्त, ऋग्वेद, महाभारत, कौटिल्य के अर्थशास्त्र तथा रामायणकाल से होती हुई यह परंपरा आज बैंकों के रूप में विद्यमान है। भारत में बैंकों की शुरुआत अंग्रेजों के आने के बाद, 10वीं सदी के प्रारंभ में हुई। उस समय ऐसे 'एजेंसी हाउस' खोले गए थे जो लोगों को ऋण देते थे। इसके बाद मेसर्स अलेक्जैंडर एंड कंपनी हाउस तथा मेसर्स फर्ग्युसिन एंड कंपनी ने बैंकों की स्थापना की। 'बैंक ऑफ हिंदुस्तान', 'बैंक ऑफ बंबई', 'बैंक ऑफ मद्रास' इसी परंपरा में खोले गए। फिर 1807, 1840 तथा 1843 में क्रमशः कलकत्ता, बंबई और मद्रास में प्रेसीडेंसी बैंक की स्थापना भी हुई। सन् 1847 में भारत में 14 बैंक कार्यरत थे। सन् 1921 में तीनों प्रेसीडेंसी बैंकों का समन्वय करते हुए एक 'इम्पीरियल बैंक ऑफ इंडिया' बनाया गया। भारतीय स्टेट बैंक (स्टेट बैंक ऑफ़ इंडिया) इसी बैंक का उत्तराधिकारी है। स्वतंत्रता के बाद 19 जुलाई, सन् 1969 को भारत के चौदह बैंकों का राष्ट्रीयकरण भी किया गया।

बैंकों की शुरुआत भारत में अंग्रेजों द्वारा की गई। अतः स्वाभाविक है कि बैंकों की कार्यभाषा भी अंग्रेजी ही बनी। आजादी के बाद जब बैंक गाँवों, कस्बों या अन्य क्षेत्रीय जगहों पर पहुँचने लगे तो यह अनुभव किया जाने लगा कि अब बैंकों में सिर्फ अंग्रेजी से काम नहीं चल सकता। बैंकिंग व्यवस्था का सीधा संबंध भारतीय जनता से है अतः यहाँ की जनभाषा के द्वारा ही ठीक प्रकार से काम किया जा सकता है। यों भी हिंदी देश की राजभाषा बन चुकी थी। अतः बैंकों में हिंदी

के प्रयोग पर बल दिया जाने लगा। हिंदी प्रयोग के ये प्रयास सन् 1976 में फलीभूत हुए जब बैंकों में हिंदी के विशेष प्रचार-प्रसार और प्रयोग को अभियान के स्तर पर शुरू किया गया। बैंकों में क्षेत्रीय भाषाओं का प्रयोग भी बढ़ा तथा बैंकों में 'राजभाषा कार्यान्वयन समिति' का गठन किया गया। इसके बाद धीरे-धीरे प्रत्येक बैंक के प्रधान कार्यालय में हिंदी कार्यान्वयन समितियाँ बनाई गईं। इस पर भी कठिनाई यह थी कि 'सीधे हिंदी प्रयोग' एकदम शुरू नहीं किया जा सकता। बैंक संबंधी पूरी सामग्री अंग्रेजी में होने के कारण इस कठिनाई को ध्यान में रखते हुए हिंदी अनुवाद पर बल दिया और परिणामतः अंग्रेजी-हिंदी का एक साथ प्रयोग होना शुरू हो गया।

बैंकिंग आज ऐसा उद्योग है जिसने राष्ट्रीयकरण के बाद हमारे देश के आर्थिक और सामाजिक क्षेत्रों में क्रांति का सूत्रपात किया। आम जनता और विशेषकर ग्रामीण जनता के जीवन स्तर के सुधारने के प्रयासों में लगी इस व्यवस्था में संप्रेषण की बहुत बड़ी अहमियत है। बैंक और ग्राहक का संबंध केवल कानूनी तौर पर सुस्थापित ही नहीं, उसका एक सामाजिक पहलू भी है।

आज हमारे देश में विदेशी बैंक भी काम कर रहे हैं। किंतु उनकी सरकारी अहमियत कम है। क्रेडिट कार्ड के माध्यम में प्लास्टिक मनी बाजार में उतर चुका है। आज आपको बैंक में लाइन लगाने और हस्ताक्षर करने की जरूरत नहीं है। क्रेडिट कार्ड या एटीएम कार्ड के माध्यम से आप कहीं भी पैसा निकाल सकते हैं। घर से लेकर गाड़ी तक तथा छोटे सामानों के लिए भी आपको उचित ऋण दर पर बैंक पैसे देने के लिए तैयार हैं, जो पहले कभी नहीं था।

2. मीडिया और कंप्यूटर

उपग्रह, कंप्यूटर और इलेक्ट्रॉनिक्स के कारण संवादों का द्रुत गति से विस्तार हो रहा है, जिससे मानव दिनों-दिन अधिक चैतन्य हो रहा है। पहले भुजा की शक्ति थी, पुनः भाप की शक्ति, तत्पश्चात तेल की शक्ति और आज तो आणविक उपग्रह की शक्ति है। आज गति और विस्तार एकाकार हो चुके हैं, संचार-साधनों में अप्रत्याशित परिवर्तन दृष्टिगत हो रहे हैं। नित-नूतन बदलते परिवेश में मानव-मन चमत्कृत और स्तब्ध है। वह 21वीं सदी में जनसंचार के स्वरूप की कल्पना करने में अपने को असमर्थ पा रहा है।

इलेक्ट्रॉनिक्स-आविष्कारों के फलस्वरूप विस्मयकारी संचार-उपकरण उपलब्ध हो रहे हैं, जिनसे समाचार-संकलन, संपादन, मुद्रण, प्रति-संशोधन, प्रकाशन और प्रसारण में विचित्र परिवर्तन दृष्टिगत हो रहे हैं। 'न्यू इंग्लैंड न्यूज पेपर ऑपरेशंस एसोसिएशन' की 46वीं कान्फ्रेंस में रोमैलो ने बताया कि शीघ्र ही कंप्यूटर वर्तमान समाचार-पत्र कार्यालय के कंपोजिंग रूप को निरर्थक सिद्ध करने वाला है। अब तो कंप्यूटर के परदे पर इलेक्ट्रॉनिक विधि से कंपोजिंग होगी, कम खर्च में रंग-बिरंगे पत्र तत्काल

प्रकाशित होंगे। अब नूतन तकनीक के अनुरूप प्रेस भी आधुनिक बहुरंगी मनोरम मुद्रण की सुविधा से पूर्ण होंगे। पत्रों की छपाई आकर्षक होगी, उपग्रह विज्ञापन सेवा देंगे तथा विज्ञापन अत्यंत चित्ताकर्षक रंगीन होंगे। समाचार-पत्रों के उत्पादन में हो रहे नए परिवर्तन हेतु कंप्यूटर पर आधारित नई ऑटोमेशन पद्धतियों का प्रशिक्षण हर पत्रकार हेतु अनिवार्य हो जाएगा।

'दैनिक ट्रिब्यून' के पत्रकार राधेश्याम शर्मा के अनुसार इलेक्ट्रॉनिक कैमरों के कारण परंपरागत फोटोग्राफी एक बीती कहानी बनकर रह जाएगी। फोटो टेप या डिस्क पर एक चित्र होंगे, उनमें रसायनों का प्रयोग नहीं होगा। फोटोग्राफर टेलीफोन बूथों से फोटो प्रसारित करेंगे। पत्रकारिता जगत् में आज अखबारी कागज की आपूर्ति और उसके बढ़ते मूल्यों की विकराल समस्या है। अब एक सस्ते सुलभ गर्म देशों के पौधे 'कैनाफ' से अखबारी कागज तैयार होगा।

पहले के समाचार-पत्रों का उद्देश्य पाठकों की चेतना का उन्नयन था, भले ही पत्र का रूप सुरुचिपूर्ण हो या न हो। आज तो पाठकों के नेत्रों को आकर्षक दीखने के लिए पत्रों को सजना-सँवरना पड़ रहा है। पहले हैंड-प्रेस, पुनः टेड्रिल मशीन, फिर सिलिण्डर और रोटरी मशीनें आईं। अब तो फोटो ग्रव्योर, रोटो ग्रव्योर, फोटो कंपोजिंग, आफसेट भी पुराने पड़ चुके हैं तथा उपग्रह कंप्यूटर के कारण मुद्रण हेतु अधुनातन उपकरण उपलब्ध हैं। इलेक्ट्रॉनिक क्रांति के कारण पत्रों के मुद्रण की शैली बदल चुकी है।

आज कंप्यूटर-क्रांति से समाचार-पत्र का स्वरूप ही बदल रहा है। वीडियो के कारण जैसे घर-घर में दिन-प्रतिदिन मनोनुकूल फिल्में तैयार हो रही हैं। घर का हर सदस्य अभिनेता बन रहा है, अपनी ही कहानी का स्वयं ही फिल्मांकन हो रहा है, उसी प्रकार वह दिन दूर नहीं जबकि प्रत्येक व्यक्ति पत्रकार होगा, उसका अपना पत्र होगा, समाचार के लिए कोई दूसरे पर आश्रित न होगा। केंद्रीय स्थल से समाचार-पत्र घर-घर में 'टेलीव्यू' के कारण उपलब्ध होगा। 'टेलीव्यू' सेट के बटन को दबा कर हम समाचार, क्रीड़ा-समाचार, व्यापार जगत् का अध्ययन कर लेंगे।

संप्रेषण, मुद्रण, प्रसारण के क्षेत्र में शत-प्रतिशत हो रहे आविष्कारों-उपग्रहों, कंप्यूटर-बैंकों, लेसर-किरणों, अंतर्महाद्वीपीय प्रतिकृति आदि ने वस्तुतः पत्रकारिता जगत् में अद्भुत क्रांति मचा दी है। इस द्रुतगामी संचार-व्यवस्था के साथ पत्रकार को कदम-से-कदम मिलाकर चलना पड़ेगा ताकि 21 वीं सदी की आपाधापी और हलचल में उसके रचनात्मक विचार समाज को सही दिशा दे सकें।

3. विज्ञान के लाभ

आज की वैज्ञानिक उन्नति का श्रेय पश्चिम को है। यदि तीन-चार सौ वर्ष पूर्व के जमाने का कोई व्यक्ति आज किसी प्रकार जी उठे तो वह इस वर्तमान संसार को

देखकर एकदम आश्चर्यचकित हो जाए। दुनिया सर्वथा बदलती हुई है। भला चार सौ वर्ष पहले क्या कोई कल्पना कर सकता था कि सैकड़ों यात्रियों को लेकर रेलगाड़ी एक सौ साठ किलोमीटर की गति से दौड़ सकती है। बिजली का एक बटन दबाते ही सारे कमरे में प्रकाश हो जाएगा और पंखे चलने लगेंगे? टी.वी., रेडियो द्वारा संगीत तथा समाचार एक ही समय में संसार-भर में सुने जा सकेंगे। लोग समुद्र पार बैठे हुए व्यक्ति से बातें कर सकेंगे।

विज्ञान की सहायता से मनुष्य ने प्रकृति पर विजय प्राप्त की है। संसार समीप-समीप होता जा रहा है। जल, अग्नि, विद्युत आदि पदार्थ मानो मनुष्य के दास हो गए।

विज्ञान के मुख्य आविष्कार हैं–छापाखाना, इंजन और रेलगाड़ी, मोटरकार और बस, ट्रॉम और ट्यूब-ट्रेन, ग्रामोफोन, समुद्री जहाज, जंगी जहाज आदि।

विज्ञान के आधुनिकतम आविष्कार हैं–विमान (ऐरोप्लेन)–आरेविल राइट और विलवर राइट ने हवाई जहाज का आविष्कार किया। आजकल लड़ने वाले, बम-वर्षक, तट-रक्षक, खोज लगाने वाले, आग लगाने वाले, आदि कई तरह के विमान हैं।

रॉकेट–हजारों मील प्रति घंटा की रफ्तार से ऊपर की ओर जाने के लिए 'रॉकेट' हैं।

हैलिकोप्टर–ये पक्षियों की तरह सीधे ऊपर उठते और जमीन पर उतरते हैं। वायु में एक स्थान पर खड़े रह सकते हैं।

बम–अनेक तरह के हैं। यथा जहरीले गैसों वाले, अणु पैदा करने वाले, श्वास रोधक, विषैला जल बरसाने वाले, आग लगाने वाले। इनसे रक्षा करने के लिए नकाब इत्यादि बनाई गई है।

माइंस–बढ़ते हुए शत्रुओं को नष्ट करने के लिए रास्ते में फटने वाली सुरंगें बिछाई जाती हैं, इन्हें माइंस कहते हैं।

गुब्बारों का जाल–बड़े-बड़े गुब्बारों को तारों से बाँधकर आकाश में छोड़ दिया जाता है। शत्रु के विमान इनसे टकराकर नष्ट हो जाते हैं।

चिकित्सा विज्ञान के क्षेत्र में भी मनुष्य ने अत्यधिक प्रगति की है। आज मनुष्य ने विज्ञान की सहायता से चेचक, टीबी. आदि भयंकर रोगों को जड़ से ही समाप्त कर दिया है। तथा हृदय एवं मस्तिष्क के ऑपरेशन भी संभव बना दिए हैं। कैंसर जैसा भयंकर रोग अब इतना असाध्य नहीं रहा है। आज विज्ञान ने अंधों को आँखें दी हैं, बहरों को कान। यहाँ तक कि प्लास्टिक सर्जरी द्वारा सभी लोगों को सुंदर रूप प्रदान किया जा रहा है।

प्राचीन काल में लंबी दूरियाँ तय करने में मनुष्य को वर्षों लग जाते थे, अनेक कठिनाइयों का भी सामना करना पड़ता था। लेकिन आज मोटरकार, रेलगाड़ी और वायुयान की सहायता से हजारों मील की दूरियाँ कुछ ही घंटों में तय कर ली जाती

हैं। जलयान द्वारा बड़े-से-बड़े समुद्र को पार करके किसी भी देश में पहुँचा जा सकता है। इन वैज्ञानिक साधनों ने विश्व के देशों को बहुत पास ला दिया है। दूरी की दृष्टि से आज अमेरिका, चीन, जापान, रूस तथा यूरोप के सभी देश वैसे ही हैं, जैसे कि दिल्ली, मुंबई और कोलकाता।

टेलीफोन और सेलफोन के आविष्कार तो मनुष्य के लिए वरदान साबित हुए हैं। हजारों मील दूर बैठे हुए मनुष्य से हम आसानी से बातें कर सकते हैं। इतना ही नहीं अब बात करते हुए एक-दूसरे को देखा भी जा सकता है। फैक्स, ई-मेल, नेट के आविष्कारों ने तो संप्रेषण के क्षेत्र में क्रांतिकारी परिवर्तन ला दिए है।

विज्ञान ने कुछ संहारक अस्त्र भी बना लिए हैं। इससे मनुष्य की सभ्यता, संस्कृति भी खतरे में पड़ती नजर आ रही है। वैज्ञानिकों ने ऐसे अणुबमों का आविष्कार किया है कि दुर्भाग्यवश यदि कभी उनका विस्फोट हुआ तो देश काल के गाल में चले जाएँगे। द्वितीय विश्वयुद्ध के दौरान अमेरिका ने जापान पर परमाणु बमों का प्रयोग किया था जिसके दुष्परिणाम आज भी वहाँ के लोग भोग रहे हैं। विज्ञान के अभिशाप से बचने के लिए विश्व-व्यवस्था में परिवर्तन करना होगा। नई व्यवस्था में हथियारों की होड़ समाप्त होगी और तभी विज्ञान अभिशाप कहलाने के कलंक से बच सकेगा और मानवता के लिए कल्याण सिद्ध हो सकेगा।

4. ओणम

भारत पर्वों का देश है। यहाँ विभिन्न ऋतुओं में अनेक धार्मिक और सामाजिक पर्व मनाये जाते हैं। देश के विभिन्न राज्यों के कुछ अपने विशेष पर्व हैं। ओणम एक ऐसा ही पर्व है जो केरल राज्य में उल्लास तथा उत्साह के साथ श्रावण मास में मनाया जाता है। केरल के नव वर्ष का आरंभ भी इसी पर्व से होता है।

प्रायः प्रत्येक धार्मिक पर्व के मूल में कोई-न-कोई पौराणिक कथा रहती है। ओणम से राजा बलि की कथा जुड़ी हुई है। श्रीमद्‌भागवत के अनुसार प्राचीनकाल में बलि एक पराक्रमी और दानशील सम्राट थे। उनकी दानशीलता की चर्चा चारों ओर फैल गई थी, जिससे देवता घबरा गए। देवताओं ने विष्णु भगवान से सहायता माँगी। विष्णु भगवान ने देवताओं की सहायता के लिए वामन (बौना) ब्राह्मण का रूप धारण किया और बलि से तीन पग भूमि दान में माँगी। बलि ने सहर्ष स्वीकृति दे दी।

अगले ही क्षण वामन ने विराट रूप धारण कर लिया। उन्होंने पहले पग में पूरी धरती और दूसरे पग में पूरा आकाश नाप लिया। तीसरे पग को रखने के लिए वामन ने और स्थान माँगा, तब राजा बलि ने अपनी पीठ को ही वामन के लिए प्रस्तुत कर दिया। भगवान विष्णु बलि की दानशीलता से बड़े प्रसन्न हुए। उन्होंने बलि से वर माँगने के लिए कहा। बलि ने भगवान विष्णु से हमेशा दर्शन देते रहने

का वर माँगा। भगवान विष्णु ने राजा बलि को पाताल लोक का राज्य दे दिया। यह कथा संपूर्ण भारत में विख्यात है।

केरल प्रदेश में यह पौराणिक कथा कुछ विशेष रूप में मिलती है। इसके अनुसार, पाताल पहुँचने पर राजा बलि ने विष्णु से प्रार्थना की कि उन्हें वर्ष में एक दिन अपनी प्रजा से मिलने का अवसर दें। विष्णु ने इस प्रार्थना को स्वीकार कर लिया। केरलवासियों का विश्वास है कि ओणम के दिन ही राजा बलि अपनी प्रजा की खुशहाली देखने के लिए पूरे केरल प्रदेश में घूमते हैं। केरल निवासी अपने राजा बलि का हर्ष और उल्लास से स्वागत करने के लिए ओणम पर्व का आयोजन करते हैं।

केरल प्रदेश में ओणम का त्योहार बड़ी धूमधाम से मनाया जाता है। खेतों की हरियाली इस पर्व के उल्लास और उत्साह को अभिव्यक्त करती है। श्रावण मास में पूरे दस दिन तक ओणम का उत्सव चलता है। भादों मास के श्रवण नक्षत्र के दिन छोटा ओणम भी मनाया जाता है। ओणम के उत्सव का आरंभ घर के आँगन में रंगोली सजाने से किया जाता है। लड़कियाँ कलात्मक ढंग से रंगोली सजाती हैं। रंगोली के आकार, फूलों की संख्या और फूलों के रंगों में प्रतिदिन वृद्धि होती जाती है। बड़ी रंगोली को केरल प्रदेश की भाषा मलयालम में 'पक्कम' कहते हैं।

ओणम के अवसर पर लोग नए वस्त्र पहनते हैं और एक-दूसरे को भेंट देते हैं। गाँवों में ओणम के दिन पीत वस्त्रधारी बाल-गोपालों की छटा निराली होती है।

ओणम स्नेह तथा सम्मान का पर्व है। इस पर्व में भेंट देने के समान ही प्रीतिभोज का आयोजन भी महत्त्वपूर्ण है। केरलवासी ओणम के दिन षट्रस व्यंजनों का भोज तैयार करते हैं। इनमें पायसम (खीर), केले की नमकीन वस्तुएँ, अचार, पापड़, गाढ़ी कढ़ी, उसना चावल आदि विशेष रूप से उल्लेखनीय हैं। ऐसी धारणा है कि राजा बलि इस भोज को देखकर प्रसन्न होते हैं और प्रजा की दशा से संतुष्ट होकर पाताल लोक लौट जाते हैं।

ओणम हँसी-खुशी का पर्व है, खुशहाली का पर्व है। ओणम के दिन नौका प्रतियोगिता भी आयोजित की जाती है। नदियों-सरोवरों पर नौका दौड़ का आयोजन बहुत आकर्षक लगता है। नाविक नौका-गीत गाते हुए नियत ताल पर डाँड़ चलाते हैं। उनका उत्साह और नौका-संचालन कौशल देखने योग्य होता है। इस अवसर पर खेल तमाशों, झूलों पर पेंग करती नारियों तथा लोकनृत्यों की दृष्टि देखते ही बनती है। ऐसा लगता है जैसे केरलवासियों की सांस्कृतिक परंपरा जीवंत हो उठी है।

5. राष्ट्रीय एकता एवं भारतीय संस्कृति

संस्कृति सामाजिक-संस्कारों का दूसरा नाम है जिसे कोई समाज विरासत के रूप में प्राप्त करता है। दूसरे शब्दों में संस्कृति एक विशिष्ट जीवन-शैली है, एक ऐसी सामाजिक विरासत है जिसके पीछे एक लंबी परंपरा होती है।

भारतीय संस्कृति विश्व की प्राचीनतम तथा महत्त्वपूर्ण संस्कृतियों में से एक है, किंतु यह कब कैसे विकसित हुई, यह कहना कठिन है। प्राचीन ग्रंथों के आधार पर इसकी प्राचीनता का अनुमान लगाया जा सकता है। वेद संसार के प्राचीनतम ग्रंथ हैं। भारतीय संस्कृति के मूलरूप का परिचय हमें वेदों से मिलता है। वेदों की रचना ईसा से कई हजार वर्ष पूर्व हुई थी। सिंधु घाटी की सभ्यता का विवरण भी भारतीय संस्कृति की प्राचीनता पर प्रकाश डालता है। इसका इतना लंबा और अखंड इतिहास इसे महत्त्वपूर्ण बनाता है। मिस्र, यूनान और रोम आदि देशों की संस्कृतियाँ आज केवल इतिहास बनकर सामने हैं, जबकि भारतीय संस्कृति एक लंबी ऐतिहासिक परंपरा के साथ आज भी निरंतर विकास के पथ पर अग्रसर है। महाकवि इकबाल के शब्दों में–

यूनान, मिस्र, रोमां सब मिट गए जहाँ से।
कुछ बात है कि हस्ती मिटती नहीं हमारी॥

आखिर यह बात क्या है? भारत में समय-समय पर ईरानी, यूनानी, शक, कुषाण, हूण, अरब, तुर्क, मंगोल आदि जातियाँ आईं लेकिन भारतीय संस्कृति ने अपने विकास की प्रक्रिया में इन सभी को आत्मसात कर लिया और उनके अच्छे गुणों को ग्रहण करके उन्हें अपने रंग रूप में ऐसा ढाला कि वे आज भारतीय संस्कृति के अभिन्न अंग हैं। भारत ने वे सभी विचार, आचार-व्यवहार स्वीकार कर लिए जो उसकी दृष्टि में समाजोपयोगी थे। अच्छे विचारों को ग्रहण करने में भारतीय संस्कृति ने कभी परहेज नहीं किया। विविध संस्कृतियों को पचाकर उन्हें एक सामासिक स्वरूप दे देना ही भारतीय संस्कृति के कालजयी होने का कारण है। 'अनेकता में एकता' ही भारतीय संस्कृति की विशिष्टता रही है। कवि गुरु रवीन्द्रनाथ ठाकुर ने भारत को 'महामानवता का सागर' कहा है। सचमुच महासागर हैं यह जाति, धर्म, भाषा-साहित्य, कला-कौशल आदि की अनेक सरिताओं द्वारा समृद्ध महामानवता का महासागर। संसार के सभी प्रमुख धर्म भारत में प्रचलित हैं। सनातन धर्म (हिंदू), जैन, बौद्ध, पारसी, ईसाई, इस्लाम, सिख सभी धर्मों को मानने वाले लोग यहाँ रहते हैं। भाषा की दृष्टि से यहाँ लगभग 150 भाषाएँ बोली जाती हैं। यहाँ 'ढाई कोस पर बोली बदले' वाली कहावत चरितार्थ होती है। संसार के प्राचीनतम ग्रंथ ऋग्वेद के रूप में साहित्य की जो प्रथम धारा यहाँ फूटी थी, वही समय के साथ संस्कृत, प्राकृत, अपभ्रंश, हिंदी, गुजराती, बांग्ला, तथा तमिल, तेलुगु, मलयालम, कन्नड़ आदि के माध्यमों से विकसित हुई और फारसी तथा अंग्रेजी साहित्य ने भी उसे संपुष्ट किया।

नृत्य और संगीत के क्षेत्र में भी यही समन्वय देखने को मिलता है। भरतनाट्यम,

ओडिसी, कुचिपुड़ि, कथकली, मणिपुरी, कत्थक आदि सभी शैलियों को पौराणिक देवी-देवताओं के जीवन की घटनाओं से सजाया-सँवारा गया है। कत्थक नृत्य शैली में मुगल-दरबार की संस्कृति का बड़ा रूप देखने को मिलता है। भारतीय संगीत में भी हमें विविधता में एकता के दर्शन होते हैं। सामगान से उत्पन्न भारतीय संगीत के विकास के पीछे भी समन्वय की एक लंबी परंपरा है। यह लोकसंगीत और शास्त्रीय संगीत दोनों को अपने में समेटे हुए है। हिंदुस्तानी तथा कर्नाटक शास्त्रीय संगीत दोनों में ही अनेक लोक धुनों ने राग-रागिनियों के रूप में प्रतिष्ठा प्राप्त कर ली है। ईरानी संगीत का प्रभाव आज भी अनेक राग-रागिनियों और वाद्य-यंत्रों पर स्पष्ट दिखाई देता है। हिंदुस्तानी संगीत में तो अनेक मुस्लिम संगीतकारों का योगदान रहा है।

साहित्य और संगीत के समान भारतीय वास्तुकला और मूर्तिकला में भी विविधता और स्वतंत्रता दिखाई देती है। इससे भारत में आई विभिन्न जातियों की कला-शैलियों के पूरे इतिहास की झलक मिलती है। इसमें एक ओर तो शक, कुषाण, गांधार, ईरानी, यूनानी शैलियों से प्रभावित धाराएँ आ जुड़ी हैं तो दूसरी ओर इस्लामी और ईसाई सभ्यता से प्रभावित धाराएँ, किंतु ये सब धाराएँ मिलकर भारतीय कला को एक विशिष्ट रूप प्रदान करती हैं।

भारत पर्वों-उत्सवों का देश है। हमारे पर्व-त्योहार अनेकता में हमारी सांस्कृतिक एकता को प्रतिबिंबित करते हैं। दीपावली, दशहरा, बैसाखी, पोंगल, ओणम, मकरसंक्रांति, गुरुपर्व, बिहू, ईद-उल-फितर, ईदुज्जुहा, क्रिसमस, नवरोज आदि में भारतीय संस्कृति की इसी एकात्मकता के दर्शन होते हैं। इन सभी पर्व-त्योहारों ने हमारे राष्ट्र को एक सूत्र में पिरोया हुआ है। ये सभी भारतीय संस्कृति की एकता का जीवंत रूप प्रस्तुत करते हैं और हमें ये बार-बार अनुभव कराते हैं कि हमारी परंपरा और संस्कृति मूलतः एक है। देश के विभिन्न भागों में बसे लोग भाषा, धर्म, वेशभूषा, खान-पान, रहन-सहन, रीति-रिवाज आदि की दृष्टि से भले ही ऊपरी तौर पर एक-दूसरे से भिन्न दिखाई देते हैं, किंतु इन विभिन्नताओं के बावजूद भारत एक सांस्कृतिक इकाई है।

6. दीपावली

दीपावली दीपों का त्योहार है। प्रकाश का त्योहार है। सुख-समृद्धि का त्योहार है। हर्ष-विनोद का त्योहार है। प्यार-प्रीति और उल्लास का त्योहार है। मनुष्य ने ईश्वर से सदैव अँधेरे से उजाले की ओर ले जाने की प्रार्थना की है—"तमसो मा ज्यातिर्गमय—हे प्रभु! हमें अंधकार से प्रकाश की ओर ले चलो।" यह अंधकार अज्ञान का है, अभाव का है, दीन-हीनता और गरीबी का है, आपसी वैर-भाव और मन-मुटाव का है। दीपावली

के दिन दीप जलाकर हम जैसे संपूर्ण मानव-जाति को इन सबसे मुक्त करने की कामना करते हैं, ज्ञान का प्रकाश फैलाने का संकल्प लेते हैं और यह भी कह उठते हैं—

जगमग जगमग दीप जल उठे,
चमक उठी है रजनी काली।

सारे भारत में शरद ऋतु में दीपावली का त्योहार किसी-न-किसी रूप में बड़े उत्साह से मनाया जाता है। कई सप्ताह पहले से ही इस त्योहार की तैयारी आरंभ हो जाती है। सभी लोग अपने घरों की सफाई करते हैं। वर्षा काल में मकानों के अंदर और बाहर जो गंदगी इकट्ठी हो जाती है उसे निकाल दिया जाता है। मकानों की रंगाई और पुताई की जाती है, सड़कों और गलियों की विशेष सफाई कराई जाती है। दुकानदार अपनी दुकानों की सफाई कराकर उन्हें आकर्षक ढंग से सजाते हैं। त्योहार के समय सभी ग्राम तथा नगर बड़े ही साफ-सुथरे दिखाई देते हैं। इसलिए हम दीपावली को स्वच्छता का त्योहार भी कह सकते हैं।

दीपावली हमारे देश का बहुत प्राचीन त्योहार है। कहा जाता है कि दीपावली के दिन श्री रामचंद्रजी चौदह वर्ष का वनवास पूरा करके अयोध्या लौटे थे। इसीलिए अयोध्यावासियों का हृदय उल्लास से भरा हुआ था। विजयी राम के स्वागत में अयोध्या नगर के निवासियों ने नगर को दीपमालाओं से सजाया था। तभी से दीपावली का त्योहार प्रतिवर्ष मनाया जाने लगा।

यह सुख-समृद्धि का त्योहार है। कृषि प्रधान देश में खरीफ की फसल इस समय तक कटकर घर में आ जाती है। घर अन्न से भर जाते हैं और लोग हर्षपूर्वक दीपावली मनाकर समृद्धि की देवी लक्ष्मी का पूजन करते हैं।

दीपावली का पर्व वास्तव में प्रकाश और आनंद का पर्व है। इस अवसर पर घरों में तरह-तरह की मिठाइयाँ और पकवान बनते हैं। बाजार से खील, बतासे, मिठाइयाँ, खिलौने, लक्ष्मी-गणेश की मूर्तियाँ आदि खरीदकर लाई जाती हैं। बच्चे पटाखे और विभिन्न प्रकार की आतिशबाजी खरीदते हैं। शहर की सड़कों पर और गली में आतिशबाजी की दुकानें पहले से लगी रहती हैं।

दीपावली का पर्व लगातार पाँच दिनों तक मनाया जाता है—धनतेरस से लेकर भैयादूज तक। दीपावली के दो दिन पूर्व धनतेरस होती है। यह भी दीपावली का ही अंग है। धनतेरस के दिन बाजार सजाए जाते हैं और वे दीपावली तक सजे रहते हैं। बरतनों की दुकानों की शोभा तो देखते ही बनती है। इस दिन प्रायः सभी हिंदू परिवारों में कोई छोटा या बड़ा बरतन अवश्य खरीदा जाता है। धनतेरस के अगले दिन छोटी दीपावली होती है। छोटी दीपावली पर भी लोग कुछ दीपक जलाकर अपना उल्लास प्रकट करते हैं।

दीपावली के दिन सायंकाल में लक्ष्मी और गणेश की पूजा की जाती है। दुकानदार

अपनी-अपनी दुकानों पर भी लक्ष्मी-गणेश का पूजन करते हैं। इस पूजन के बाद जगमगाते दीपकों से मकानों और दुकानों की सजावट की जाती है। चारों ओर बच्चे पटाखे छोड़ते हुए घूमते हैं। शहरों में बिजली की रोशनी से भी सजावट होती है। अमावस्या के गहन अंधकार के बीच छोटे-छोटे दीपों की मालाएँ बहुत आकर्षक लगती हैं।

दीपावली के दूसरे दिन गोवर्धन पूजा की धूम-धाम रहती है। इस दिन लोग अपनी पशु-संपदा की पूजा करते हैं। अनेक स्थानों पर गाय-बैलों को रंगों से अलंकृत भी किया जाता है। तीसरे दिन भैया-दूज (भ्रातृ-द्वितीया) का पर्व मनाया जाता है। भैया-दूज के दिन बहनें अपने भाइयों को तिलक करती हैं। उन्हें मिठाई खिलाती हैं और उनके मंगलमय भविष्य की कामना करती हैं।

इस पर्व पर लोग जुआ भी खेलते हैं, जिसके कारण अनेक परिवार नष्ट हो जाते हैं। यह कुरीति दीपावली के अवसर पर जैसे भी आई हो, उचित नहीं है। शायद उल्लास के इस पर्व को मनाने की उमंग में यह दुष्प्रवृत्ति बढ़ती गई। इस कुरीति को बिल्कुल ही समाप्त करने का संकल्प लेना चाहिए।

इस पर्व पर खतरनाक ढंग से आतिशबाजी भी की जाती है। इसके कारण प्रायः आग लग जाने की दुर्घटनाएँ हो जाती हैं। कभी-कभी बच्चे अपने हाथ-पैर आदि जला बैठते हैं। आतिशबाजी से प्रदूषण भी फैलता है। यदि बच्चे आतिशबाजी का प्रयोग करें भी तो हल्के-फुल्के आतिशबाजी का प्रयोग करें और बड़ों के निर्देशन में ही करें। यह प्रसन्नता की बात है कि अब धीरे-धीरे लोगों में आतिशबाजी के भयंकर परिणामों के प्रति चेतना जगने लगी है।

7. पर्यावरण प्रदूषण

'पर्यावरण' का शाब्दिक अर्थ है—हमारे चारों ओर का प्राकृतिक आवरण। जो कुछ भी हमारे चारों ओर विद्यमान है, हमें ढँके-लपेटे हुए है, उसे पर्यावरण कहते हैं। प्रकृति ने मानव के लिए एक सुखद आवरण बनाया था। साँस लेने के लिए स्वच्छ हवा, पीने के लिए साफ पानी, कोलाहल रहित शांत प्रकृति, हरे-भरे वन, उनमें बसने वाले पशु-पक्षी। इन सबके रूप में प्रकृति ने मानव को कितना कुछ दिया, किंतु मानव ने अपने स्वार्थ में एक ओर तो प्रकृति की सुविधाओं का अंधाधुंध लाभ उठाकर उसका शोषण किया और दूसरी ओर प्रगति के नाम पर शोरगुल, धुआँ, जहरीली गैसें वायुमंडल में भर दीं, यही नहीं समुद्र आदि के जल को भी विषाक्त कर दिया।

वायु हमारे प्राणों का आधार है। इसीलिए वायु का एक नाम प्राण भी है, किंतु आजकल विशेषकर शहरों में हम जिस वायु में साँस ले रहे हैं वह प्राणों के लिए हानिकर है। उसमें धूल, धुआँ, राख, कालिख जैसे पदार्थ हैं जिनमें कार्बन मॉनो-ऑक्साइड जैसे हानिकारक रसायन होते हैं। यही वायु प्रदूषण है। इसी प्रदूषण

के कारण आँख, गले, फेफड़े के रोगों का प्रकोप बढ़ता जा रहा है।

बढ़ता हुआ शोर भी प्रदूषण का एक प्रमुख कारण है। इसे ध्वनि-प्रदूषण कहा जाता है। वाहनों, कारखानों का शोर कान फाड़ने वाला होता है। घरों में ऊँचे स्वर से रेडियो-टी.वी. सुनना, लाउड-स्पीकरों का मनमाना प्रयोग, जोरों से चीखना-चिल्लाना सब शोर के ही उदाहरण हैं। वैज्ञानिकों का मानना है कि ध्वनि-प्रदूषण से न केवल सुनने की शक्ति पर कुप्रभाव पड़ता है, इससे सिर दर्द, रक्तचाप, अनिद्रा जैसे रोग भी हो जाते हैं।

जल का दूसरा नाम जीवन है। प्राणी जल के बिना जीवित नहीं रह सकता। आज स्वच्छ जल मिलना दूभर हो गया है, क्योंकि जल-स्रोतों को ही प्रदूषित कर दिया गया है। नगरों और शहरों की गंदगी तथा कारखानों के जहरीले रसायन नदियों और तालाबों में छोड़े जाते हैं। गंगा जैसी पवित्र नदी का जल प्रदूषित हो गया है।

अज्ञान और सुविधाओं के अभाव के कारण मल-मूत्र त्याग, पशुओं को नहलाने, वस्त्र धोने, कूड़ा-कचरा पानी में गिराने से भी जल प्रदूषित हो जाता है। ऐसा प्रदूषित जल पीने से हैजा, अतिसार, पीलिया, टाइफाइड जैसे रोग फैलते हैं।

वायु, जल और ध्वनि-प्रदूषण के बढ़ने के साथ-साथ मृदा-प्रदूषण का खतरा भी उत्पन्न हो गया है। रासायनिक खादों के अतिशय प्रयोग से मिट्टी का स्वाभाविक रूप विकृत होता जा रहा है। परिणामस्वरूप, उत्पादित वस्तुओं का पौष्टिक तत्त्व नष्ट होता जा रहा है। साग-सब्जी और फल स्वादहीन होते जा रहे हैं।

खेद की बात है कि सभ्यता और विकास के नाम पर हम प्रकृति की धरोहर को नष्ट कर रहे हैं और अपने पैरों में स्वयं कुल्हाड़ी मार रहे हैं। यदि पर्यावरण का संरक्षण नहीं किया गया तो मानव-जाति का अस्तित्व ही संकट में पड़ जाएगा। वायु प्रदूषण रोकने के लिए अधिक वृक्ष लगाने होंगे और कल-कारखानों को वायुमंडल में विषैले तत्त्व छोड़ने से रोकना होगा। वाहनों की भी जाँच करनी होगी और ऐसे ईंधनों का प्रयोग करना होगा जो प्रदूषण न फैलाएँ। कारखानों को नदी-तालाबों में हानिकारक रसायन छोड़ने से रोकना होगा। जल-स्रोतों की सफाई करते रहनी होगी। ध्वनि-प्रदूषण रोकने के भी उपाय करने होंगे। वाहनों की बनावट ऐसी हो कि वे शोर न करें। व्यर्थ हॉर्न बजाने से लोगों को रोकना होगा। मृदा प्रदूषण को रोकने के लिए प्राकृतिक उर्वरकों के प्रयोग पर बल देना होगा। सभी प्रकार के प्रदूषण पर नियंत्रण करने के लिए आवश्यक है कि लोगों के सोचने के ढंग में बदलाव लाया जाए।

जैसे हमारी एक निश्चित आयु है, उसी प्रकार प्राकृतिक संसाधनों की भी निश्चित आयु है। यदि हम उनको बिगाड़ेंगे या उनसे छेड़-छाड़ करेंगे तो हमारा अपना अस्तित्व संकट में पड़ जाएगा। इसीलिए भलाई इसी में है कि हम पर्यावरण का संरक्षण करें, ताकि हमारा अस्तित्व बना रहे।

8. महात्मा गाँधी

2 अक्टूबर, 1869 को गुजरात राज्य के राजकोट शहर के करमचंद गाँधी के घर एक बालक उत्पन्न हुआ। उसका नाम माता-पिता ने मोहनदास रखा। मोहनदास के पिता का नाम करमचंद गाँधी था। इसलिए इनका पूरा नाम मोहनदास करमचंद गाँधी हुआ। गुजरात में अपने नाम के साथ पिता का नाम लगाने का रिवाज है। करमचंद गाँधी पोरबंदर की एक रियासत के दीवान थे। मोहनदास की माता का नाम पुतलीबाई था।

बचपन से ही मोहनदास में सच बोलने की आदत थी। एक बार वह सत्य हरिश्चंद्र नाटक देखने गए। नाटक देखकर उन्होंने सोचा, "आखिर मैं सत्यवादी हरिश्चंद्र की तरह क्यों नहीं बन सकता?" उन्होंने तभी से सच बोलने का इरादा किया।

उनके स्कूल की एक बड़ी मजेदार घटना है। एक बार उनके स्कूल में इंस्पेक्टर आया था। वह स्कूल के बच्चों की पढ़ाई देख रहा था। मास्टर ने बच्चों को 'कैटिल' शब्द लिखने को कहा। मोहनदास 'कैटिल' शब्द गलत लिख रहे थे। मास्टर ने इशारे से बताया कि अपने आगे वाले लड़के की नकल कर लो। मोहनदास सच बोलने वाले लड़के थे। उन्होंने नकल नहीं की।

जब वह राजकोट के हाईस्कूल में पढ़ते थे। एक बुरे लड़के की संगत में पड़ गए। मोहनदास शरीर से कमजोर थे। उस लड़के ने मजबूत बनने के लिए मांस खाने की सलाह दी। वह घरवालों से छिपकर मांस खाने लगे। उस लड़के ने उन्हें सिगरेट पीना भी सिखा दिया। बाद में मोहनदास ने अपने पिता को पत्र लिखकर इन सारी बातों के लिए माफी माँग ली।

मोहनदास हाईस्कूल पास करके इंग्लैंड चले गए। जाते समय उन्होंने अपनी माताजी को यह वचन दिया कि वह इंग्लैंड में मांस और शराब नहीं छुएँगे।

इंग्लैंड में उन्हें खाने-पीने में बड़ी कठिनाई थी। सादा भोजन मिलता नहीं था। लेकिन माता जी को वचन देने के कारण उन्होंने मांस और शराब को हाथ नहीं लगाया।

वह बहुत ज्यादा सादा जीवन बिताने वाले युवक थे। इंग्लैंड की तड़क-भड़क में उनका मन नहीं लगता था। लेकिन पढ़ाई पूरी करने के लिए उन्हें इंग्लैंड में रहना जरूरी था। इसीलिए उन्होंने अच्छे-अच्छे सूट बनवाए, टाई खरीदी और अंग्रेजी नाच भी सीखा, पर कुछ ही दिनों में यह सब छोड़ दिया।

बैरिस्टरी पास कर वह भारत लौटे और वकालत करने लगे। कुछ दिनों बाद वह दक्षिण अफ्रीका गए। वहाँ भारतीयों पर अंग्रेज बड़ा अत्याचार कर रहे थे। मोहनदास ने इसके खिलाफ आवाज उठाई।

20 वर्ष बाद भारत लौटकर उन्होंने देश को आजाद कराने की सोची। उन्होंने

सोई हुई भारतीय जनता को जगाया। अंग्रेजों से आजादी की लड़ाई में हजारों लोग जेल गए, लाठी गोली खाई और अंत में भारत आजाद हुआ। आजादी की लड़ाई गाँधी जी के नेतृत्व में लड़ी गई।

लेकिन इसी बीच हिंदू और मुसलमान आपस में लड़ पड़े। भारत दो टुकड़ों में बँट गया। इस बँटवारे में कुछ कट्टर हिंदू गाँधी जी से इतने नाराज हुए कि नाथूराम गोडसे नामक एक युवक ने उन्हें 30 जनवरी, 1948 को गोली मार दी।

गाँधी जी ने जीवन भर भारतीयों को आपस में प्रेम से रहना सिखाया। उन्हें अच्छा नागरिक बनाने की कोशिश की। इसीलिए सब लोग प्यार से उन्हें बापू कहने लगे। यदि हम यह देखने का प्रयास करें कि उन्होंने अपने जीवन में क्या-क्या किया, जिससे हमें शिक्षा मिल सकती है तो यह एक लंबी सूची बन जाती है। उन्होंने हम सभी को मानव बनाया, हरिजनों के लिए मंदिर बनाकर आत्मोन्नति की, खद्दर का संदेश दिया, मानव एकता, संगठन, सुख, शांति और अहिंसा का पाठ पढ़ाया। भूख से पीड़ित-निर्धनों को रोटी और नंगों को वस्त्र प्रदान किया। निर्भयता का संदेश दिया। भारतमाता के पैरों में पड़ी गुलामी की सदियों पुरानी जंजीरों को तुड़वा दिया।

निश्चय ही गाँधी जैसे महापुरुष शताब्दियों के पश्चात् ही पैदा होते हैं। भारतीय जन-जीवन का संभवतः कोई भी क्षेत्र आज ऐसा नहीं है, जिस पर गाँधी जी की महान छाप न हो। गौतम बुद्ध के पश्चात् गाँधी जी के सिवाय ऐसा एक भी महापुरुष भारतीय इतिहास में नहीं दिखाई पड़ता, जिसने जन-जीवन, राष्ट्रीय चेतना और युग-धर्म को इतना प्रभावित किया हो। राष्ट्र को उनकी देन अनंत है, भविष्य के जो स्वप्न गाँधी जी ने देखे थे, राम-राज्य के जो मधुर स्वप्न सँजोए थे उनके अनुयायी उनके स्वप्नों को पूरा करने की आज प्राण-पण से चेष्टा कर रहे हैं।

यद्यपि आज गाँधी जी नहीं रहे, उनके पावन चरित्र, उनकी पवित्र प्रेरणा और उनके भव्य उपदेश आज भी प्रकाश स्तंभ की भाँति हमारा पथ-निर्देश करते हैं। उनके ऋण से उऋण होने के लिए तथा उनके प्रति आभार और सम्मान प्रकट करने के लिए आज सबसे अच्छा एक ही मार्ग है कि हम उनके बताए हुए सिद्धांतों और विचारों का अनुसरण करें।

9. पुस्तकालय के लाभ

जीवन की अन्य आवश्यकताओं की भाँति ज्ञान प्राप्त करना भी एक बहुत बड़ी आवश्यकता है। लोगों को शिक्षित बनाने के लिए ज्ञान प्राप्त कराने के लिए एक राष्ट्र को अपनी संपत्ति का बहुत बड़ा भाग व्यय करना पड़ता है। छोटे-छोटे स्कूलों से लेकर बड़े-बड़े विद्यालय और कॉलेज इसी उद्देश्य की पूर्ति के लिए स्थापित किए गए हैं। परंतु ज्ञान का क्षेत्र इतना विशाल है कि ये शिक्षा-संस्थाएँ एक निश्चित समय में पूर्ण रूप से ज्ञान का साक्षात्कार नहीं करा सकतीं। इसलिए ज्ञान-पिपासु को

पुस्तकालय का सहारा लेना पड़ता है।

प्राचीन काल में पुस्तकें हस्तलिखित होती थीं, जिससे एक व्यक्ति के लिए विविध विषयों पर अनेक पुस्तकें उपलब्ध करना बड़ा कठिन था। परंतु आज के मशीनी युग में भी, जबकि पुस्तकों का मूल्य प्राचीन काल की तुलना में बहुत ही कम है, एक व्यक्ति अपनी ज्ञान-पिपासा की तृप्ति के लिए सभी पुस्तकें खरीदने में असमर्थ ही है। पुस्तकालय हमारी इस असमर्थता को पूरा करने में सबसे बड़ा सहायक है। अब सारे पुस्तकालय नेटवर्क से जुड़ गए हैं। दिल्ली में डेलनेट नाम से एक नेटवर्क है, जो सेकेण्डों में देश के किसी पुस्तकालय से अलभ्य से अलभ्य पुस्तकें ढूँढ़ निकालती है और पुस्तकालय प्रयोक्ता उसे आसानी से मँगाकर लाभ उठा सकता है।

पुस्तकालय भी भिन्न-भिन्न प्रकार के होते हैं। कई विद्याप्रेमी, जिन पर लक्ष्मी की भी कृपा होती है, अपने उपयोग के लिए अपने ही घर में पुस्तकालय की स्थापना कर लेते हैं। ऐसे पुस्तकालय व्यक्तिगत कहलाते हैं। सार्वजनिक उपयोगिता की दृष्टि से इनका महत्त्व कम होता है। दूसरे प्रकार के पुस्तकालय स्कूलों, कॉलेजों और विद्यालयों के होते हैं। इनमें बहुधा उन पुस्तकों का संग्रह होता है, जो पाठ्य विषयों से संबंधित होती हैं। सार्वजनिक उपयोग में इस प्रकार के पुस्तकालय राष्ट्रीय पुस्तकालय कहलाते हैं। आर्थिक दृष्टि से संपन्न होने के कारण इन पुस्तकालयों में देश-विदेश में छपी विभिन्न भाषाओं और विषयों की पुस्तकों का विशाल संग्रह होता है। चौथे प्रकार के पुस्तकालय सार्वजनिक पुस्तकालय होते हैं। इनका संचालन सार्वजनिक संस्थाओं द्वारा होता है। आजकल ग्रामों में भी ग्राम-पंचायतों के द्वारा किसानों के उपयोग के लिए पुस्तकालय चलाए जा रहे हैं। इस प्रकार के पुस्तकालय सर्वसाधारण के उपयोग में खूब आते हैं। परंतु शिक्षा के क्षेत्र में इनका महत्त्वपूर्ण योग नहीं होता। आजकल एक और प्रकार के पुस्तकालय चल-पुस्तकालय भी दिखाई देते हैं। ये मोटरों या गाड़ियों में बनाए जाते हैं। इनका उद्देश्य अधिकतर साहित्य प्रचार होता है। ऐसे चल-पुस्तकालय नेशनल बुक ट्रस्ट, गीता प्रेस गोरखपुर तथा अन्य पब्लिशिंग हाउसों के द्वारा चलाए जाते हैं।

पुस्तकालय के अनेक लाभ हैं। ज्ञान-पिपासुओं के लिए तो ज्ञान-प्राप्ति के लिए पुस्तकालय से बढ़कर कोई साधन नहीं। अध्यापक विद्यार्थी का केवल पथ-प्रदर्शन करता है, ज्ञानार्जन की पूर्ति तो पुस्तकालय से ही होती है। देश-विदेश के तथा भूत और वर्तमान के विद्वानों के विचारों से अवगत कराने में पुस्तकालय हमारा सबसे बड़ा साथी है।

आर्थिक दृष्टि से भी पुस्तकालय का महत्त्व कम नहीं। एक व्यक्ति विविध विषयों की जितनी पुस्तकें पढ़ना चाहता है, उतनी खरीद नहीं सकता। पुस्तकालय इस विषय में उसकी मदद करता है। थके हुए दिमाग को मनोरंजन की सामग्री भी

पुस्तकालय देता है। कहानी, उपन्यास, कविता और मनोरंजक विषयों की पुस्तकें भी वहाँ से प्राप्त हो जाती हैं। अवकाश के समय का भी सदुपयोग पुस्तकालय में बैठकर किया जा सकता है।

10. रोजगार के मूल अधिकार बनाने का सवाल

संयुक्त प्रगतिशील गठबंधन की नई सरकार ने बेरोजगारी को पूरी तरह खत्म करने के वायदे के आधार पर सत्ता सँभाली। रोजगार को कानूनन लागू करवाने लायक अधिकार का दर्जा देने की योजना को ठोस रूप देने के लिए वरिष्ठ मंत्रियों की एक समिति काम कर रही है। साथ ही इस उद्देश्य को ठोस कार्यक्रम का रूप देने के लिए योजना आयोग ने दसवीं योजना के प्रारूप को नए सिरे से तैयार कर लिया है।

निहित स्वार्थों और पश्चिमी उपनिवेशवादोत्तर सिद्धांतों में आकंठ डूबे लोग इस योजना को या तो एक खतरनाक वायदा या महज हवाई किला बताने की जी-तोड़ कोशिश कर रहे हैं। यह स्वाभाविक है कि सबको काम देने की मुहिम और इस दिशा में उठाए जाने वाले ठोस कदमों तथा यथास्थिति को मजबूत बनाने वाली अब तक की योजनाओं में 3-6 का रिश्ता है। आर्थिक तंत्र को बरकरार रखते हुए, घोर असमानताओं से पूर्ण स्थिति से उत्पन्न बाजार माँग को पूरा करने के लिए बढ़ावा तथा उत्पादन, अमीरों की अमीरी और गरीबों की गरीबी बढ़ाने का अचूक नुस्खा था। इसके तहत संगठित तथा असंगठित दोनों क्षेत्रों में इतने कम रोजगार के अवसर बढ़े कि बेकारी घटाना तो दरकिनार, बेरोजगारों की सेना लगातार बढ़ती चली गई। आज करीब 36 करोड़ भारतीय मेहनतकश तरह-तरह के पापड़ बेलने के बावजूद न तो आज पेट पाल पाते हैं और न ही अपने परिवार का भरण-पोषण कर पाते हैं। ये कार्यरत गरीब प्रभावहीन रोजगार के शिकार हैं।

अत्याधुनिक 21वीं सदी की वस्तुओं के उत्पादन बढ़ाने और दुनिया के विकसित देशों में समकक्ष उत्पादिता-स्तर तथा उत्पादन में विविधता लाने की ललक एक ऐसे खोखले राष्ट्रीय अभिमान को जन्म दे रही है, जो इस तरह के नकलची राष्ट्रवाद और गरीब की रोजी-रोटी और मकान की जरूरतों के बीच विरोध की दीवार खड़ी कर रही है। काम के अधिकार को आर्थिक, सामाजिक, राष्ट्रीय योजनाबद्ध विकास का मूल मुद्दा तथा उसकी सबसे अहम प्राथमिकता बनाना जनोन्मुख, सच्चे, सही और सर्वांगीण विकास का श्रीगणेश करना है। हमारी विकास-योजनाओं को, राष्ट्रीय आर्थिक, सामाजिक नीतियों को पूर्ण रोजगार की नीति से जोड़ना, वैचारिक दासता और निहित आर्थिक स्वार्थों की मिलीभगत के दुश्चक्र को तोड़ने की दिशा में एक कारगर कदम है।

यह मानना कि हर भारतीय को तत्काल सरकारी या गैर-सरकारी नौकरी मिल

जाएगी, पूरी तरह गलत है। हमारी अर्थव्यवस्था, उसके संगठन और विकास-स्तर को देखते हुए ऐसा होना न तो संभव है और न ही वांछनीय। ऐसा संभव नहीं होने की वजह यह है कि सरकारी क्षेत्र के साधन, कार्यकलाप और प्रबंध-क्षमताएँ इतनी व्यापक नहीं हैं। हमारी मिश्रित अर्थव्यवस्था में एक बहुत बड़ा निजी क्षेत्र भी सबको दर माह वाली नौकरी नहीं दे सकता, क्योंकि इसका बहुत बड़ा भाग असंगठित तथा अनौपचारिक है। हमारे यहाँ अपने निजी निवेश, निजी प्रबंध और निजी श्रम पर आधारित बहुत बड़ा क्षेत्र है, जहाँ करोड़ों लोग खेती-बाड़ी, उद्योग-धंधों तथा सेवाओं में विकेंद्रित रूप से लगे हैं। हमारे छह लाख गाँवों में करीब तीन-चौथाई भारतीय रहते हैं और इनका बहुत बड़ा हिस्सा एक हजार एक से कम की आबादी वाला है। स्पष्ट है कि ऐसी विकेंद्रित ग्रामीण तथा असंगठित अर्थव्यवस्था में अगले कुछ सालों में सबको दर माह पर आधारित नौकरी देने की पेशकश सारी अर्थव्यवस्था को अस्त-व्यस्त कर देगी; इसीलिए सरकार ने 100 दिन की गारण्टी रोजगार योजना को संसद से पारित कर क्रियान्वित कर दिया है। अब इसको लेकर राजनीतिक खेल भी शुरू हो चुका है।

काम के मौलिक अधिकार का सीधे शब्दों में अर्थ यह है कि हर स्वस्थ वयस्क को, जो काम करने को इच्छुक है, आर्थिक क्रियाओं में इस तरह की भागीदारी हो कि वह कम से कम एक न्यूनतम स्तर पर अपनी और पारिवारिक जरूरतों को पूरा कर सके। उसे काम करके कमाने का अधिकार और अवसर मिले तथा अवसर पैदा करना सबसे प्रमुख और प्राथमिक जिम्मेदारी बन जाए। जब भी वह ऐसे अवसरों से वंचित हो जाए, उसे सामाजिक सुरक्षा प्रणाली के तहत जीवन-यापन-भत्ता भी मिले, जिसे सिद्धांततः सरकार ने मान भी लिया है। हमारे देश में पारंपरिक कृषि के अलावा स्वरोजगार के भी कई अवसर हैं। किंतु हमारे युवा सही निर्देशन के अभाव में दर-दर भटक रहे हैं। सरकारी ऋण की योजनाओं का भी वे लाभ नहीं उठा पाते हैं। कंप्यूटर, पत्रकारिता, प्रबंधन, लेखा, कृषि, अर्थयांत्रिकी तथा मेडिकल के व्यावसायिक पाठ्यक्रम हमारे युवकों को रोजगार की तरफ उन्मुख कर सकते हैं, जो सही मार्ग निर्देशन से ही हासिल हो सकता है।

11. आतंकवाद की समस्या

'राजधानी में बम विस्फोट : 10 मरे, 30 घायल', 'सीमा पार से तीन आतंकवादी देश की सीमा में घुसे', 'पोस्ट ऑफिस में एंथ्रैक्स का संदेश' जैसे अनेक समाचार आए दिन समाचार-पत्रों, दूरदर्शन और रेडियो की सुर्खियाँ बने नजर आते हैं। जहाँ देखो आतंकवाद का बोलबाला है। आतंकवाद की यह समस्या केवल भारत की ही नहीं है, सारे संसार की समस्या है। अल्बू निदाल, ओसामा बिन लादेन जैसे अंतर्राष्ट्रीय शस्त्र तस्कर और आतंकवादियों ने विश्व के लगभग सभी देशों को आतंकवाद का

लक्ष्य बनाया है। संप्रति आतंकवाद एक भयंकर चुनौती के रूप में अंतर्राष्ट्रीय स्तर पर उभरा है। वह विश्व क्षितिज पर प्रलयंकारी बादलों की भाँति छाया हुआ है और प्रति क्षण मानव जाति के लिए संकट का वाहक बना हुआ है। कोई नहीं जानता कब किसके ऊपर उसकी गाज गिरे और विनाशलीला प्रकट हो जाए। हाल ही में अमेरिका तथा ब्रिटेन व भारत में कश्मीर में हुए आतंकवादी हमले इसके प्रत्यक्ष प्रमाण हैं।

आतंक का अर्थ है 'भय'। आतंकवादी ऐसे किसी भी संगठन के सदस्य हो सकते हैं जो अपने किसी राजनैतिक, सामाजिक अथवा धार्मिक उद्देश्यों की प्राप्ति विनाशकारी उपायों से करते हैं। वे निरीह लोगों की हत्या करके, सार्वजनिक स्थलों पर बम विस्फोट करके, सरकारी संपत्ति को क्षति पहुँचाकर समाज में आतंक फैलाते हैं। इस कारण मनुष्य हर क्षण संत्रस्त तथा भयाक्रांत बना रहता है।

आतंकवाद वस्तुतः अतिवाद का दुष्परिणाम है। आज के भौतिकवादी युग में अतिवाद की काली छाया इतनी बढ़ गई है कि चारों ओर असंतोष की स्थिति तेजी से बढ़ रही है। असंतोष की अभिव्यक्ति अनेक माध्यमों से होती है। आतंकवाद आज राजनीतिक स्वार्थ की पूर्ति के लिए एक अमोघ अस्त्र बन गया है। अपनी बात मनवाने के लिए आतंक उत्पन्न करने की पद्धति एक सामान्य नियम बन गई है। आज यदि शक्तिशाली देश, निर्बल देशों के प्रति उपेक्षा का व्यवहार करता है तो उसके प्रतिकार के लिए आतंकवाद का सहारा लिया जाता है। उपेक्षित वर्ग भी अपना अस्तित्व प्रभावित करने के लिए आतंकवाद का मार्ग अपनाता है।

स्वार्थबद्ध संकुचित दृष्टि ही आतंकवाद की जननी है। क्षेत्रवाद, धर्मांधता, भौगोलिक एवं ऐतिहासिक कारण, सांस्कृतिक टकराव, भाषाई मतभेद, आर्थिक विषमता, प्रशासनिक मशीनरी की निष्क्रियता और नैतिक ह्रास अंततः आतंकवाद के पोषण एवं प्रसार में सहायक बनते हैं।

भारत को जिस प्रकार के आतंकवाद से जूझना पड़ रहा है, वह भयावह और चिंतनीय इसलिए है क्योंकि उसके मूल में अलगाववादी और विघटनकारी तत्त्व काम कर रहे हैं। स्वतंत्रता प्राप्ति के तत्काल बाद से ही देश के विभिन्न भागों में विदेशी शह पाकर आतंकवादी सक्रिय हो उठे थे। इसका दुष्परिणाम यह है कि आज कश्मीर का एक बहुत बड़ा भाग पाकिस्तानी कबाइलियों और उनके देश में आए पाक सैनिकों के हाथ पहुँच गया है। आज तो कश्मीर में आतंकवाद का प्रभाव इस सीमा तक बढ़ चुका है कि वहाँ के मूल निवासी शरणार्थी बनकर मारे-मारे फिर रहे हैं।

केवल कश्मीर ही नहीं अपितु नागा पहाड़ी क्षेत्र, मिजोरम, सिक्किम, पंजाब आदि आतंकवाद का शिकार रहे हैं। उत्तर-पूर्व राज्यों में भी आतंकवाद रह-रहकर उभरता रहता है। देश के कुछ भागों में नक्सली आतंकवादी आज भी सक्रिय हैं। फलस्वरूप हमेशा भय, आतंक और तनाव का वातावरण बना रहता है। इसका अंत

कब, कहाँ, और किस प्रकार होगा? सरकार भी इस संबंध में कुछ निश्चित कह पाने में समर्थ नहीं। शासन-व्यवस्था लूली-लंगड़ी सी होकर रह गई है।

जहाँ-जहाँ आतंकवादियों का बोलबाला है, वहाँ-वहाँ की आम जनता का जीवन प्रायः ठप्प है। वहाँ अगर हलचल और सक्रियता दिखाई देती है तो बस आतंकवादियों के उग्र-घातक कार्यों में या फिर उन्हें दबाने पर निष्क्रिय करने के कार्य में लगे सुरक्षा बलों और सेना की गतिविधियों में। आतंकवाद पशुता और अनैतिकता का नाम है। हर आतंकवादी संगठन मानवता का शत्रु है चाहे वह उल्फा हो, लिट्टे हो, अथवा कश्मीरी उग्रवादी संगठन या तालिबान हो या अलकायदा। मानवीय मूल्यों से रहित आतंकवादी विचारधारा को समाप्त करने के लिए जहाँ एक ओर संसार के सारे देशों को कटिबद्ध होकर शक्ति प्रयोग द्वारा इसका अंत करना होगा, वहीं दूसरी ओर इस असंतोष के कारणों तथा आम लोगों के नैतिक मूल्यों का विकास तथा राष्ट्रीय चरित्र का निर्माण करना होगा।

12. बढ़ती जनसंख्या : कारण और निवारण

भारत विश्व का सबसे बड़ा लोकतांत्रिक देश है, जिसके सामने प्रदूषण, अशिक्षा और बढ़ती जनसंख्या आदि अनेक समस्याएँ हैं। इन समस्याओं में बढ़ती हुई जनसंख्या देश की प्रगति और विकास में सबसे बड़ी बाधक है, जिसके कारण सरकार की अच्छी से अच्छी योजनाएँ भी विफल होती जा रही हैं।

बढ़ती जनसंख्या के कारण देश के सभी नागरिकों को सर्वाधिक आवश्यक वस्तुएँ अन्न, जल, वस्त्र और आवास आदि की सुविधाएँ भी उपलब्ध नहीं हो पातीं। आज देश के लाखों लोगों को न भर पेट भोजन मिल पाता है, न पीने को स्वच्छ जल, न तन ढँकने को वस्त्र और न रहने के लिए घर।

हमारे देश ने स्वतंत्रता प्राप्ति के पश्चात् कृषि, उद्योग और व्यवसाय आदि अनेक क्षेत्रों में आशातीत सफलता पाई है। देश की अधिकांश उपजाऊ भूमि पर खेती हो रही है। सिंचाई के लिए देश की अनेक नदियों का उपयोग किया जा रहा है। स्वतंत्रता के बाद भाखड़ा नांगल, दामोदर घाटी, नागार्जुन सागर और रिहंद आदि अनेक बाँध बन चुके हैं, जो देश की कृषि को संपन्न बनाने में सहायक सिद्ध हो रहे हैं। देश के अनेक भागों में नहरों का जाल बिछ गया है। किसानों को खेती के लिए ट्रैक्टर, नलकूप और पंपिंग सेट आदि नए-नए संसाधन उपलब्ध कराए गए हैं। वैज्ञानिकों ने नई से नई किस्म की खाद और बीज किसानों तक पहुँचाने का सफल प्रयास किया है। अनेक किसान वैज्ञानिक ढंग से खेती करने का प्रशिक्षण भी ले चुके हैं और अपनी बुद्धि तथा परिश्रम के बल पर अधिक से अधिक अन्न भी उपजा रहे हैं। स्वतंत्रता के बाद कृषि के लिए किए गए प्रयासों के फलस्वरूप ही देश में हरित क्रांति संभव हुई है। इतना सब होने पर भी बढ़ती हुई जनसंख्या

के कारण समस्त कृषि-संबंधी उपलब्धियाँ कम जान पड़ती हैं। कैसी विडंबना है, अन्न उत्पन्न करने वाला खेतिहर ही आज भूखा है। देश के कुछ भागों में तो जनता आज भी भूख के कारण दम तोड़ देती है।

स्वतंत्रता के बाद हमारे देश में यातायात के साधनों का भी बहुत विकास हुआ है। साइकिल, स्कूटर, कार, बस, रेल आदि ने मनुष्य के आवागमन को गति प्रदान की है। देश की सड़कों पर लाखों स्कूटर, कारें और बसें दिन-रात दौड़ती हैं। फिर भी देश की जनसंख्या जिस गति से बढ़ रही है, उस गति से देश में यातायात के संसाधन नहीं बढ़ पा रहे हैं। बसों और रेलगाड़ियों में लोगों को भयंकर भीड़ का सामना करना पड़ता है। नौकरी करने वालों को अनेक बार बसों और रेलगाड़ियों में यात्राएँ खड़े-खड़े ही करनी पड़ती हैं। विद्यालयों की संख्या भी दिन प्रति दिन बढ़ती जा रही है। कोई भी देश जब शिक्षित बेरोजगार नवयुवकों के लिए रोजगार की व्यवस्था नहीं कर सकता, तो देश में अनेक सामाजिक बुराइयाँ पैदा हो जाती हैं, जो देश के लिए खतरा बन जाती हैं। देश की बढ़ती जनसंख्या के कारण नागरिकों को रोटी, कपड़ा और मकान के साथ-साथ जो अन्य अनेक छोटी-छोटी समस्याओं का सामना करना पड़ता है, उनके कारण देश की प्रगति में बाधा पड़ती है। बढ़ती हुई जनसंख्या के कारण ही हम अपने जीवन को सुखी नहीं बना पाते।

जनसंख्या की दृष्टि से आज हमारे देश का स्थान विश्व में दूसरा है। आज हमारे देश की आबादी एक अरब (सौ करोड़) से भी अधिक है। स्वतंत्रता के बाद देश की जनसंख्या जिस तेजी से बढ़ी है, वह दुर्भाग्यपूर्ण है। अतः देश के प्रत्येक नागरिक का कर्त्तव्य है कि वह देश की जनसंख्या वृद्धि की समस्या पर गंभीरता से विचार करे और ऐसे प्रयत्न करे कि आने वाली पीढ़ियों को कठिनाइयों का सामना न करना पड़े।

अज्ञान के अंधकार में फँसे हमारे देश के अधिकांश नागरिक अपनी संतान के जीवन-स्तर को ऊँचा नहीं उठा पाते। अज्ञान ही अनेक प्रकार की सामाजिक कुरीतियों को जन्म देता है। गली-सड़ी रूढ़ियों और अंधविश्वासों में फँसे लोग देश के विकास में सहायक नहीं हो सकते। पुत्र प्राप्ति की कामना और बहु-विवाह प्रथा भी जनसंख्या वृद्धि के कारण हैं, जिन्हें समय रहते रोकना होगा।

उपर्युक्त अनेक समस्याओं के मूल में बढ़ती जनसंख्या ही है। हमें जनसंख्या वृद्धि पर नियंत्रण के लिए जन-आंदोलन चलाने होंगे। परिवार नियोजन और परिवार कल्याण कार्यक्रमों को सफल बनाना होगा। बाल-विवाह और बहु-विवाह प्रथाओं को रोकना होगा। सरकार ने देश के प्रत्येक प्रांत में लोगों को अधिकाधिक जानकारी देने के लिए तथा उन्हें जागरूक बनाने के उद्देश्य से अनेक प्रशिक्षण केंद्र खोले हैं। ताकि देश का प्रत्येक नागरिक इस समस्या को जड़ से उखाड़ फेंकने के लिए तैयार हो सके। जनसंख्या वृद्धि को रोकने के लिए प्रत्येक गाँव में सरकार की ओर से

प्रशिक्षित कर्मचारी भी उपलब्ध हैं। सरकार द्वारा चलाई जा रही अनेक योजनाओं से हमारी जनसंख्या वृद्धि दर में कुछ कमी आई है। सरकार को पूरी सफलता तभी प्राप्त हो सकती है, जब सरकारी योजनाओं को जनता का पूर्ण सहयोग प्राप्त हो।

बढ़ती जनसंख्या के कारण आम आदमी की आय में जो कमी आती जा रही है, उसे भी रोकना आवश्यक है। जनसंख्या वृद्धि को रोकने के लिए अब हमें युद्ध-स्तर पर काम करना होगा। प्रत्येक वयस्क को इस योजना के प्रति जागरूक करना होगा। शिक्षित युवक और युवतियों को गाँवों, कस्बों और छोटे-बड़े शहरों में जाकर जनता को सचेत करना होगा, तभी हमें सफलता मिल सकेगी।

13. भूकंप त्रासदी

प्रकृति का स्वभाव बड़ा विचित्र है—कभी कल्याणकारी तो कभी विनाशकारी। प्रकृति कब, कैसे और क्या रूप धारण कर लेगी, इसे समझ पाना अभी तक मनुष्य के बस की बात नहीं है। ज्ञान-विज्ञान की उन्नति के कारण यह कहा जा सकता है कि आज मनुष्य ने प्रकृति के सभी रहस्यों को जान लिया है और सुलझा लिया है, किंतु यह बात सच नहीं जान पड़ती। मौसम-विज्ञानी घोषणा करते हैं कि अगले चौबीस घंटों में तेज वर्षा होगी या कड़ाके की ठंड पड़ेगी, किंतु होता कुछ और ही है। वर्षा और ठंड के स्थान पर चिलचिलाती धूप खिल उठती है। विज्ञान और वैज्ञानिकों की जानकारियों और सफलताओं का सारा दंभ धरा का धरा रह जाता है। सच तो यह है कि प्रकृति अनंत है और उसका स्वभाव अबूझ। बाढ़, सूखा, अकाल, भूकंप प्रकृति के विनाशकारी रूप के ही पर्याय हैं जो असमय मानव जीवन में हाहाकार मचा देते हैं।

प्राकृतिक आपदाओं में भूकंप ही सबसे अधिक विनाशकारी होता है। सचमुच भूकंप विनाश का दूसरा नाम है। इसके कारण यहाँ लाखों मकान धराशायी हो जाते हैं, वहीं बड़ी संख्या में लोग असमय ही मृत्यु का ग्रास बन जाते हैं। कितने अपाहिज और लूले-लंगड़े होकर वैसा जीवन जीने को मजबूर हो जाते हैं। कभी-कभी तो पूरा शहर ही धरती के गर्भ में समा जाता है और नदियाँ अपना मार्ग परिवर्तित कर लेती हैं। भूतल पर नए भू-आकार जन्म ले लेते हैं; जैसे कि द्वीप, झील, पठार आदि। कभी-कभी जलाच्छादित भूमि समुद्र से बाहर निकल आती है। भूतल पर आए परिवर्तन मनुष्य के जीवन को भी प्रभावित करते हैं।

भूकंप शब्द का अर्थ होता है—पृथ्वी का कंपन। पृथ्वी के गर्भ में किसी प्रकार की हलचल के कारण जब धरती का कोई भाग हिलने लगता है, कंपित होने लगता है तो उसे भूकंप की संज्ञा दी जाती है। अधिकतर कंपन हल्के होते हैं। और उनका पता नहीं चलता, न ही उनका हमारे जीवन पर कोई प्रभाव पड़ता है। मुख्य रूप से हम पृथ्वी के उन झटकों को ही भूकंप कहते हैं, जिनका हम अनुभव करते हैं।

भूकंप के मुख्य कारणों में पृथ्वी के भीतर की चट्टानों का हिलना, ज्वालामुखी का फटना आदि है। इनके अतिरिक्त भू-स्खलन, बम फटने तथा भारी वाहनों या रेलगाड़ियों की तीव्र गति से भी कंपन पैदा होते हैं।

देश के इतिहास में सबसे भयानक भूकंप 11 अक्टूबर 1737 में बंगाल में आया था जिसमें लगभग तीन लाख लोग काल के गाल में समा गए थे। महाराष्ट्र के लातूर और उस्मानाबाद जिलों में आए विनाशकारी भूकंप ने करीब 40 गाँवों में भयानक तबाही मचाई। इसी कड़ी में 26 जनवरी, 2001 का दिन भारतीय गणतंत्र में काला दिन बन गया। उस दिन सुबह जब पूरा राष्ट्र गणतंत्र दिवस मना रहा था, प्रकृति के प्रलयंकारी तांडव ने भूकंप का रूप लेकर गुजरात को धर दबोचा। देखते ही देखते भुज, अंजार और भचाऊ क्षेत्र कब्रिस्तान में बदल गए। गुजरात का वैभव कुछ ही क्षणों में खँडहरों में परिवर्तित हो गया। बहुमंजिली इमारतें देखते ही देखते मलबे के ढेर में बदल गईं। चारों ओर चीख-पुकार, बदहवासी और लाचारी का आलम था। अचानक हुई इस विनाशलीला ने लोगों के कंठ से वाणी और आँख से आँसू ही छीन लिए।

रेक्टर पैमाने पर गुजरात के इस भूकंप की तीव्रता 6.9 थी। इसका केंद्र भुज से 20 कि.मी. उत्तर-पूर्व में था। इस त्रासदी में हजारों की संख्या में लोग काल कवलित हो गए और कई हजार घायल हो गए, और लगभग एक लाख लोग बेघर हो गए। सारा देश इस त्रासदी में गुजरात के साथ था। सर्वप्रथम क्षेत्रीय लोगों और स्वयंसेवी संस्थाओं ने राहत और बचाव कार्य आरंभ किया। मीडिया की अहम भूमिका ने त्रासदी की गंभीरता का सही-सही प्रसारण कर भारत सरकार को झकझोरा और भारत सहित समूचे विश्व को सहायता के लिए उद्वेलित कर दिया। सारा जनमानस सहायता के लिए उमड़ पड़ा। भारत के कोने-कोने तथा विश्व के अनेक देशों से सहायता सामग्री का अंबार लग गया। सहायता के लिए धन-राशि के साथ-साथ अन्य आवश्यक सामग्री भी पहुँचने लगी। देश की तीनों सेनाओं के सैनिक तथा कई समाज-सेवी संस्थाओं के कार्यकर्ता भी सहायता कार्य में जुट गए।

इस त्रासदी में करोड़ों रुपए की निजी तथा सार्वजनिक संपत्ति के नुकसान होने का अनुमान आँका गया है।

क्या मनुष्य सदैव इस विनाशलीला का मूकदर्शक बना रहेगा, इस त्रासदी को भोगता रहेगा? यद्यपि विज्ञान ने भूकंप की पूर्व सूचना देने के संबंध में उल्लेखनीय प्रगति की है, उपग्रह भी इस दिशा में काफी सहायक हो रहे हैं। तथापि इन भूकंपों को कैसे रोका जा सकता है, इस दिशा में अभी तक कोई निर्णायक सफलता प्राप्त नहीं हुई है। आज तो स्थिति यह है कि विज्ञान जब तक कोई और नया चमत्कार न दिखला दे, तब तक मनुष्य को भूकंप की त्रासदी को किसी न किसी रूप में भोगना ही पड़ेगा।

14. सह-शिक्षा

सह-शिक्षा का मूल अर्थ है एक ही विद्यालय में छात्र और छात्राओं को एक साथ बैठकर विद्याध्ययन करना। आधुनिक भारत में यह प्रथा पश्चिम से आई है। सह-शिक्षा की यह मान्यता है कि स्त्री-पुरुष दोनों को एक-दूसरे का सफल सहयोगी बनाने के लिए उन्हें बचपन से ही एक साथ रहने, पढ़ने तथा कार्य करने का अवसर मिलना चाहिए। भारत में पहले सह-शिक्षा का काफी विरोध किया गया, किंतु इसे धीरे-धीरे स्वीकृति मिलने लगी है। आजकल देश के अनेक विद्यालयों में सह-शिक्षा प्रणाली चल रही है। वास्तव में जीवन के सफल निर्वाह के लिए स्त्री और पुरुष दोनों का सुशिक्षित और स्वस्थ होना आवश्यक है। इन्हें शिक्षा के समान अवसर मिलने चाहिए ताकि वे अपने व्यक्तित्व का पूर्णतया विकास कर सकें।

भारत में प्राचीन काल में सह-शिक्षा के कुछ संकेत मिल जाते हैं किंतु काफी समय से इस प्रथा का हमारे देश में प्रचलन नहीं हो रहा है। नारियों को पुरुषों के समान अधिकार न प्राप्त होने के कारण उनकी शिक्षा पर भी विशेष ध्यान नहीं दिया गया। इसीलिए आज भी शिक्षा के क्षेत्र में लड़कों की अपेक्षा, लड़कियों को कम महत्त्व दिया जाता है। अंग्रेजी शिक्षा के प्रभाव से अब लड़कियों की शिक्षा को भी महत्त्व मिलने लगा है। इसके साथ ही उन्हें लड़कों के साथ पढ़ने का अवसर भी मिलने लगा है। सह-शिक्षा के महत्त्व को भी स्वीकार किया जाने लगा है।

सह-शिक्षा अनेक दृष्टियों से उपयोगी है। उसके प्रचलन से लड़के और लड़कियों के लिए अलग-अलग विद्यालय खोलने की आवश्यकता नहीं पड़ती। इसका लाभ उन स्थानों पर अधिक होता है, जहाँ थोड़ी आबादी होने के कारण छात्र और छात्राएँ बहुत सीमित संख्या में होते हैं। गाँव के स्कूलों में यही स्थिति है। वहाँ दोनों को मिलाने के बाद भी प्रायः कक्षा की अपेक्षित संख्या नहीं बन पाती। इसके अतिरिक्त सह-शिक्षा से लड़के और लड़कियों में मिलकर काम करने का अवसर मिलता है। इससे उनमें अनावश्यक लज्जा और झिझक भी दूर होती है। एक-दूसरे के प्रति सहानुभूति की भावना पैदा होती है। वे एक-दूसरे के स्वभाव और मनोवृत्ति से परिचित हो जाते हैं। एक साथ पढ़ने से दोनों में स्वस्थ प्रतिस्पर्धा तथा प्रतियोगिता का भाव भी पैदा होता है। यह आधुनिक युग में दोनों के विकास की दृष्टि से महत्त्वपूर्ण है।

प्रत्येक वस्तु अथवा कार्य में गुण और दोष दोनों ही मिलते हैं। सह-शिक्षा भी पूरी तरह दोषमुक्त नहीं है। सह-शिक्षा प्रणाली में विश्वास न रखने वाले इसे चारित्रिक पतन का प्रधान कारण मानते हैं। ऐसा माना जाता है कि अपरिपक्व होने के कारण लड़के और लड़कियाँ स्वतंत्रता पाते ही कुमार्ग पर बढ़ने लगते हैं इससे विद्यालय का पवित्र वातावरण दूषित हो जाता है तथा चारित्रिक दृढ़ता के स्थान पर ह्रास की संभावना रहती है। युवावस्था में दोनों के कार्यक्षेत्र में भी अंतर रहता है।

इसलिए उनकी शिक्षा एक साथ नहीं होनी चाहिए। पुरुष शिक्षक लड़कियों की और अध्यापिका लड़कों की मानसिकता नहीं जान पातीं, ऐसा भी आरोप लगाया जाता है, जो निराधार है, सबको एक साथ मिलकर शिक्षा हासिल करनी चाहिए, ऐसा हमारा मानना है।

15. पर्यटन

मानव स्वभाव से ही जिज्ञासु होता है। वास्तव में मानव की प्रगति का इतिहास उसकी जिज्ञासु प्रवृत्ति का ही परिणाम है। अपनी जिज्ञासा के कारण ही वह प्रकृति के गूढ़ रहस्यों का पता लगा सका। नया कुछ जान लेने की इच्छा उसे एक ओर समुद्र की अतल गहराइयों तक ले गई तो दूसरी ओर अंतरिक्ष की असीम ऊँचाइयों तक। नई-नई वस्तुओं का आविष्कार, ज्ञान-विज्ञान के नए-नए आयामों का अन्वेषण नित नए-नए सिद्धांतों का प्रतिपादन ये सब मुनष्य की जिज्ञासा के कारण ही संभव हुआ है।

देश-विदेश की यात्रा की ललक के पीछे भी मनुष्य की जिज्ञासु प्रवृत्ति ही काम करती आई है। देश-देशांतर की संस्कृति, सभ्यता, प्राकृतिक सौंदर्य, ऐतिहासिक एवं भौगोलिक विशेषताओं के प्रत्यक्ष ज्ञान की जिज्ञासा ही उसे घर के ऐशो-आराम, सुख-सुविधा छोड़कर अनजान, दुर्गम और बीहड़ रास्तों पर घुमाती रही है। यदि मनुष्य चाहता तो वह घर बैठे ही पुस्तकों द्वारा यह जानकारी प्राप्त कर लेता, किंतु पुस्तकों से प्राप्त जानकारी का आनंद कुछ ऐसा ही होता है जैसे किसी चित्र को देखकर हिमालय के घने देवदारु के वनों और हिमगिरि के उत्तुंग शिखर के सौंदर्य, रूप, गंध का अनुभव करना। यदि आदिम पुरुष एक जगह, नदी या तालाब के किनारे एक ही स्थान पर पड़ा रहता, तो हमारी यह दुनिया आगे नहीं जा पाती। एक स्थान पर टिके न रहने के कारण ही उसे घुमक्कड़ कहा गया है। महापंडित राहुल सांकृत्यायन के शब्दों में ''घुमक्कड़ी दुनिया की सर्वश्रेष्ठ विभूति है इसलिए कि उसी ने आज की दुनिया को बनाया है। अगर घुमक्कड़ों के काफिले न आते जाते, तो सुस्त मानव जातियाँ सो जातीं और पशु स्तर से ऊपर नहीं उठ पातीं।''

पर्यटन, घुमक्कड़ी का ही आधुनिक नाम है। आज के पर्यटन के पीछे भी मनुष्य की वही पुरानी घुमक्कड़ प्रवृत्ति का प्रभाव है। आज भी जब वह देश-विदेश के विभिन्न स्थानों की खूबियों के बारे में जब सुनता है, तो उन्हें निकट से देखने, जानने के लिए उत्सुक हो उठता है और वह अपनी सुविधा और अवसर के अनुसार उस ओर निकल पड़ता है। आदिम घुमक्कड़ और आज के पर्यटक में इतना अंतर अवश्य है कि आज पर्यटन उतना कम साध्य नहीं है, जितनी घुमक्कड़ी थी। ज्ञान-विज्ञान के आविष्कारों, अन्वेषकों की जादुई शक्ति के प्रताप से सुलभ साधनों के कारण आज पर्यटन पर निकलने के लिए अधिक सोच-विचार की आवश्यकता नहीं होती। मात्र सुविधा और संसाधन चाहिए, किंतु इतना अवश्य मानना पड़ेगा कि पर्यटक बनने का जोखिम भरा आनंद तो उन पर्यटकों को ही आया होगा जिन्होंने अभावों

और विषम परिस्थितियों से जूझते हुए देश-विदेश की यात्राएँ की थीं। फाह्यान, ह्वेनसांग, अल-बेरूनी, इब्नबतूता, मार्को पोलो आदि ऐसे ही यात्री रहे होंगे।

पर्यटन के साधनों की सहज सुलभता के बावजूद आज भी पर्यटकों में पुराने जमाने के पर्यटकों की तरह उत्साह, धैर्य, साहसिकता, जोखिम उठाने की तत्परता होनी चाहिए।

आज पर्यटन एक राष्ट्रीय-अंतर्राष्ट्रीय उद्योग के रूप में विकसित हो चुका है। इस उद्योग के प्रसार के लिए देश-विदेश में पर्यटन मंत्रालय बनाए गए हैं। विश्व भर में पर्यटकों की सुविधा के लिए बड़े-बड़े पर्यटन स्थल विकसित किए जा रहे हैं। कई महत्त्वपूर्ण, पर अब तक उपेक्षित ऐतिहासिक स्थलों को सजाया-सँवारा जा रहा है। हमारे देश का पर्यटन विभाग, पुरातत्त्व विभाग के साथ मिलकर इस दिशा में विशेष क्रियाशील है। मनोरम पहाड़ी स्थलों पर पर्यटक आवास स्थापित किए जा रहे हैं, पर्यटकों के निवास और भोजन आदि की व्यवस्था के लिए नए-नए होटलों, लॉजों और पर्यटन-गृहों का निर्माण एवं विकास किया जा रहा है। यातायात के सभी प्रकार के सुलभ एवं आवश्यक साधनों की व्यवस्था की जा रही है।

विदेशी पर्यटकों को आकर्षित करने के लिए सभी देश अपने दूतावासों के माध्यम से अपने-अपने देश की भव्यता, दर्शनीयता के बारे में विदेशों में व्यापक एवं सुनियोजित प्रचार करते हैं। इस प्रकार पर्यटन संस्कृति का विकास हो रहा है। इतना ही नहीं, आज पर्यटन पर्याप्त मुनाफा देने वाला उद्योग बन चुका है। यह विदेशी मुद्रा अर्जित करने का एक बड़ा स्रोत बन गया है। जैसे उद्योगपति, या व्यापारी अपनी वस्तु की बिक्री के लिए विज्ञापनबाजी करता है, उसी तरह पर्यटन को भी एक वस्तु बनाकर उसका प्रदर्शन और प्रचार किया जा रहा है। इसके लिए रंगीन पुस्तिकाएँ, आकर्षक पोस्टर, सतरंगे ब्रोशर, पर्यटन स्थलों के रंगीन चित्र, उपलब्ध सुविधाओं का विस्तृत ब्यौरा आदि प्रचार-सामग्री विमान पत्तनों, रेलवे-स्टेशनों, बड़े-बड़े होटलों और देश-विदेश के सभी प्रमुख सार्वजनिक स्थलों पर देखी जा सकती हैं। इसे निःशुल्क वितरित एवं प्रदर्शित किया जाता है। पर्यटन को प्रोत्साहित करने के लिए कई प्रकार के आयोजन भी किए जाते हैं जैसे—विदेशों में किसी देश या स्थान विशेष की कलाएँ, कलात्मक दृश्य, सांस्कृतिक संस्थाओं की प्रदर्शनियाँ, गोष्ठियाँ, विभिन्न स्तरों पर सभाएँ और चर्चाएँ आदि।

पर्यटन के प्रति रुचि जाग्रत करने के लिए कई बार वृत्तचित्र भी तैयार किए या करवाए जाते हैं। इसमें किसी एक विशिष्ट स्थल की झाँकी प्रस्तुत की जाती है। विशेष स्थलों या प्रदेशों में बने कथाचित्र भी प्रदर्शन के बाद लोगों के मन में प्रदर्शित स्थल को देखने की लालसा जगा देते हैं। कई बार देश-विदेश में भ्रमण करने वाली नृत्य-संगीत आदि की मंडलियाँ भी इस कार्य में सहायक होती हैं। इन सबके परिणामस्वरूप आज पर्यटन के प्रति निश्चय ही अभिरुचि की वृद्धि हो रही है।

आनंद की प्राप्ति, जिज्ञासा की शांति, बढ़ती आय के अतिरिक्त पर्यटन के और भी कई प्रत्यक्ष-अप्रत्यक्ष लाभ हैं। पर्यटन के माध्यम से अंतर्राष्ट्रीयता की समझ जन्म लेती है और विकसित होती है। प्रेम और मानवीय भाईचारा बढ़ता है। पर्यटन के माध्यम से किसी देश और उसकी संस्कृति के संबंध में फैली भ्रांतियों का भी निराकरण हो जाता है। आज हम अंतर्राष्ट्रीय युग में जी रहे हैं। आज जिस अंतर्राष्ट्रीय सहयोग की आवश्यकता है, पर्यटन उसमें महत्त्वपूर्ण भूमिका निभा सकता है।

16. भारतीय समाज में नारी

'यत्र नार्यस्तु पूज्यन्ते रमन्ते तत्र देवताः'

अर्थात् जहाँ नारी की पूजा होती है, वहाँ देवता का निवास होता है। यह उक्ति प्राचीन काल के मनीषियों की है जिन्होंने नारी को पूजनीय और आदरणीय माना है। वास्तव में नारी का स्थान भारतीय समाज में सम्मानजनक रहा है। समाज के प्रत्येक कार्य में उसका समान अधिकार था। उसके सहयोग के बिना कोई भी सामाजिक या धार्मिक कार्य पूरा नहीं माना जाता था। वह पुरुष की सच्चे अर्थों में अर्धांगिनी थी। समाज में स्त्री-शिक्षा का व्यापक प्रचार था। यही कारण है कि मैत्रेयी, गार्गी, विद्यावती जैसी विदुषियों ने अपनी विद्वत्ता से देश को गौरव प्रदान किया। अपने सच्चरित्र और आदर्श से सीता, पार्वती, उर्मिला, सावित्री आदि अनेक देवियों को आज भी श्रद्धा से स्मरण किया जाता है। सचमुच नारी भारतीय प्राचीन काल में भारतीय समाज की गौरव थीं।

समय बदला। देश में अनेक सामाजिक और सांस्कृतिक और राजनीतिक परिवर्तन आए। इन सबका प्रभाव नारी-समाज पर पड़ा। मध्य-युग में नारी आदरणीय और सम्मानित न रहकर भोग्या वस्तु के रूप में देखी जाने लगी। इधर विदेशी आक्रमणों के कारण देश की सभ्यता और संस्कृति पर गहरा प्रभाव पड़ा, जिसके कारण नारी पर अनेक बंधन डाले गए, जिनकी कोई कल्पना नहीं कर सकता है। उसकी स्वतंत्रता अब केवल घर की चारदीवारी तक सीमित रह गई। सामाजिक बंधनों के अतिरिक्त साहित्य में भी उसे निंदनीय और माया की खान कहा जाने लगा। जो नारी पहले जीवन-सहचरी समझी जाती थी, वह अब 'नरक की खान' मानी गई। उसे ढोल, गँवार, शूद्र और पशु के समान ताड़न की अधिकारी समझा गया। आश्चर्य की बात है, कि जो तुलसी राम की स्तुति करते हुए सीता की महत्ता का वर्णन करते नहीं अघाते, वही तुलसी नारी को संसार के बंधनों का कारण बताते हैं। कबीर तो नारी की निंदा करते हुए संकोच भी नहीं करते—

> नारी की झाईं पड़े अंधा होत भुजंग।
> कबिरा तिनकी कहा गति, जो नित नारी संग॥

वैदिक युग की पूजनीय नारी अपावन हो गई।

मुस्लिम शासन स्थापित होने के बाद नारी का अपमान बढ़ता ही गया। दूसरी ओर कवि उनके मांसल सौंदर्य का वर्णन करते हुए नहीं हिचकिचाते। नारी उनके लिए श्रृंगार की वस्तु बन गई। अब वे उसके जननी रूप को भूलकर उसके नख-शिख के वर्णन में डूब गए। इस प्रकार नारी का पतन होता ही गया।

आधुनिक युग नवजागरण का युग है। देश में जहाँ सामाजिक और राजनीतिक क्रांति आई, वहाँ नारी समाज को भी उन्नति का अवसर मिला। यह युग समानता का युग है। नारी ने अपने खोए अधिकारों के लिए समाज के साथ काफी संघर्ष किया। परिणामस्वरूप पाश्चात्य नारी के अधिकारों के समान ही भारतीय नारी को भी समाज के सभी क्षेत्रों में स्थान मिलने लगा और मध्य युग में उस पर लगे कठोर बंधन टूटने लगे। भारतीय स्वतंत्रता संग्राम में नारी ने पूरा सहयोग दिया। वह पुरुषों के साथ कदम मिलाकर स्वतंत्रता की लड़ाई में कूद पड़ी। घर का आँगन छोड़कर जेलों में अनेक यातनाएँ झेलीं। हमारे सामने झाँसी की रानी लक्ष्मीबाई, सरोजिनी नायडू, सुचेता कृपलानी, अरुणा आसफ अली, इंदिरा गाँधी आदि अनेक नारियों के उदाहरण हैं। नारी के इस त्याग और सहन-शक्ति को देखकर समाज ने उसकी शक्ति को पहचाना। सामाजिक, राजनीतिक, साहित्यिक आदि विभिन्न क्षेत्रों में अब नारी पूर्ण स्वतंत्रता के साथ भाग लेने लगी। अब नारी श्रृंगारिक या भोग्या वस्तु न रहकर देश पर अपने प्राण न्यौछावर करने के लिए पुरुषों के साथ जुट गई। अब पुरुष वर्ग महसूस करने लगा कि नारी को बंधन में रखने से देश का विकास नहीं होगा। इसी बात को समझते हुए, कविवर पंत ने उद्घोषणा की—

मुक्त करो नारी को, चिर-वन्दिनी नारी को।

17. समाज और साहित्य

साहित्यकार मस्तिष्क, बुद्धि और हृदय से संपन्न एक सामाजिक प्राणी होता है। वह समाज से अलग हो ही नहीं सकता, क्योंकि उसकी अनुभूति का संपूर्ण विषय समाज, उसकी समस्याएँ, मानव जीवन और जीवन के मूल्य हैं, जिनमें वह साँस लेता है। जब कभी उसे घुटन की अनुभूति होती है उसकी अभिव्यक्ति साहित्य के रूप में प्रकट हो जाती है। समाज से उसका यह रिश्ता उसे साहित्य सृजन की प्रेरणा देता है और तभी उसके साहित्य को समाज स्वीकार भी करता है।

सामाजिक प्रभाव और दबाव की उपेक्षा कर साहित्यकार एक कदम भी आगे नहीं चल सकता और यदि चलता भी है तो आवश्यक नहीं कि साहित्य पर समाज का यह प्रभाव सदैव अनुकूल हो, वह प्रतिकूल भी हो सकता है। कबीर की साखियों तथा प्रेमचंद के कथा-साहित्य के अध्ययन से यही बात स्पष्ट होती है। कबीर ने

अपने समय के धार्मिक-बाह्याडंबरों, सामाजिक कुप्रवृत्तियों, रूढ़ियों एवं खोखली मान्यताओं के विरोध में अपना स्वर बुलंद किया। निराला के साहित्य में ही नहीं उनके व्यक्तिगत जीवन में भी यही संघर्ष बराबर बना रहा। प्रेमचंद की कहानियों और उपन्यासों में सर्वत्र किसी न किसी सामाजिक समस्या के प्रति उनकी गहरी संवेदना दिखाई देती है। अस्तु साहित्यकार अपने युग तथा समाज के प्रभाव से अपने को अलग रखना भी चाहे तो कदापि नहीं रख सकता।

साहित्य समाज का दर्पण होता है। इस कथन का यह अभिप्राय नहीं कि साहित्यकार समाज का फोटोग्राफर है और सामाजिक विद्रूपताओं, कमियों, दोषों, अंधविश्वासों और मान्यताओं का यथार्थ चित्रण करना उसका उद्देश्य होता है। साहित्यकार का दायित्व वस्तुस्थिति का यथातथ्य चित्रण मात्र प्रस्तुत कर देना ही नहीं, उनके कारणों का विवेचन करते हुए श्रेयस मार्ग की ओर ले जाना है। साहित्य युग और समाज का होकर भी युगांतकारी जीवनमूल्यों की प्रतिष्ठा कर सुंदरतम समाज का जो रूप हो सकता है उसका भी एक रेखाचित्र प्रस्तुत करता है। उसमें रंग भरकर जीवंतता प्रदान कर देना पाठकों एवं सामाजिकों का कार्य होता है। इस प्रकार जीवन के शाश्वत मूल्यों की प्रतिष्ठा करने के कारण साहित्यकार एकदेशीय होकर भी सार्वदेशिक होता है।

''ज्ञानराशि के संचित कोश का नाम साहित्य है।'' महावीर प्रसाद द्विवेदी के इस कथन से भी यही बात स्पष्ट होती है कि किसी भी देश, जाति अथवा समाज की सभ्यता और संस्कृति का स्पष्ट चित्रण उसका साहित्य है। प्रत्येक युग का उत्तम और श्रेष्ठ साहित्य अपने प्रगतिशील विचारों, रचनात्मक संस्कारों एवं भावात्मक संवेदनाओं को एक स्वरूप प्रदान करता है, उनको सफलतापूर्वक वहन करता है।

साहित्य का प्रासाद समाज की पृष्ठभूमि पर ही प्रतिष्ठित होता है। जिस काल में जाति की जैसी सामाजिक परिस्थितियाँ होंगी, उसका साहित्य भी निःसंदेह वैसा ही होगा। हिंदी साहित्य के संदर्भ में यह तथ्य देखा जा सकता है। आदिकाल, जिसे हम वीरगाथाकाल भी कहते हैं, इस प्रकार से युद्ध काल था। इस युग का साहित्य युद्धों और आश्रयदाताओं की प्रशस्तियों से अनुप्राणित होता है। इस काल के साहित्य में वीर और शृंगार रस ही प्रमुखता प्राप्त कर सके और चारण कवियों का प्राधान्य रहा।

फिर मध्यकाल का भक्ति आंदोलन प्रकट हो सामने आया और इस युग ने कबीर, सूर, तुलसी और जायसी जैसे कवियों को जन्म दिया।

मध्यकालीन सामंती समाज रीतिकालीन कवियों को सामने लेकर आया, जिसमें राधा और कृष्ण का पवित्र स्वरूप भी विकृत हो उठा। लेकिन कुछ अपवाद भी मौजूद हैं। बिहारी की एक अन्योक्ति ने नवोढ़ा रानी से प्रेम में आबद्ध महाराज ज़यसिंह के मन को परिवर्तित कर दिया, उनकी मोह मूर्च्छा को तोड़ दिया।

युग बदल गया और देश अंग्रेजों के चंगुल में जा फँसा। सदियों से पराधीन देशवासियों में निराशा फैल गई। विदेशियों की दमन नीति बढ़ने लगी। साहित्य मौन न रह सका। भारतेंदु हरिश्चंद्र, प्रताप नारायण मिश्र, बालकृष्ण भट्ट, बालमुकुंद गुप्त, जयशंकर प्रसाद, प्रेमचंद, मैथिलीशरण गुप्त जैसे प्रबुद्ध साहित्यकारों ने अपनी रचनाओं के माध्यम से निराश भारतीयों में एक नए विश्वास और नई चेतना को जाग्रत करते हुए समय की पुकार सुनी। 'मुझे तोड़ लेना वनमाली, उस पथ पर तुम देना फेंक' जैसी माखनलाल चतुर्वेदी की रचनाओं ने नवयुवकों को देशभक्ति के लिए आगे आने के लिए प्रेरित किया। इसी प्रकार फ्रांसीसी जनक्रांति के मूल में रूसो और वाल्टेयर के लेख खूब सक्रिय थे। इसका प्रभाव अंग्रेजी रोमांटिक कवियों की रचनाओं पर भी पड़ा। इसी प्रकार टालस्टॉय का साहित्य रूसी क्रांति की पूर्व संध्या का समग्र चित्र प्रस्तुत करता है।

किसी भी देश और जाति की सांस्कृतिक चेतना का स्पष्ट चित्र उस देश अथवा जाति में बोली जाने वाली भाषा के साहित्य में परिलक्षित होता है, क्योंकि समाज और साहित्य एक-दूसरे से अभिन्न हैं। एक के बिना दूसरे की कल्पना संभव नहीं है। रामायण, महाभारत, शिशुपाल वध, रघुवंश, पद्मावत, प्रियप्रवास, साकेत, कामायनी, गोदान आदि इसके ज्वलंत उदाहरण हैं।

18. वर्तमान शिक्षा प्रणाली

मानव जीवन में शिक्षा का अत्यंत महत्त्व है। शिक्षा ही मानव को सुसभ्य और सुसंस्कृत बनाती है। शिक्षा के बिना उसका जीवन पशु के समान है। मानव और पशु में यही अंतर है कि मानव स्वयं शिक्षा ग्रहण करता है और दूसरों को शिक्षा देता है, जबकि पशुओं में इस प्रकार के गुण नहीं मिलते। बच्चों को 5 वर्ष की अवस्था में सामान्यतया पाठशाला भेजा जाता है। उसकी शिक्षा का प्रारंभ इसी अवस्था में ही उचित है। यह प्रश्न उठता है कि शिक्षा प्रणाली का प्रारंभ कब हुआ, इस संबंध में निश्चित रूप से कहना संभव नहीं है। किंतु इतना निश्चित है कि शिक्षा प्रथा अति प्राचीन काल से चली आ रही है। पहले गुरुकुल की व्यवस्था थी। जहाँ विद्यार्थी अपने गुरुओं के साथ रहता था और विद्याध्ययन करता था। उसे 25 वर्ष तक विद्या का अध्ययन करना होता था। इस अवधि को 'ब्रह्मचर्य आश्रम' कहते थे। बाद में इस शिक्षा-प्रणाली में समय-समय पर पर्याप्त परिवर्तन हुए हैं। इस क्रम का अंतिम रूप वर्तमान शिक्षा-प्रणाली है। इसमें अनेक गुण और दोष मिलते हैं।

आजकल सरकारी, अर्ध-सरकारी तथा स्वतंत्र रूप से चलने वाले असंख्य प्रारंभिक विद्यालय हैं। बच्चे शैशव-काल में वहाँ भेजे जाते हैं तथा निर्धारित पाठ्यक्रम तथा मनोरंजन क्रम से उन्हें शिक्षा दी जाती है। प्राइमरी पाठशालाओं की शिक्षा की अवधि लगभग 5 वर्ष है। इन 7 वर्षों में बच्चों को सामान्य विषयों पर प्रारंभिक

परिचय कराया जाता है। भारत में पाँचवीं कक्षा उत्तीर्ण करने के बाद अधिकांश विद्यार्थियों को गरीबी के कारण विद्यालय छोड़ना पड़ता है और उन्हें माता-पिता के कार्यों में सहायता करनी पड़ती है। नगरों में रहने वाले अधिकांश विद्यार्थी माध्यमिक शिक्षा के लिए प्रवेश ले पाते हैं। हाईस्कूल अथवा हायर सेकेंडरी की परीक्षा उत्तीर्ण करने के बाद विद्यार्थियों की बड़ी संख्या नौकरी की खोज में लग जाती है। आधे से कम ही डिग्री कक्षाओं तक पहुँचते हैं पर उपाधि-प्राप्त करने वाले लगभग तिहाई ही होते हैं। इनमें भी अधिकांश छात्र नौकरी खोजने लगते हैं तथा शेष और उच्च शिक्षा प्राप्त करते हैं। यह आज की शिक्षा का सामान्य क्रम है। स्नातकोत्तर अध्ययन तो कुछ ही छात्र कर पाते हैं। माध्यमिक शिक्षा अथवा विश्वविद्यालय की शिक्षा प्राप्त करने के बाद कुछ विद्यार्थी तकनीकी शिक्षा ग्रहण करते हैं और कुछ तो बीच में ही इस शिक्षा की ओर उन्मुख हो जाते हैं।

पाश्चात्य सभ्यता के साथ-साथ पाश्चात्य शिक्षा-प्रणाली तथा राज्य का प्रभाव अधिक बढ़ रहा है। इसी कारण अब मानव-जीवन का लक्ष्य प्रायः भौतिक ही रह गया है। आज का शिक्षा-प्राप्त व्यक्ति यही चाहता है कि उसे अच्छी से अच्छी नौकरी मिल जाए ताकि वह भौतिक जीवन का सुख प्राप्त कर सके। वास्तव में इस शिक्षा-प्रणाली की नींव ब्रिटिश भारत में लॉर्ड मैकाले ने डाली थी। लॉर्ड मैकाले का उद्देश्य इस शिक्षा-प्रणाली से भारतीय संस्कृति को आघात पहुँचाने के साथ-साथ यह भी था कि उन्हें सरकारी कार्यालय में काम करने के लिए सस्ते कर्मचारी भी मिल जाएँ। इस कारण इस शिक्षा के साथ नौकरी की भावना का इतना घनिष्ठ संबंध हो गया कि हर प्रकार की शिक्षा पूरी करने पर लोग नौकरी की ओर दौड़ते हैं। शायद ही कोई नवयुवक कृषि विद्यालय से डिग्री प्राप्त करके अपने खेत में काम करने लगा हो या इंजीनियरिंग पास करके किसी ने कोई छोटा-मोटा कारखाना खोला हो। औद्योगिक शिक्षा प्राप्त करने के बाद भी लोग नौकरी की ओर दौड़ते हैं, अतः शिक्षा की वृद्धि के साथ बेकारी भी बढ़ती जाती है। सरकारी कार्यालयों में लाखों लोगों को नौकरियाँ दी गईं फिर भी असंतोष तथा बेकारी की समस्या ज्यों-की-त्यों बनी हुई है। यह स्वाभाविक है क्योंकि लाखों विद्यार्थी प्रतिवर्ष निकल रहे हैं और सबका लक्ष्य नौकरी है, तो सबको नौकरियाँ कहाँ से मिल सकती हैं। अतः वर्तमान शिक्षा परावलंबी तथा दासता को आधार बनाए हुए है।

आधुनिक शिक्षा में पुस्तकीय ज्ञान अधिक है और व्यावहारिक ज्ञान का अभाव है। जो कुछ भी ज्ञान प्राप्त किया जाता है उसे जीवन की आवश्यकताओं के अनुसार व्यवहार में लाने की शिक्षा नहीं दी जाती। अतः परीक्षा पास करने के बाद वह अपने आपको जीवन में अक्षम और असफल पाता है। उसकी समझ में नहीं आता कि वह क्या करे? बड़ी दौड़-धूप के बाद यदि उसे नौकरी मिल भी जाती है तब भी उसमें असंतोष और अभाव बना रहता है। बी.ए., बी.एस-सी., एम.ए., एम.एस-सी.

की कोई भी परीक्षा पास करने के बाद भी नौकरी की समस्या एक सी रहती है। इस प्रणाली में कहीं भी व्यावहारिकता के दर्शन नहीं होते।

आजकल वैज्ञानिक विषयों के अध्ययन पर अधिक जोर दिया जाता है। जो भी विद्यार्थी बी.एस-सी., एम.एस-सी., या इंजीनियरिंग की परीक्षा उत्तीर्ण करता है, वह इंजीनियर और वैज्ञानिक अधिकारी बनने की आकांक्षा लिए होता है। इसके लिए सरकार ने कोई योजना नहीं बना रखी। स्वरोजगारपरक शिक्षा प्रणाली रखी ही नहीं गई। इस दृष्टि से बेकारी की समस्या बनी रहती है। विज्ञान के इस अर्जित ज्ञान को छोटे उद्योगों तथा कृषि में यदि लगाया जाए तो संभव है कि बेकारी की समस्या काफी सीमा तक हल हो सकती है।

इस प्रकार वर्तमान शिक्षा-प्रणाली अपूर्ण और एकांगी है। जीवन में इतनी इच्छाएँ और आशाएँ घर कर लेती हैं कि उन्हें परीक्षा में पास होने पर निराशा का मुँह देखना पड़ता है। घर की खेती या व्यवसाय में उनका मन नहीं लगता। अथवा वे उसे हीन मानते हैं। आज के युग में भी सभी शिक्षा प्राप्त करके नौकरी करना ही अच्छा समझते हैं। जिसके पास बुद्धि या सिफारिश की योग्यता होती है, वे स्वयं तथा अपने सगे-संबंधियों को नौकरी दिलवा देते हैं। देहात के शिक्षितों की स्थिति इतनी विषम हो गई है कि उनका संबंध धीरे-धीरे देहात से छूटता जा रहा है किंतु शहरों में स्थान नहीं मिलता। शहरों की भी प्रायः यही स्थिति है। अतः इन सभी परिणामों का मूल कारण शिक्षा की वर्तमान प्रणाली है। आज की शिक्षा हमें केवल भौतिकवादी बनाती है। अतः जीवन व्यय-साध्य बनता चला जा रहा है। वह शिक्षा भी इतनी महँगी पड़ रही है कि यदि इसे पूर्ण करके नौकरी न की जाए तो समाज में सम्मानित ढंग से रहना दूभर हो जाता है। यही शिक्षा का एकांगीपन और अधूरापन है।

19. वैश्वीकरण

संचार तथा परिवहन के विकास, नई-नई वैज्ञानिक तकनीकों तथा सूचना प्रौद्योगिकी के विकास से आज न केवल भौगोलिक दूरियाँ कम हुई हैं बल्कि संसार के विभिन्न राष्ट्र एक-दूसरे के बहुत निकट आ रहे हैं। इस प्रकार विश्व के राष्ट्रों के निकट आने की प्रक्रिया को ही वैश्वीकरण कहा जा रहा है। विश्व के किसी कोने में घटित घटना का प्रभाव तत्काल अन्य देशों पर पड़ता है, आज सभी देश एक-दूसरे के सहयोग पर निर्भर हैं। यदि विकसित राष्ट्रों के पास ज्ञान, विज्ञान और तकनीक है तो विकासशील और अविकसित राष्ट्रों के पास कच्चा माल और सस्ता श्रम। आज सभी विकासात्मक कार्यों और समस्याओं की व्याख्या विश्व स्तर पर होती है, इसीलिए विश्व बंधुत्व की भावना को बढ़ावा मिल रहा है।

वैश्वीकरण में निरंतर बढ़ते औद्योगिक विकास तथा संचार के साधन का सबसे महत्त्वपूर्ण योगदान है। मुद्रण कला तथा इलैक्ट्रॉनिक के विकास से हमें समाचार-पत्रों,

रेडियो, दूरदर्शन आदि के द्वारा विश्व के किसी भाग में घटित होने वाली घटनाओं की जानकारी तुरंत मिल जाती है। उसकी विश्वव्यापी प्रतिक्रिया भी स्वाभाविक है। टेलीफोन, ई-मेल, फैक्स आदि के द्वारा हम अविलंब देश-विदेश में स्थित अपने मित्रों, संबंधियों, व्यापारिक प्रतिष्ठानों से संपर्क कर सकते हैं। बैंकिंग और इंटरनेट के विकास से व्यापारिक गतिविधियों में तेजी आई है।

यातायात के साधन (जल, वायु, स्थल) आज इतने विकसित और सुविधाजनक हो गए हैं कि हम अल्प समय में ही अपने मंतव्य पर पहुँच जाते हैं। इससे पर्यटन उद्योग का विस्तार हुआ है। देश-विदेश में यात्रा करने से हमारे ज्ञान में वृद्धि होती है। सांस्कृतिक आदान-प्रदान होता है। व्यापारिक संबंध बढ़ते हैं।

संचार एवं यातायात के विकसित साधनों के कारण व्यक्ति के जीवन-स्तर में अंतर आया है। आज हम विभिन्न देशों में बनी वस्तुओं का उपभोग करते हैं। विभिन्न देशों के बीच व्यापारिक संबंध बढ़ रहे हैं, प्राकृतिक विपदाओं में भी प्रत्येक राष्ट्र को अंतर्राष्ट्रीय सहयोग मिल जाता है।

प्रकृति ने संपूर्ण विश्व को भिन्न-भिन्न भौगोलिक परिस्थितियाँ दी हैं जिसके कारण उन स्थानों की कृषि तथा अन्य उत्पादनों के प्रकार और मात्रा में भी अंतर है। इस स्थिति में जहाँ जिस वस्तु का अभाव रहता है उसकी पूर्ति अन्य देशों से कर ली जाती है। इसी कारण उद्योगपति प्रत्येक स्तर की आवश्यकताओं और माँगों को ध्यान में रखकर अपेक्षित उत्पादन करते हैं।

ध्रुव सत्य यह है कि यदि आज मानव सुखी, शांतिपूर्ण और उन्नत जीवन व्यतीत करना चाहता है तो इसके लिए आवश्यक है कि अधिकाधिक अंतर्राष्ट्रीय सहयोग और सद्‌भावना में वृद्धि हो और विभिन्न राष्ट्र एक-दूसरे के पूरक बनें।

इस संदर्भ में यह कहना तर्कसंगत होगा कि प्रत्येक व्यवस्था उचित सीमा में ही लाभकारी सिद्ध होती है। यहाँ यह ध्यान रखने की बात है कि वर्तमान वैश्वीकरण के मूल में विकसित देशों की औद्योगिक प्रतियोगिता की भावना निहित है। इस क्षेत्र में जो देश आगे हैं वे विकासशील और अविकसित देशों में अपनी पूँजी लगाने, अपना उद्योग स्थापित करने, वहाँ के कच्चे माल और सस्ते श्रम का उपयोग करके अधिकाधिक लाभ उठाने की होड़ में लगे हैं। इस होड़ में वे देश अधिक सफल तो हो रहे हैं, किंतु उनकी इस प्रतियोगिता से उन देशों की प्रगति रुक जाने का डर है जो तकनीकी और प्रौद्योगिकी दृष्टि से पिछड़े हुए हैं। इससे विकसित और अविकसित देशों के बीच खाई के और भी बढ़ जाने की आशंका है।

अंत में हम कह सकते हैं कि वैश्वीकरण की इस प्रक्रिया में विकासशील और अविकसित देशों को यह सावधानी बरतनी होगी कि वे इस होड़ में विकसित देशों के आर्थिक शोषण के शिकार न बनें तथा इसका उनके औद्योगिक विकास पर प्रतिकूल प्रभाव न पड़े। तभी वैश्वीकरण (भूमंडलीकरण) की भावना समता और सहयोग पर

आधारित होगी तथा समूचे विश्व का कल्याण और विकास होगा।

20. ईद

ईद-उल-फितर मुसलमानों का महत्त्वपूर्ण त्योहार है। सभी लोग महीनों से इसकी प्रतीक्षा करते हैं। गरीब-अमीर सभी अपनी सामर्थ्य के अनुसार इस त्योहार पर नए कपड़े बनवाते हैं और नए कपड़े पहनकर ही ईद की नमाज़ पढ़ने के लिए ईदगाह या मस्जिद में जाते हैं। घर-घर में स्वादिष्ट मीठी सिवइयाँ बनती हैं। इन्हें वे स्वयं भी खाते हैं और इष्ट मित्रों और संबंधियों को भी खिलाते हैं।

ईद-उल-फितर का त्योहार रमज़ान के महीने के बाद आता है। उनतीसवें रमज़ान से ही 'चाँद कब होगा', 'चाँद कब होगा', की आवाज़ें चारों ओर से सुनाई देने लगती हैं। जिस संध्या को शुक्ल-पक्ष का पहला चाँद दिखाई पड़ता है, उसके अगले दिन 'ईद-उल-फितर' का त्योहार मनाया जाता है। कभी-कभी चंद्रोदय के समय पश्चिमी आकाश में बादल छा जाने के कारण चाँद दिखाई नहीं देता। परंतु तभी प्रायः ढोल पर डंके की चोट पड़ने की आवाज़ सुनाई देती है और बताया जाता है कि मस्जिद के इमाम से खबर आई है कि चाँद दिखाई दे गया। अतः रमज़ान का महीना समाप्त हुआ, कल ईद है। सभी लोगों के चेहरे पर एक नई चमक आ जाती है।

कहते हैं कि रमज़ान के इस पवित्र महीने में पैगंबर मुहम्मद साहब को कुरान का इलहाम हुआ था। रोज़े के दिनों में सूर्योदय से सूर्यास्त तक कुछ भी खाने-पीने की इज़ाजत नहीं है। सूर्यास्त के बाद ही कुछ खा-पीकर रोज़ा खोला जाता है।

ईद-उल-फितर के दो महीने दस दिन के बाद ईदुज़्ज़ुहा का त्योहार मनाया जाता है। यह कुरबानी का पर्व है। माना जाता है कि इस दिन इब्राहिम ने अपने बेटे को अल्लाह के नाम पर कुरबान करने का फैसला किया था। जैसे ही उन्होंने अपने बेटे की गरदन पर छुरी रखी, अल्लाह ने बेटे की गरदन के स्थान पर दुंबा (एक प्रकार का बकरा) रख दिया। कुरबानी दुंबे की हुई। अब बकरे की कुरबानी की प्रथा है। तभी से ईदुज्जुहा का पर्व मनाया जाने लगा।

ईद भाईचारे का त्योहार है। ईद की नमाज के बाद ईद-मिलन कार्यक्रम ईदगाह से ही आरंभ हो जाता है। लोग आपस में गले मिलते हैं और एक-दूसरे को ईद की मुबारकबाद देते हैं। यह क्रम दिनभर चलता रहता है। बिना किसी भेद-भाव के लोग प्रेम से एक-दूसरे से गले मिलते हैं और अपने घर आने वालों को सिवइयाँ खिलाते हैं। ईद और होली जैसे पर्व हमारे देश में रहने वाले विभिन्न धर्मावलंबियों के लिए एकता और मिलन के अवसर प्रदान करते हैं। ईद के दिन सभी एक-दूसरे से प्रेमपूर्वक गले मिलते हैं। कहीं-कहीं सार्वजनिक रूप से भी ईद-मिलन का आयोजन किया जाता है।

ईदगाहों पर सामूहिक नमाज़ पढ़ी जाती है। यह दृश्य बड़ा मनोहारी होता है।

दूर-दूर तक सफेद टोपी पहने हुए पंक्तिबद्ध सिर खुदा की इबादत में झुक जाते हैं। नमाज संपन्न होने पर सब एक-दूसरे के गले मिलते हैं और शुभकामनाएँ देते-लेते हैं।

ईद के दिन ईदगाह के आस-पास मेले भी लगते हैं। बच्चों के लिए वे विशेष रूप से आकर्षण के केंद्र होते हैं। इन मेलों में दुकानदार अपनी-अपनी दुकानें लगाते हैं जिनमें तरह-तरह की आकर्षक चीज़ें और घर-गृहस्थी का सामान मिलता है। बच्चों के साथ बड़े भी मेलों में आनंद उठाते हैं।

21. दहेज प्रथा : एक अभिशाप

दहेज प्रथा एक सामाजिक कुरीति है। इसमें विवाह के समय कन्या-पक्ष, वर-पक्ष को धन-वस्त्राभूषण और अन्य सामग्री भेंट के रूप में प्रस्तुत करता है। भारत में जहाँ विज्ञान और उद्योग के क्षेत्र में जितना विकास हुआ है, वहाँ जात-पाँत, छुआछूत तथा दहेज-प्रथा जैसी कुरीतियों से वह पूरी तरह मुक्त नहीं हो पाया। दहेज प्रथा तो आज के भौतिकवादी तथा लोलुप समाज में और भी भयानक रूप लेती जा रही है। प्राचीन काल में कन्या के जन्म की तुलना लक्ष्मी के आगमन से की जाती थी, किंतु आज इसके विपरीत स्थिति देखने को मिलती है। कन्या के जन्म लेते ही माता-पिता तथा परिवार के अन्य लोगों पर दुःख का भाव छा जाता है। परिवार में आनंद और प्रसन्नता के स्थान पर शोक तथा दुख का वातावरण छा जाता है। कभी-कभी तो पुत्र की चाह पूरी न होने पर माताएँ स्वयं ही नवजात कन्या का गला घोंट देती हैं। कितना भयानक है दहेज प्रथा का अभिशाप।

प्राचीनकाल में दहेज का प्रचलन एक सात्विक प्रथा के रूप में था। माता-पिता स्वेच्छा से अपने सामर्थ्य के अनुसार कन्या के विवाह पर वस्त्राभूषण, बर्तन आदि वस्तुएँ दहेज के रूप में देते थे। इसके पीछे यह भी मान्यता थी कि कन्या पति के घर जाकर श्री समृद्धि की वृद्धि करने वाली सिद्ध हो। किंतु धीरे-धीरे इस प्रथा में विकार आने लगा। दहेज के नाम पर वर की सौदेबाजी होने लगी। जो माता-पिता मुँहमाँगा दहेज नहीं दे पाते, उनकी लड़कियाँ या तो अविवाहित रह जाती हैं या उनकी शादी अयोग्य लड़के से हो जाती है। कभी-कभी लड़कियाँ आत्महत्या कर लेती हैं। लड़की के गुण, शील और सौंदर्य की परख उससे प्राप्त दहेज से होती है। जैसे-जैसे हमारे समाज में भौतिकता और स्वार्थ की भावना की वृद्धि हो रही है दहेज प्रथा की भयानकता भी बढ़ती जा रही है। इच्छानुकूल दहेज न पाने पर वे लड़की के घर वालों को ताने देते हैं और उसे अपने माता-पिता से धन या वस्तुएँ लाने के लिए विवश करते हैं। यदि इससे भी उनकी लोभवृत्ति को संतोष नहीं मिलता, तो वे बहू को जला देने अथवा मार डालने पर भी आमादा हो जाते हैं। समाचार-पत्रों में रोज ही इस प्रकार की दर्दनाक घटनाएँ पढ़ने को मिल जाती हैं।

दहेज प्रथा में केवल वर-पक्ष ही दोषी नहीं है, कन्या-पक्ष भी इस कुप्रथा के

बढ़ने में सहायक सिद्ध हुआ है। आजकल भ्रष्टाचार से कमाया हुआ काला धन अच्छे वर को खरीदने का सफल साधन बन गया है। कुरूप और गुणहीन लड़कियों की शादी दहेज के बल पर सुंदर और गुणवान लड़कों से होने लगी है। दहेज के लोभी लड़के और उनके संबंधी विवाह के पवित्र संबंध को कलुषित बनाने में तनिक भी संकोच नहीं करते।

दहेज की कुप्रथा का विरोध धर्म, समाज और राजनीति के नेतागण बहुत समय से करते आ रहे हैं, किंतु यह कार्य भाषण अथवा पोस्टर से पूरा होने वाला नहीं है। सरकार ने सन् 1961 ई. में दहेज उन्मूलन कानून भी बनाया किंतु वह भी इस प्रथा को समाप्त करने में सफल न रहा। दिन-प्रतिदिन यह कुप्रथा और भी भयंकर रूप लेती जा रही है। समाज में भ्रष्टाचार, रिश्वतखोरी तथा अनैतिकता के बढ़ने का भी यह एक कारण है। आज तो यह कुप्रथा एक भयानक राक्षस की भाँति हमारे सम्मुख मुँह बाए खड़ी है। यदि समय रहते इस पर काबू न पाया गया, तो हमारा समाज पतन के गर्त में गिरता चला जाएगा।

इस समस्या का समाधान सिर्फ युवक-युवतियाँ कर सकते हैं। यदि वे बिना दहेज के विवाह करने का संकल्प लें, तो हमारा समाज इस राक्षसी प्रथा से छुटकारा पा सकता है। इस दिशा में लड़कियों की शिक्षा अनुकूल कदम है। शिक्षित नारी यदि अपने पैरों पर खड़ी हो जाती है तो वह कमजोर और असहाय नहीं रह जाएगी।

22. अनुशासन

सामान्य अर्थों में अनुशासन का अर्थ नियंत्रण अथवा व्यवस्था से लिया जाता है। क्योंकि हमारे दैनिक जीवन की प्रत्येक स्थिति में अनुशासन दृढ़ता, एकरूपता, सुगमता एवं उपयुक्तता प्रदान करता है, इसलिए सभी प्रकार के व्यक्ति अथवा समुदाय इसकी महत्ता को एक स्वर से स्वीकार करते हैं। आज के इस विज्ञान प्रधान युग में जबकि जीवन विषमताओं, विविधताओं, विपरीतताओं और प्रतिकूलताओं का अद्‌भुत ताना-बाना बना हुआ है, अनुशासन सुग्राह्य सीमा रेखाओं की भाँति हमें अपनी सीमाओं, मर्यादाओं, अधिकारों तथा कर्तव्यों का पग-पग पर ज्ञान कराता रहता है।

अनुशासनहीन सेना एक बर्बर भीड़ मात्र है और अनुशासनहीन समाज असभ्य, असंस्कृत व्यक्तियों का विवेकहीन समूह। इसीलिए अनुशासन बनाए रखने के लिए समाज और शासन ने कुछ ऐसे विधान और नियम निर्धारित किए हैं, जो उस विशिष्ट समाज अथवा शासन में रहने वाले व्यक्तियों के सामान्य हित, प्रगति और सुविधा के लिए परमावश्यक हैं और उनके शिथिल हो जाने से संघर्ष, विरोध, भ्रष्टाचार अथवा पतन की संभावना है। अनुशासनहीनता की यह विनाशिनी बाढ़ अखिल राष्ट्रीय मानस को कलुषित करती हुई समवेत चरित्र को पतित कर देती है और इस प्रकार अनायास ही समस्त राष्ट्र अपने को महापतन के कगार पर खड़ा हुआ पाता है। प्रतिक्रिया

स्वरूप समाज की जागरूक प्रबल शक्तियाँ उठ खड़ी होती हैं और दमन, आतंक, बर्बरता तथा अंधसत्ता द्वारा एक ऐसे तथाकथित अनुशासन की स्थापना करती हैं, जिसमें पराधीन जाति धीरे-धीरे अपने स्वतंत्र अस्तित्व का अपहरण करा बैठती है। स्वतंत्र व्यवहार और स्वतंत्र चिंतन संभव नहीं रहता। अतः प्रत्येक जागरूक समाज ऐसी स्थिति से यथासंभव बचता है।

अनुशासन का अर्थ व्यक्तिगत पराधीनता नहीं है। वस्तुतः अपने आचरण को समाज सापेक्ष बनाकर ही हम अपना सच्चा विकास करते हुए श्रेष्ठतम स्वतंत्रता का उपभोग कर सकते हैं। इंग्लैंड में जब पहली बार नारी स्वतंत्रता की लहर आई और स्त्रियों को अनेक अधिकार दिए गए, तब एक स्त्री सड़क के बीच से होकर चलने लगी। सिपाही ने उसे रोका और कहा कि आपको सड़क का सम्मान करना चाहिए। स्त्री ने तपाक से उसे उत्तर दिया—"अब हम स्वतंत्र हैं, जो चाहें सो करें।"

प्रश्न पैदा होता है कि अनुशासन का श्रेष्ठतम स्वरूप कैसा हो? संसार के सभी विचारक, दार्शनिक और शिक्षाशास्त्री इस विषय में एकमत हैं कि अनुशासन मन की सुसंस्कृत अवस्था है, इसीलिए इसका संबंध बाहर से न होकर भीतर से अधिक है और स्पष्टतः यह कहा जा सकता है कि अनुशासन को बाहर से लादने की अपेक्षा अंदर से हममें आना चाहिए।

जब अनुशासन अंदर से आता है, व्यक्ति के मन से उत्पन्न होता है, तब वह अधिक दृढ़, सुविकसित, सुसंस्कृत और चिरस्थाई होता है। उसकी जड़ें हमारे संस्कारों तक पहुँची हुई होती हैं, इसी कारण किसी की आवेगजन्य परिस्थिति से वह काँपती नहीं और विचलित नहीं होतीं। गंभीर सागर की भाँति प्रत्येक छोटे-छोटे कंपन को वह उदरस्थ किए रहती हैं।

आज अनुशासनहीनता के समाचार देश के प्रत्येक कोने से सुनाई पड़ते हैं। समाचार-पत्रों के पृष्ठ छात्रों की अनुशासनहीनताओं की कहानियों से भरे रहते हैं। कहीं छात्रों ने किसी अध्यापक का अपमान कर दिया, कहीं प्रधानाचार्य की हत्या कर दी। कहीं सिनेमा हॉल में झगड़ा कर दिया, तो कहीं बस में आग लगा दी। बिना टिकट यात्रा करना तो एक सामान्य बात है। नित्य-प्रति विश्वविद्यालयों में हड़ताल होने और छात्र-उपद्रव के कारण महीनों तक विश्वविद्यालय बंद कर दिए जाने के समाचार नित्य-प्रति सुनाई पड़ते हैं। इससे नैतिक, विवेक और सामाजिक दायित्व की कमी की झलक दिखाई पड़ती है। सत्ता नेतृत्व के नाम पर कुछ उपद्रवी छात्र समाज व छात्रों को भ्रमित कर देते हैं। एकता के नाम पर उपद्रव को उत्तेजना दी जाती है। इसके पीछे कुछ अध्यापक भी होते हैं, जो अपने क्षुद्र स्वार्थों के पीछे छात्रों को भ्रष्ट दिशा-निर्देश करते हैं।

निश्चय ही उपर्युक्त बातें अनुशासनहीनता के अंतर्गत आती हैं। इसका समाधान सामाजिक उत्तरदायित्व बोध से ही संभव है, जो हमें अपने संस्कारों से ही मिलती हैं। जिसका नेतृत्व माता-पिता, अध्यापक और नेतागण करते हैं।

23. मेरा प्रिय खेल : हॉकी

जीवन में खेलों का कितना महत्त्व है, यह बात किसी से छुपी नहीं है। पढ़ाई के साथ-साथ नियमित रूप से खेलों में भाग लेना स्वास्थ्य के लिए भी अच्छा है और शरीर में चुस्ती और फुर्ती बनी रहती है।

हमारे देश में सभी प्रकार के खेल खेले जाते हैं। क्रिकेट, हॉकी, फुटबॉल, टेनिस, गोल्फ, बास्केटबॉल, बैडमिंटन, तैराकी, घुड़सवारी आदि। इसी तरह ग्रामीण जीवन में कुश्ती, दौड़, दंगल, गुल्ली-डंडा, आदि खेलों का अपना महत्त्व है। प्रायः लोग अपनी पसंद के ही खेल में अधिक रुचि लेते हैं और चाहते हैं कि उसी में विशेषज्ञता प्राप्त कर वे अपना, अपने विद्यालय का और अपने देश का नाम ऊँचा करें।

यद्यपि मैं फुटबॉल, क्रिकेट तथा हॉकी तीनों ही खेल खेलना पसंद करता हूँ परंतु मुझे जो खेल सबसे अधिक पसंद है वह है—हॉकी। 'हॉकी' एक ऐसा खेल है जो आज विश्व के सभी देशों में खेला जाता है। एशिया, यूरोप की खेल प्रतियोगिताओं में ही नहीं ओलम्पिक खेलों में भी हॉकी को स्थान प्राप्त है। यूरोप के जिन देशों में अधिकतर महीनों में बर्फ पड़ी रहती है वहाँ यह 'आइस हॉकी' के रूप में बर्फ पर खेला जाता है। यद्यपि 'मैदानी हॉकी' तथा 'आइस हॉकी' के नियमों में पर्याप्त अंतर है, पर दोनों खेलों की मूल भावना एक ही है।

विश्व के देशों में 'हॉकी' का आरंभ कब हुआ, इसका निश्चित अनुमान लगाना कठिन है। प्रायः लोग मानते हैं कि इस खेल का आरंभ ईरान में हुआ था। जो भी हो आधुनिक हॉकी का आरंभ सही अर्थों में उस समय से माना जा सकता है जब 18 जनवरी, 1886 को इंग्लैंड में 'हॉकी संघ' की स्थापना हुई और हॉकी खेलने के नियम निर्धारित किए गए। ओलंपिक खेलों में हॉकी का प्रवेश 1908 में हुआ। जब 7 नवंबर, 1925 को 'अखिल भारतीय हॉकी संघ' की स्थापना हुई तब से यह खेल हमारे देश का राष्ट्रीय खेल बन गया।

हॉकी के क्षेत्र में विश्व मंच पर 1928 से 1956 तक भारत का एकछत्र प्रभाव रहा। लोग भारत को हॉकी के साथ और 'हॉकी' को भारत के साथ जोड़कर देखते थे। इसका श्रेय जाता है मेजर ध्यानचंद को जिनके अथक प्रयास से ही हमारे देश को गौरव मिला।

नियमानुसार इस खेल में दो टीमें होती हैं। प्रत्येक टीम में ग्यारह-ग्यारह खिलाड़ी होते हैं। हॉकी के मैदान को दो हिस्सों में बाँट दिया जाता है। मैदान के दोनों किनारों पर 'गोल-पोस्ट' बने होते हैं। मैदान के सामने एक अर्ध-गोलाकार रेखा खींची जाती है जिसे 'डी' कहते हैं। 'डी' के अंदर से ही हिट लगाने पर बॉल जब गोल-पोस्ट के अंदर चली जाती है तब गोल माना जाता है। जो टीम अधिक गोल करती है वही विजयी होती है। मैदान के बीच में एक रेखा खींची जाती है जिसे 'सेंट्रल लाइन'

कहते हैं। इसी 'सेंट्रल लाइन' पर 'बॉल' रखकर खेल शुरू किया जाता है।

नियमों के अनुसार हॉकी का खेल 35-35 मिनट की पालियों में खेला जाता है। प्रत्येक टीम में एक 'गोलकीपर' होता है। गोलकीपर का कार्य सबसे महत्त्व का कार्य है। उसे हर तरह से गोल बचाने के लिए चौकन्ना रहना होता है। वह सर पर हेलमेट, पैरों में पैड, हाथों में दस्ताने पहनकर हॉकी लिए हुए एक सजग-प्रहरी सा गोल के पास खड़ा और सक्रिय रहता है। इसके अलावा प्रत्येक टीम में तीन खिलाड़ी 'सेंटर ऑफ', दो खिलाड़ी 'डिफेंस लाइन' में और पाँच खिलाड़ी सेंटर में 'फारवर्ड' के रूप में खेलते हैं। दूसरी टीम पर गोल करने के लिए जो 'अटैक' किया जाता है उसमें फारवर्ड खिलाड़ियों की विशेष भूमिका होती है।

'रेफरी' हॉकी खेल का निर्णायक होता है। वह सीटी बजाकर किसी भी खिलाड़ी को रोक सकता है। नियम तोड़ने वाले खिलाड़ी उसके द्वारा दंडित भी होते हैं। 'पैनल्टी कॉर्नर' और 'पैनल्टी स्ट्रोक' महत्त्वपूर्ण होते हैं गोल करने की दृष्टि से तथा ऑफ साइड खिलाड़ी या बॉल पैर में लगने पर या एक निश्चित ऊँचाई तक उठने पर 'फाउल' दिया जाता है। यह अधिकतर 'रेफरी' के पास होता है।

'हॉकी' मनोरंजन के साथ-साथ व्यायाम का भी प्रमुख साधन है। ध्यानचंद को भारतीय हॉकी का जादूगर कहा जाता है। इधर कुछ वर्षों से हॉकी में भारत का प्रदर्शन शिथिल हुआ है, पर कड़े अभ्यास और मेहनत से भारत अभी भी ऊँचाइयों तक इस खेल में पहुँचने की क्षमता रखता है।

24. समय का सदुपयोग और प्रबंधन

'निर्वाण-दीपे किम् तैलदानं, चौरमते वा किम् सावधानम्।
वयोगते किम् वनिता विलासः, पयोमते किं खलु सेतुबन्धः॥'

संस्कृत की इस उक्ति का अर्थ है कि दीपक बुझ जाने पर उसमें तेल डालने से क्या लाभ? चोर के चोरी करके चले जाने पर सावधान होने से क्या लाभ? यौवन के समाप्त होने पर नारी के सामीप्य से क्या लाभ? नदी पार करने के बाद पुल बाँधने से क्या लाभ? तात्पर्य यह है कि जीवन में जो भी व्यक्ति समय का सदुपयोग नहीं करता वह सुखी नहीं रह सकता।

संसार की प्रत्येक वस्तु को घटाया बढ़ाया जा सकता है, किंतु समय को नहीं। समय न रुकता है न कभी किसी की प्रतीक्षा करता है। एक विद्वान ने कहा है : "प्रतिदिन एक लघु जीवन है और हमारा सारा जीवन मात्र एक दिन की पुनरावृत्ति है। अतः प्रतिदिन इस तरह जीओ मानो वह अंतिम ही है।" इस तरह हमारा प्रत्येक दिन अपने-आप में जीवन का एक हिस्सा है, अतः जिसने इसका एक क्षण भी गँवा दिया, उसने जीवन के एक हिस्से को, एक बहुत बड़ी पूँजी को गँवा दिया।

समय का सदुपयोग करने वाला व्यक्ति ही जीवन में सफलता प्राप्त कर सकता

है। इतिहास साक्षी है–समय के महत्त्व को जिसने पहचाना, सफलता ने उसी का वरण किया। जेम्सवाट ने 25 वर्ष तक परिश्रम करके रेल के इंजन का आविष्कार किया, मैडम क्यूरी ने निरंतर परिश्रम करके रेडियम को खोजा, सामूगढ़ के युद्ध में यदि दाराशिकोह कुछ क्षणों तक और हाथी पर ही बैठा रहता और हाथी से उतरकर घोड़े पर न बैठता तो मुगल साम्राज्य का इतिहास कुछ और ही होता। पृथ्वीराज यदि समय के महत्त्व को पहचान कर संयोगिता के साथ भोग-विलास में न फँसता तो वह मारा न जाता। गिबन ने 'रोम साम्राज्य का पतन' नामक ग्रंथ बीस वर्ष में लिखा था। गाँधी जी और नेहरू समय के बेहद पाबंद थे।

मानव जीवन के क्षण सीमित हैं और संसार में काम अनेक हैं। अतः हमें समय के मूल्य को पहचानना चाहिए। शेक्सपीयर ने कहा था–"जो समय को नष्ट करता है, समय उसे नष्ट कर देता है।" अतः उपयुक्त समय पर हमें उपयुक्त काम करना चाहिए। जिस काम को उचित समय पर पूरा नहीं कर सकते फिर उसके पूरा होने में संदेह होता है। कबीर ने ठीक ही कहा है :

'काल करे सो आज कर, आज करे सो अब।
पल में परलै होयगी, फेरि करैगो कब॥'

निश्चित समय पर कार्य को पूरा न करने वाले अंततः पश्चात्ताप की अग्नि में जलते देखे गए हैं। परंतु ऐसे लोगों पर यह उक्ति पूरी तरह चरितार्थ होती है–'अब पछताए होत क्या जब चिड़िया चुग गई खेत' अथवा 'का वर्षा जब कृषी सुखाने, समय चूकि पुनि का पछताने।'

विद्यार्थी के लिए तो समय का और भी महत्त्व है। विद्यार्थी का प्रत्येक क्षण उसके भावी जीवन की आधारशिला है। वह विद्यार्थी जीवन जो कुछ प्राप्त कर लेगा, सीख लेगा उसी पर उसके भविष्य का बनना या बिगड़ना आधारित है।

समय की महत्ता को प्रभावित करने वाले दृष्टांत यद्यपि विश्व साहित्य में कम नहीं हैं, फिर भी कई लोग समय का सदुपयोग ठीक ढंग से नहीं करते। जिन लोगों को समय प्रबंधन (Time Management) की जानकारी है, वे जीवन में असफल नहीं रहते।

❑❑❑